新理念信息技术教学论（第二版）

New Concept on Information Technology Teaching Theory

主　编　吴军其　胡文鹏
副主编　甘　泉　任贻军　胡征兵　杨　琳
　　　　蒋　玲　李书明　郑忠梅　金　林

图书在版编目(CIP)数据

新理念信息技术教学论/吴军其,胡文鹏主编. —2 版. —北京:北京大学出版社,2013.9
(21 世纪教师教育系列教材·学科教学论系列)
ISBN 978-7-301-22902-6

Ⅰ.①新… Ⅱ.①吴…②胡… Ⅲ.①计算机课－教学研究－师范大学－教材②计算机课－教学研究－中小学 Ⅳ.①G633.672

中国版本图书馆 CIP 数据核字(2013)第 173161 号

书　　　　名：	新理念信息技术教学论(第二版)
著作责任者：	吴军其　胡文鹏　主编
丛书主持：	郭　莉　陈　静
责任编辑：	唐知涵
标准书号：	ISBN 978-7-301-22902-6/G・3674
出版发行：	北京大学出版社
地　　　址：	北京市海淀区成府路 205 号　100871
网　　　址：	http://www.pup.cn　新浪官方微博:@北京大学出版社
电子信箱：	zpup@pup.cn
电　　　话：	邮购部 62752015　发行部 62750672　编辑部 62763056　出版部 62754962
印刷者：	北京虎彩文化传播有限公司
经销者：	新华书店
	787 毫米×1092 毫米　16 开本　16 印张　370 千字
	2010 年 7 月第 1 版
	2013 年 9 月第 2 版　2021 年 1 月第 4 次印刷
定　　　价：	38.00 元

未经许可,不得以任何方式复制或抄袭本书之部分或全部内容。
版权所有,侵权必究
举报电话:010-62752024　电子信箱:fd@pup.pku.edu.cn

内 容 简 介

本书在分析国内外信息技术教育教学经验的基础上,结合大量的真实教学案例,全方位探讨了信息技术课程教学理论与实践。全书分为四个板块,共13章。第一个板块是理论篇,论述了信息技术教育的意义与作用、信息技术教育新理论、学生心理研究、信息素养和信息伦理的教育;第二个板块是课程篇,论述了中小学信息技术课程体系、教学特点和教学原则;第三个板块是教学篇,论述了信息技术课程教学设计、教学模式、教学媒体、教学评价和课堂教学流程;第四个板块是教师篇,论述了信息技术教师的教学研究视野、校本研究和信息技术与课程整合。每一个章节尽量做到前有理论分析,后有案例支持,内容调理清楚,应用性和实用性较强。

本书结构严谨,重点突出,观点鲜明,案例丰富,资料详实,论述清楚,针对性强。本书既可作为教育技术学、课程与教学论(信息技术)、信息技术教育等专业的本科生教材,也可作为中小学信息技术教师培训或继续教育的教材,还可以作为信息技术教育研究者的参考资料。

主 编 简 介

吴军其,博士,教授,留美学者,华中师范大学教师教学发展中心副主任,华中师范大学教育信息技术学院教师。2004年至2005年在美国伊利诺依州立大学(University of Illinois at Urbana-Champaign)留学访问;2012年在美国密西根大学CRLT(Center for Research on Learning and Teaching, University of Michigan)学习交流;主要研究方向为信息技术教育、教育技术学、教育信息化和远程教育等。在国内外核心期刊上发表专业学术论文三十余篇,出版专著和主编教材共九部,作为项目负责人先后主持国家级项目二项,省部级项目四项,获国家软件著作权六项。

胡文鹏,博士,武汉城市职业学院电子信息工程学院副教授,数字媒体技术教研室主任。2010年被评为学校首届"十佳双师素质教师",2012年获"武汉市优秀青年教师"称号。主讲信息技术教学法、视频剪辑与编辑技术、数据库原理、网页制作基础等课程。主要研究方向为信息技术教育、计算机多媒体技术、教育信息化、高等职业教育。在国内重要期刊上发表专业论文十多篇,主持和编写教材五部。近年来主持湖北省教育科学规划重点课题一项,主持武汉市教育科学规划重点课题一项,主持武汉市教育局高教处立项课题一项。

第二版修订说明

《新理念信息技术教学论》一书第一版出版后,受到了很多读者的关注,特别是还有一些中小学的信息技术教师将读完此书后的感受写信告诉了我们,并提出了很多宝贵的意见和建议。对此,我们表示衷心的感谢。为了保持本书内容的时效性,给读者呈现最新的研究成果,并进一步完善本书的体系结构,以适应教学和研究的需要,本版从以下几个方面进行了修订:

1. 对文中出现的三处文字、标点以及符号错误进行了修正。
2. 对部分章节的"实践者园地"和"思考题"中的习题进行了增加或修正。
3. 为了保证文中的统计数据具有说服性,我们对部分章节中所引用的数据及相关内容进行了修订,使之均来源于近三年的相关统计。如在"第一章"中,对中小学开设信息技术课程的情况、生均拥有计算机的数量等数据的截止时间由"2001 年底"更新到"2011 年底",表述的内容也进行了修改。在"第四章"中,将"中国互联网信息中心在 2006 年的统计数据"修改为《第 31 次中国互联网络发展状况统计报告》中提供的数据。
4. 为了方便读者的学习以及实践,并与信息技术教材的内容一致,本书对部分章节中提到的文字处理软件 Word 的版本进行了修改,由原来的 Word 2000 升级为 Word 2003。
5. PGP 电子双板教学平台是由华中师范大学国家数字化学习工程中心研制成功的一种新型多媒体教学平台,具有双轨展示、多种教学资源同时呈现、教学方式灵活多变等功能,目前在全国很多省市进行推广应用,并收到了很好的效果。因此,本书在第九章"教学媒体和教学手段"中添加了该部分的内容,对 PGP 电子双板教学平台的配置、功能、特点进行了介绍。在第十一章"信息技术课程的教学实例"中添加了"11.3 基于盘古电子双板平台的课堂教学"小节,用两个案例详细向读者介绍了电子双板环境下的教学设计及教学过程。

在修订过程中,还参考了一些教师和本科生的建议以及相关的论著,引用了一些例文,在此一并向他们表示诚挚的谢意。

由于时间仓促和水平有限,书中难免还存在一些不足和不妥之处,恳请广大读者批评指正。

吴军其

2013 年 7 月于华师桂子山

前　言

进入21世纪以来,以计算机网络技术和通信技术为基础的信息技术正以越来越大的力度激荡着社会经济生活的每一个角落,大大地改变了人们的工作方式、学习方式、生活方式以及思维方式,从而将进一步促进人类社会的巨大进步。这种变化也促使我们的传统教育内容开始关注信息技术的发展,并逐步将信息技术知识引进课堂。因此,在中小学开展信息技术教育是现代信息社会对基础教育的要求,也是教育适应21世纪挑战的需要,更是当前基础教育改革与发展的一个重要突破口。

我国从1982年开始在部分中小学开展计算机教育,但真正意义上的信息技术教育还是始于21世纪初,到目前为止仅有十年左右的时间。因此,信息技术教学论中的理论体系还不够成熟,研究成果也不够丰富,其学科性质、理论基础、课程标准、内容体系、教学设计、教学方法、教学评价、教师专业发展以及课程整合等诸多方面都有待进一步深入研究。

本书对于从事信息技术教学的中小学教师掌握信息技术教育理论,树立正确的教育思想和理念,提高教学与科研水平等方面有着重要的指导作用,在继承和研究国内外信息技术教育教学经验的基础上,借鉴其他学科相关的课程论、教学论及现代教学理论,并融合新课程改革的要求,试图将抽象的理论以深入浅出的方式进行整理,再辅之以真实的教学实例进行说明,既形成了完整的信息技术教学论体系,又为信息技术课程教师的教学实践给予了全面的指导。

本书立足于教育技术学、课程与教学论(信息技术)、信息技术教育等专业的本科生以及中小学信息技术一线教师的需要,引入了全新的观点和理论,以提高信息技术教师素质培养和专业发展为目标,具有理论性、实践性、基础性与时代性等特征。

本书具有以下特点:

1. 本书着重以新的视角来研究信息技术教育理论,故没有阐述一般的教育教学理论,而是结合国内外最新的教育研究成果,在信息技术教育中用多元智能理论的思想来培养学生,用建构主义理论指导教学,用后现代主义观点来建设信息技术课程。

2. 为了系统地构建信息技术教学论的体系,本书将内容划分成四个板块:理论篇、课程篇、教学篇和教师篇,既保证了知识的完整性,又保证了内容展开的条理性。本书还首次论述了信息技术课程中的学生心理研究、信息伦理和信息安全教育的相关知识。

3. 为了让读者更好地掌握新理论,本书引入丰富的阅读资料和大量的教学案例,做到了理论和实践的合理结合。不论是对在职教师,还是对在校的大中专学生,都具有很强的指导性和实用性。

在本书的编写过程中,我们还借鉴和吸收了很多专家、学者编写的同类著作和论文,也参考了网络和报刊上大量的文献资料,其中很多新颖的思想和论述对我们有很大的启发,在此向所有做出贡献的作者一并致谢。感谢北京大学出版社刘维老师所做的编辑工作,他精心校阅了全部书稿,并提出了许多宝贵的意见。

由于作者水平有限,书中难免有错误和疏漏之处,敬请专家和读者指正。

编者
2010 年 3 月于华师桂子山

目 录

理 论 篇

第1章 绪论 ……………………………………………………………… (1)
  1.1 信息技术教育的意义与作用 ………………………………………… (2)
  1.2 信息技术教育的任务与目标 ………………………………………… (5)
  1.3 我国信息技术教育的发展概况 ……………………………………… (7)

第2章 信息技术教育的理论基础 …………………………………… (16)
  2.1 多元智能理论 ………………………………………………………… (16)
  2.2 建构主义理论 ………………………………………………………… (24)
  2.3 后现代主义理论 ……………………………………………………… (29)

第3章 信息技术课程中的学生心理需求 ………………………… (34)
  3.1 学习心理、学习需要与学习动机 …………………………………… (35)
  3.2 课堂中的学习动机分析 ……………………………………………… (41)
  3.3 探寻学生心理 上好信息技术课 …………………………………… (42)

第4章 信息素养、信息伦理与网络文化安全 …………………… (49)
  4.1 信息素养概述 ………………………………………………………… (49)
  4.2 中小学生信息素养的培养 …………………………………………… (52)
  4.3 信息伦理教育 ………………………………………………………… (55)
  4.4 网络文化安全教育 …………………………………………………… (58)

课 程 篇

第5章 中小学信息技术课程体系 …………………………………… (68)
  5.1 我国信息技术课程体系的发展历程 ………………………………… (68)
  5.2 我国中小学信息技术课程体系 ……………………………………… (70)

第6章 信息技术课程的教学特点和原则 ……………………………………… (87)
6.1 信息技术课程的教学特点 ……………………………………………… (87)
6.2 信息技术课程的教学原则 ……………………………………………… (91)

教 学 篇

第7章 信息技术课程的教学设计 …………………………………………… (99)
7.1 教学设计的内涵 ………………………………………………………… (99)
7.2 教学设计过程模式 ……………………………………………………… (102)
7.3 教学设计的基本过程 …………………………………………………… (104)
7.4 信息技术课程教学设计方案实例 ……………………………………… (107)

第8章 信息技术课程的教学模式与方法 …………………………………… (120)
8.1 信息技术课程的教学模式 ……………………………………………… (120)
8.2 信息技术课型与教学方法的选择 ……………………………………… (132)

第9章 教学媒体和教学手段 ………………………………………………… (142)
9.1 教学媒体的选择 ………………………………………………………… (142)
9.2 教学手段的选择 ………………………………………………………… (150)

第10章 信息技术课程的教学评价 …………………………………………… (161)
10.1 教学评价概述 ………………………………………………………… (161)
10.2 教学评价的工具和方法 ……………………………………………… (167)
10.3 信息技术课程的教学评价实例 ……………………………………… (175)

第11章 信息技术课程的教学实例 …………………………………………… (183)
11.1 编写教案 ……………………………………………………………… (183)
11.2 组织课堂教学 ………………………………………………………… (188)
11.3 基于盘古电子双板平台的课堂教学 ………………………………… (197)

教 师 篇

第12章 信息技术教学研究 …………………………………………………… (204)
12.1 教师教学研究概述 …………………………………………………… (204)
12.2 信息技术教师的教学研究视野 ……………………………………… (207)
12.3 信息技术课题的选择与论文写作 …………………………………… (213)
12.4 信息技术课程的校本研究 …………………………………………… (218)

第13章 信息技术与课程整合 …… (224)
13.1 信息技术与课程整合概述 …… (224)
13.2 信息技术与课程整合的内涵和意义 …… (226)
13.3 信息技术与课程整合的实例 …… (228)

参考文献 …… (242)

理 论 篇

第1章 绪 论

> 学科教学论要研究分析一门科学的发展历史和现状,以及其发展的内在逻辑,结合学生的认知特点,遵循教育规律,把它组织成一门学科,是一次理论上的飞跃。
>
> ——顾明远

学习目标

1. 了解信息技术教育的意义与作用。
2. 知道我国信息技术教育的发展历程。
3. 了解信息技术课程的任务与目标。
4. 了解课程与教学论研究在信息技术教育中的作用。
5. 知道信息技术课程论的研究对象、研究方法和学习方法。
6. 了解当前我国信息技术教育中存在的问题及对策。

问题序幕

由《信息技术课的困惑》引发的思考

有一次在网上搜集资料时,无意之间看到井研县马踏中学潘红梅老师的一篇文章,名字叫《信息技术课的困惑》。尽管它只是一篇经验总结式的短文章,但仔细读了一遍后,感受颇多。由此也引发了我对当前中小学信息技术教育的一些思考。以下是这篇文章的摘录内容。

信息技术课到底是一门怎样的课程?在现代教学中,它扮演着怎样的角色?在一个学校的教学计划里,它又处于何种位置?在学校领导的心目中,它又位居几何?在其他学科老师的心目中,它的位置几乎为无。在学生的思维里,它根本不能算是什么课。而作为任课教师的我们更是一直感到困惑,感到迷茫,甚至更多的时候是无奈与无助。

困惑一:信息技术课在学校的整个教学里处于一种尴尬的地位:爹不疼娘不爱,可儿子喜欢。

困惑二:信息技术课的教材对于学生来说一直是比较枯燥的理论,与实践相去甚远,不能从根本上激发学生的兴趣,无法满足教学的需要。

困惑三:课时的安排非常有限。虽然课时都按大纲要求安排了,但由于一般此科的课时都是排在末尾,很容易就被"主科"占掉了。

困惑四:在学生的观念里,微机课本该就是紧张的学习之余的一种放松和调节,不应再是干巴巴的理论。

困惑五：说到信息技术课，好像就是上网，就是学生进网吧的元凶，就是学生堕落的罪魁祸首。怎样让他们正确对待网络呢？

望望回头的路，真是感慨颇多。信息技术课的存在与它的开设初衷恐怕早已是相去甚远。到底该怎么样来对待这一门课程？真真正正困惑多于明白，迷茫多于理智。信息技术这门课程到底该怎样教？同仁们，请支个招。这条路真的不好走啊！

如果你是信息技术课教师，读完这篇文章后，是否也有同感呢？如果你是即将入职的大学生，你会由此想到什么呢？在你职业的准备阶段又将如何去应对将来的挑战呢？

对信息技术课程与教学的研究是一个国际化的重要课题，也是深入推进中小学信息技术教育的重要举措。也许这门课程将为你解决心中的困惑，对现在的和将来的教师们有所启发。

1.1 信息技术教育的意义与作用

核心术语

◆ 信息技术教育　　◆ 课程与教学论　　◆ 教育信息化

近年来，由于我国政府在政策上大力推进，全国中小学信息技术教育正呈现全面推进、快速发展的势头，有关信息技术教育的课程设计、教育方法、教学模式、评价实施等研究活动如火如荼。不管你是从事多年中小学信息技术教学的老教师，还是即将走入中小学信息技术课堂的师范生，你对我国中小信息技术教育的关注程度如何？你又是如何看待信息技术教育的呢？我们觉得，要想当好信息技术课教师，除了掌握牢固的信息技术知识外，还应该对这门课程的内涵有深刻的反思。这是非常重要的。

随堂讨论

- 你理解信息技术教育的内涵吗？
- 信息技术教师应该了解关于信息技术教育的哪些知识？

上面两个问题看似很普通，也很容易回答，但关于它们的答案都反映了教师们对信息技术课程的理解程度，而这又是每一位信息技术教师的立足根本。大家不妨相互问问这两个问题，也许会有新的收获。

1.1.1　中小学信息技术教育的意义

邓小平同志早在1984年就提出了"开发信息资源，服务四化建设"的战略方针，并指示"计算机的普及要从娃娃抓起"。江泽民同志曾指出，当今世界信息化水平差距不是在缩小，而是在进一步扩大。因此，在教育领域里实现信息化，并通过逐步推进的方式在全国中小学开展信息技术教育，对促进以素质教育为核心的教育改革有着重要的意义。

要明确中小学信息技术教育的意义,可以从两个方面来看。

首先,从社会发展的进程来看。当人类进入信息时代后,信息与物质、能源一样成为人类社会发展的重要资源。无论是政府、企事业单位,还是学校、军队,持续发展的能力在很大程度上都与其利用信息资源的能力有关。信息技术教育已经成为各个国家与民族振兴的重要手段。

以美国为例。美国无论是在信息技术教育的起步上,还是在现有的发展水平上都走在了世界各国的前列,为国际信息技术教育的发展起了表率作用。1946年,第一台电子计算机在美国问世;1969年,美国建成了世界上第一个计算机网络系统,即Internet的前身;从1977年开始,计算机和互联网就已经进入了包括教育在内的广泛的工作和生活领域;20世纪90年代,信息技术的发展迎来了它的黄金时代,美国政府正式开始了"信息高速公路"计划,该计划的中心任务就是建立综合化信息服务体系,大力推进信息技术在社会各领域的广泛应用。

 资料卡片

信息高速公路

信息高速公路是一种比拟的说法,它是指一个高速度、大容量、多媒体的信息传输网络,是以光缆作为信息传输的主干线,采用支线光纤和多媒体终端,用交互方式传输数据、电视、话音、图像等多种形式信息的千兆比特的高速数据网。网络用户可以在任何时间、任何地点以声音、数据、图像或影像等多媒体方式相互传递信息。

1996年,美国教育部发表了美国历史上第一份有关信息技术教育的正式报告《让美国学生为21世纪做好准备:面向技术素养的挑战》,提出了信息技术教育的国家目标:

(1) 全国所有的教师都要接受训练,教师帮助学生学习运用计算机的需求都能得到支持。
(2) 所有的教师和学生都能够在课堂中运用现代多媒体计算机。
(3) 每一间教室都要被连上信息高速公路。
(4) 将有效的软件和在线学习资源作为每一门学校课程的内在组成部分。

经过5年左右的建设,截至2000年秋,美国公立学校的入网率已达到98%,教室入网率达77%,学生数与计算机数之比已升至5∶1,已经达到了许多专家认可的学校中有效利用计算机的合理水平。学生数与已入网的计算机数之比也从1999年的9∶1提高到2000年的7∶1。

其次,从人类个体的发展来看。信息技术正在成为人们生产、生活的重要组成部分,我们以前所熟悉的生活方式正在悄悄地改变:家用电器、电视电影都在数字化,办公开始无纸化,娱乐方式变成网络化,车间里由人工控制变成了计算机控制。所有这一切,无论你是否注意到了,我们都要适应它。因此,让孩子们从小就了解信息技术,了解计算机网络,了解数字信息,将有助于他们消除对信息化社会的神秘感,提高自身的生存技能,从而健康发展。

信息技术教育也为学生培养自我主导和终身学习的能力打下基础。计算机网络技术把世界的文明联结到一起了,使学习超越了国界,也跨越了文化,也催生了一种新的学习方式——数字化学习(E-learning)。数字化学习是信息时代里进行终身学习的重要方式。终身学习是社会每个成员为适应社会发展和实现个体发展的需要,贯穿于人的一生的、持续的学习过程。在中小学教育阶段,就应该让学生学会学习,掌握学习的方法,树立终身学习的理念。所以说中小学信息技术教育不仅是为学生的终身学习打好基础,同时也负担着继续教育的任务。

资料卡片

数字化学习

数字化学习又称为在线学习,是指在教育领域建立互联网平台,学生通过网络进行学习的一种全新学习模式。其特点有:(1)学习是以学生为中心的,学习是个性化,能满足个体需要的;(2)学习是以问题或主题为中心的;(3)学习过程是进行通信交流的,学习者之间是协商的、合作的;(4)学习是具有创造性和再生性的;(5)学习是可以随时随地进行的。

(摘自:数字化学习. http://baike.baidu.com/view/629855.htm?fr=ala0_1_1)

1.1.2 中小学信息技术教育的作用

如果单从信息的角度来看,学生对各学科的学习都是在获取信息、加工整理信息和处理信息。信息技术教育的作用则是以信息技术作为认知工具,以其他学科知识的学习过程作为载体,使学生掌握计算机的基本操作技能及一些常用软件的使用方法,同时培养学生会用计算机搜集信息、加工整理信息和处理信息的能力,从而达到培养学生综合能力的目的。因此,可以从以下几个方面来理解信息技术教育的作用。

(1)教给学生初步使用信息技术工具的方法。信息技术作为一门独立设置的学科,主要还是学习信息技术的技能和基本工具,如操作计算机、上网冲浪、管理网络以及使用一些常用软件(如文字处理、表格处理、绘图工具)等。当然,在学习信息技术过程中,还要培养学生利用信息技术解决问题的习惯、能力以及使用信息技术的道德。因此,我们可以把信息技术作为一种工具,整合到实际任务中进行学习。这个任务不拘泥于教材或参考书所提供的材料,可以是其他学科的知识,可以是社会热点问题,也可以是学生自己感兴趣的问题。

(2)作为辅助其他学科教学的工具。在教育信息化逐步推进的今天,大部分的学科教育都开始向信息化教学方式靠拢,不仅教师在课堂上开始使用信息技术工具来辅助教学,而且,相当多的课程内容中也融入了与信息技术或者是计算机相关的成分,所有这些都极大地拓宽了信息技术教育的视野。如果把信息技术课作为一门工具性的课程,那么,学生可以借助他们掌握的信息技术工具,在其他学科中更好地理解教师的教学方法,更好地完成教师布置的任务,能够自如地进行个别化或者小组协作学习。学生在学习中始终能保持积极主动,通过获取信息、处理信息、交流信息等步骤完成研究目标,形成研究成果。在整个学习过程中,更加突出了学习的主体性和参与的过程性。在整个研究过程中,学生充分利用各种信息媒体获取信息,在教师和同伴的协助下,不断地加工,形成自己的观点,并借助信息技术将自己的观点展示出来。

(3)促进了教育信息化。教育信息化是指以现代信息技术为基础的教育形态。它是教育信息化的必然结果。我们通常把教育信息化看做是追求信息化教育的过程。从技术层面上看,信息化教育的基本特点是数字化、网络化、智能化和多媒化。从教育层面上看,信息化教育具有教材多媒化、资源全球化、教学个性化、学习自主化、任务合作化、环境虚拟化和管理自动化等特点。中小学信息技术教育的开展,可以说是促进了教育信息化的发展。首先是信息化的教学环境有了改善,如校园网、多媒体教室、电子网络教室、电子阅览室和教学信息管理系统等都在全国很多中小学已经建立了。其次是开发了很多教育资源,如电子教材、电子教案、积件素材、共享软件、试卷数据库和教育统计数据等。通过把信息技术与学校教育、学科内容、学生学习和教学管理融合起来,提升了整个教育信息化水平。

 资料卡片

教育信息化

教育信息化的概念是在20世纪90年代提出来的。1993年9月,美国克林顿政府正式提出"国家信息基础设施"(National Information Infrastructure),俗称"信息高速公路"(National Superhighway)的建设计划,其核心是发展以Internet为核心的综合化服务体系和推进信息技术(Information Technology,简称IT)在社会各领域的广泛应用,特别是把IT在教育中的应用作为实施面向21世纪教育改革的重要途径。

教育信息化的过程中,由于需要广泛地应用各种机器、设备,人们往往容易以技术论、机器论的思想来认识信息化,认为教育信息化是以计算机代替教师讲课,以计算机来呈现教学内容,以计算机来存储教学信息,并以省力性、替代性、便利性、效率性的尺度来评价教育信息化。

华东师范大学教育信息网络中心主任祝智庭教授认为,教育信息化应被看做一个过程,其结果是达到一种新的教育形态——信息化教育。教育信息化的主要特点,是在教学过程中广泛应用以电脑多媒体和网络通信为基础的现代化信息技术。

华中师范大学信息技术系傅德荣教授认为,教育信息化可以达到省力化、机器化的效果,但它不是教育信息化的目的。如果我们仍以传统的教育思想来应用信息技术,其结果无异于传统的教学。一些教师通过应用多媒体技术,加大每一节课的信息容量,以解决教学内容多与学时不足的矛盾,其结果是教学中除了教师"灌"以外,又多了"机器灌"。

教育信息化的目的是实现创新人才的培养,是实现教育现代化。教育信息化的过程不仅仅是一种信息机器引入教育的过程,更是一种教育思想、教育观念变革的过程,是一种基于创新教育的思想有效地使用信息技术,实现创新人才培养的过程。

(摘自:祝智庭.现代教育技术——走向信息化教育[M].教育科学出版社.2002.)

1.2 信息技术教育的任务与目标

核心术语

◆ 信息技术课程　　◆ 任务　　◆ 目标

1.2.1 信息技术教育的任务

1999年,教育部基础教育司在《关于加快中小学信息技术课程建设的指导意见(草案)》中明确指出了我国中小学信息技术教育的任务:

(1)要让学生掌握信息技术基本知识,了解信息技术文化,提高信息技术能力和素质。从小培养学生掌握计算机知识和应用计算机技术的能力,即培养其现代人应具备的最基本的知识和能力之一。

(2)信息技术课程将培养学生对以计算机和网络为核心的信息技术的兴趣和意识,形成良好的信息技术道德,掌握计算机基础知识、操作技能和实际应用。加快中小学信息技术课程建设并使教育科研网络逐步进入中小学,使学生学会搜集信息、处理信息并利用信息技术手段自主学习,为他们适应现代化信息社会的学习、工作和生活方式打下必要的基础。

(3)运用计算机辅助完成形式多样的学习任务也是中小学信息技术教育重要的任务之一。利用计算机强有力的信息处理功能,加强学科间知识的内在联系,帮助学生融会贯通地理解和掌握各门学科知识,培养学生能力,提高学习效率和学生的整体素质。在进行信息技术教育的同时,应尽可能考虑与其他学科教学内容的有机结合。

(4)信息技术课程的设置要考虑学生心智发展水平和不同年龄阶段的知识经验和情感需求,要注意培养学生利用信息技术对其他课程进行学习和探讨的能力。努力创造条件,积极利用信息技术开展各类学科教学,注重培养学生的创新精神和实践能力。

1.2.2 信息技术教育的目标

有关信息技术教育的目标,教育部在颁发的三个相关文件中都进行了明确规定,但每次都有新的变化。1994年颁发的《中小学计算机课程指导纲要(试行)》第一次提出中小学计算机课程的教学目标,分成两个阶段:中学阶段和小学阶段。1997年在征求了各方面的意见后,对上一文件进行修改,规定了在中小学各个阶段(小学阶段、初中阶段和高中阶段)有所不同的目标,覆盖的范围更加广泛,其中既考虑了课程的成就目标,也考虑了课程的方向目标。2000年11月,教育部颁发了《中小学信息技术课程指导纲要(试行)》,重新修订了原来的任务和目标,第一次提出信息技术课程的概念,第一次把培养学生的信息素养和信息伦理作为教育任务。

总的来说,信息技术教育的目标可以从三个方面来理解:第一,对信息科学的理解能力;第二,对信息技术的应用能力;第三,对信息社会的认识能力。因此,信息技术教育的内涵并不只是计算机技术的教学。具体可以将信息技术教育的目标归纳为以下三个方面。

1. 努力让中小学生掌握信息技术的知识与技能

(1)掌握信息技术的基本工具、概念和本领,理解构成信息技术的基本要素,知晓利用信息技术处理信息的基本工作原理,形成基本的信息技术知识框架,跟上信息技术的发展趋势。

(2)正确使用和维护常用信息技术工具和系统,形成自主构建的信息技术应用能力体系,适应信息技术形态的变化与发展。

(3)广泛和本质地理解信息技术,从知识与技术中抽象出基础性概念。通过各种设计活动,能帮助人们解决实际问题或实现某种需求。

2. 努力让中小学生参与信息技术的实践过程

(1) 认识使用信息技术解决问题的意义,掌握运用信息技术解决问题的基本过程,能根据任务的需要提出解决问题的方案,并能逐步实施。

(2) 在解决问题的过程中,能通过探究性活动完善自主学习的能力和信息技术综合实践能力。

(3) 能选择合适的信息技术手段解决自己发现的新问题或某种社会需求,并能使其效果达到最佳状态。

(4) 能将解决问题的过程、结果和解决的方案交流给老师或同学,进行恰当的评估,逐步养成良好的运用信息技术探究的习惯和学习的方法。

3. 努力培养中小学生的信息技术素养

(1) 具有良好信息技术使用习惯和高度政治责任感,保持和增强对信息技术学习的好奇心和探究欲。

(2) 初步建立对信息技术的辩证认识,认识到任何一种技术形式不但可以用来解决问题,也同样会造成新的问题。

(3) 能理解信息技术是如何开发和使用的,能评价信息技术对其他技术门类、环境、社会和人身心的影响。

(4) 理智地参与那些利用信息技术支持的各种活动,遵守信息传播与通信的伦理道德和法律法规,负责任地、安全地、健康地使用信息技术。

1.3 我国信息技术教育的发展概况

核心术语

◆ 计算机教育   ◆ 信息技术教育   ◆ 校校通

1.3.1 我国信息技术教育的发展历程

我国的信息技术教育相比国外发达国家,起步较晚,条件薄弱,实施较难,但经过近二十多年的发展,我国信息技术教育也积累了丰富的经验,特别是随着第八次基础教育改革的开展,我国信息技术教育正在进入全面发展的阶段。

我国的中小学信息技术教育从 20 世纪 80 年代初开始,大体经历了四个阶段。

1. 计算机课程的起步试验阶段(1981—1984 年)

1981 年 7 月,国家教委派代表团参加了由联合国教科文组织与世界信息处理联合会在瑞士洛桑举行的第三届世界计算机教育应用大会。苏联的计算机教育学家伊尔肖夫(A. P. Ershov)在大会上的主题报告题目就是"程序设计——人类的第二文化"(Programming, The Second Literacy)。他指出"随着计算机的发展和普及,人类只有第一文化就不够了,必须掌握阅读和编写计算机程序的能力"。并预言在不远的将来,通常的程序设计将被每一个人所掌握。这一报告代表了当时已经开展计算机教育的各个国家对于计算机教育的认识。这一思想也就成为我国的计算机教学初始阶段的核心思想。

我国政府积极响应,并根据此次大会的精神,在有条件的中小学逐步开展计算机教育的试验。这期间主要是各学校的自发探索,采取的主要形式是校内课外兴趣小组及校外学习小组,教育内容主要为基本的 BASIC 语言及简单的编程。最早开展这些活动的组织包括上海儿童活动中心、青少年科技活动站、北京景山学校等。

为了加强中学计算机教育研究,更好地指导各地试验工作的开展,1983 年国家教委下发了《关于在实验中学建立全国中学计算机教育试验中心事》(〈83〉教中厅字 015 号文件),在北京师范大学附属实验中学建立全国中学计算机教育试验中心。试验中心的任务是:

(1) 研究中学计算机课程设置、教材与教法,并向有关省、市中学计算机教育试验基地提出指导性意见。

(2) 为有关省、市计算机教师的培训、教学和课外活动提供软件和资料。

(3) 适当开展必要的国际交流,首先是开展资料交流,以不断提高我国中学计算机教育水平。

1984 年,国家教委又颁布了《中学电子计算机选修课教学纲要(试行)》,其中规定计算机选修课的目的为:

(1) 初步了解计算机的基本工作原理和它对人类社会的影响。

(2) 掌握基本的 BASIC 语言并初步具备读、写程序和上机调试的能力。

(3) 逐步培养逻辑思维和分析问题、解决问题的能力。

还依据以上目的规定了选修课的内容及课时:内容除了简单的计算机基本工作原理以外,主要是 BASIC 程序设计语言;课时规定为 45~60 小时,其中至少要有三分之一课时保证学生上机操作。可以看出,这个"教学大纲"的侧重点是让学生了解计算机的基本知识和学习 BASIC 语言。

在 1978 年到 1985 年这段时间里,我国中学计算机课程由无到有,并开展了重点试验,几年间全国有数千所中小学相继配备了计算机,开设了选修课或开展课外活动,编写教材,探索教学方法,撰写论文,开展学术交流活动,使中学计算机教学的研究逐步深入。

2. 计算机课程的逐步发展阶段(1985—1990 年)

1985 年,许多教育家在第四届世界计算机教育会议上提出,计算机学科教学应该从教程序设计语言转为把计算机作为一种工具,也就是说转向以应用计算机作为基础。计算机现在已经成为各行各业的基本信息处理工具,如办公自动化、机械自动化、数据库管理等。人们的日常生活中也逐步开始应用计算机来进行信息处理,专门化应用软件开始面市并日趋增多,越来越多的人在工作和生活中无需懂得编程。因此,普及计算机对大多数人来说,主要是把计算机作为一种资源、作为一种工具来掌握就够了。但并不是说要完全废除编程,而是意味着把程序设计列为更高一层次的要求,即只对那些将来专门从事计算机软、硬件开发的人才是必需的。普及计算机教育这一内容的变化已是美、英等先进国家的普遍趋势。

1987 年,国家教委正式印发的《普通中学电子计算机选修课教学大纲(试行)》中对教学目的与要求有了新的论述:

(1) 电子计算机选修课的教学,在于使学生初步了解电子计算机在现代社会中的地位和作用,锻炼学生应用电子计算机处理信息的能力,提高学生的逻辑思维能力及创造性思维能力。

(2) 通过电子计算机选修课的教学,要求学生初步了解电子计算机的基本工作原理及系统构成。

(3) 会用一种程序设计语言编写简单程序;初步掌握电子计算机的操作并了解一种应用软件的使用方法。

3. 计算机课程的快速发展阶段(1991—2000年)

1991年10月,国家教委基础教育司在山东省济南市召开了"第四次全国中小学计算机教育工作会议",与会代表认真讨论了发展我国中小学计算机教育的方针与政策、规模与速度、师资与教材建设、计算机教育环境与模式、经费、管理等重大议题,并且制定了"从实际出发,注重实效,巩固现有成绩,积极创造条件,分层次、有步骤、有重点地发展"的中小学计算机教育发展方针。

在这次会议之后,国家教委基础教育司又颁发了《关于将全国中学计算机教育研究中心改名为全国中小学计算机教育研究中心的通知》(教基[1992]8号)、《关于加强中小学计算机教育的几点意见》(教基[1992]22号)、《关于成立全国中小学计算机教育领导小组的通知》(教基厅[1992]21号)和《中小学计算机课程指导纲要》(教基司[1994]51号)等多个重要文件。这一系列文件的出台,首先是肯定了发展计算机教育的必要性、重要性和迫切性,并在全国各级教育管理系统中统一了认识,其次是明确了计算机教育的方针政策,在组织上加强了对计算机教育的领导。

此时计算机的发展和应用已有了很大的变化,为适应计算机教育新的发展,国家教委在保留计算机学科的一些相对稳定的教学内容的基础上,对"指导纲要"做一些修改和调整,如增加一些新的教学内容,如Windows、网络维护、多媒体技术、常用工具软件等,对有些教学内容和教学要求,如程序设计语言模块、计算机在现代社会中的应用和对人类社会的影响模块,也做了适当的修改和调整,并开始提出要培养学生确立正确的学习态度、养成良好的习惯、初步的信息处理能力、计算机使用道德以及与人共事的协作精神等。

这阶段的会议通知还考虑到了我国幅员广大,各地区的经济、教育水平发展参差不齐,计算机设备、师资水平、学生素质等条件差别很大,提出要坚持分地区、分层次的分类协调发展方法,对不同地区,在教学目标、教学要求、教学环境等方面允许不同层次、不同模式,实行多层次、多模式协调发展的方针。

1989年至1999年,我国中小学计算机教育发展情况如表1-1所示。

表1-1 1989年至1999年,我国中小学计算机教育发展情况

	1989年	1999年
开展计算机教育的学校数量	7081	60000
学校拥有计算机的台数	76862	1650000
从事计算机教育的教师	7232	70000
累计学习计算机的学生(万人)	300	3000

4. 信息技术教育阶段(2001年至今)

进入21世纪,也就是到了我们常说的信息社会,突出特征之一是信息总量的迅速膨胀和信息传播媒体的不断发展。信息化社会也对现代教育提出了新的挑战,要求学习者要改变原有的学习行为,掌握数字化学习的学习方式,以及学习者应具备一定的信息处理能力。这也是开展中

小学信息技术教育的背景。

1999年11月,教育部基础教育司发出《关于征求对〈关于加快中小学信息技术课程建设的指导意见(草案)〉修改意见的通知》(教基司函[1999]99号),并在文件中首次明确提出信息技术课程,也由此启动了我国中小学信息技术教育的新历程。2000年1月,在教育部下发的《关于印发〈全日制普通高级中学课程计划(试验修订稿)〉的通知》(教基[2000]3号)文件中明确指出:"在课程设置中规定信息技术课为高中必修课,其中必修课时为70课时,选修课时为70课时,每周课时为2课时。"

2000年10月,教育部在北京召开"全国中小学信息技术教育工作会议"。时任教育部部长陈至立在会上作了题为《抓住机遇,加快发展,在中小学大力普及信息技术教育》的报告。报告指出:"充分认识教育信息化的重要性和紧迫性,加快在中小学普及信息技术教育的步伐;进一步明确当前和今后一个时期在中小学普及信息技术教育的主要目标和任务;加强领导,狠抓落实,全面推进中小学信息技术教育工作。"此次会议是信息技术教育发展中的一个里程碑,也标志着我国中小学信息技术教育进入了一个崭新阶段。2000年11月,又印发了《关于中小学普及信息技术教育的通知》(教基[2000]33号)、《关于在中小学实施"校校通"工程的通知》(教基[2000]34号)和《中小学信息技术课程指导纲要(试行)》(教基[2000]35号)三个文件。

据统计,截至2011年底,校园内每百名学生平均拥有计算机数量小学达到5.12台,初中达到7.78台,高中达到13.45台,初步满足了学校开展信息技术教育的条件;普通高中开设信息技术课程的比例达100%,初中开设信息技术课程的比例达95%以上,小学开设信息技术课程的比例在20%左右,每年有1亿多中小学生接受信息技术教育。信息技术必修课已经成为全国中小学生信息素养提高的主要渠道。

1.3.2 我国信息技术教育中存在的问题

信息技术教育目前在中小学已经得到普及,以信息化带动教育现代化的设想正在一步步实现。毫无疑问,信息技术教育在我国已经取得了很大的成就,而且,伴随着新一轮的基础教育改革,它将继续迅速发展下去。然而,当我们把信息技术教育的研究和实践不断引向深入时,却越来越清醒地看到了一些难以解决且不容忽视的问题。正视这些问题,将有助于我们更好地开展信息技术教育教学的研究。

第一,学校对信息技术课的重视程度还不够。信息技术课在中小学的任何一个学段都不属于升学考试科目,所以在应试教育依然主导的今天,大多数中小学都没有办法真正提高信息技术课的地位。首先,一些学校的领导对这门课认识不够,加上自身对计算机了解不多,所以不太关注。现在虽然把计算机课改为信息技术课,培养目标也发生了很大的变化,但很多学校领导仍然没有真正认识到开设这门课的目的和意义,对信息技术教师的定位也很模糊,所以导致很多信息技术教师在学校中身兼数职,不受人重视,把大多数时间耗在教学以外的杂事上,而对信息技术课程的设计投入的精力相对较少。其次,各校在执行课时计划的时候存在随意性。有的学校随意减少规定的课时数,有的学校因为老师的原因停开信息技术课。学校在信息技术课程的常规教学管理方面抓得不严,对教师的备课、作业批改没有进行定期检查和督促。信息技术课堂教学质量不高,挫伤了学生学习的积极性,扼杀了学生的创造力。

第二,各级教育主管部门对信息技术教育的投资不足或投资比例失调。由于受到经济水平的制约,我国的信息技术教育还显示出地区差异、城乡差异和学校差异等特点。由于教育经费有限,各级教育主管部门在进行投资时,重条件好的学校,而轻条件不太好的学校;重硬件建设,而轻软件配置和师资培训;重升学考试科目的课程建设,轻信息技术课程建设,于是出现了很多学校"有硬件没软件"、"有电脑没网络"的现象,这也导致教师在教学时有很多内容没法讲,即使讲了,但没有实践和检验,对于技术性和实践性如此强的信息技术课,教学效果大打折扣。

第三,信息技术教材种类繁多,却缺乏特色教材。信息技术教材作为教学目标与教学内容的物化形态是信息技术课程教学活动的重要依据。教育部在有关文件中明确提出,要鼓励信息技术教材多样化,可以是"一纲多本"甚至"多纲多本"。近年来,各地编写出版了数百种不同版本的信息技术教材,但编写水平参差不齐,选用体制也不完善,还存在一些问题。主要表现有:低水平重复的多,内容雷同的多,编排不合理的多,缺乏多层次、多品种的特色教材;教材评价缺乏科学规范的标准,教材选用存在地方保护主义;教材过分强调与其他学科知识的整合,削弱了信息技术学科的知识与技能;教材过分强调"任务"或"活动",忽略知识的系统性。

第四,师资力量薄弱。教师的信息意识及对信息技术的理解、掌握、运用决定着信息技术教育的效果。因此,信息技术教育的开展首先要强调教师适应信息社会的知识结构的重建,即教师必须首先具备信息素质。目前,大部分在岗的中小学信息技术教师是由其他学科教师经过短期培训转行而来,普遍存在基础差、底子薄的缺点,即使有些是大专院校相关专业的毕业生,但缺乏教学经验。信息技术教师的进修学习机会也不多,使原来还算合格的信息技术教师所具备的计算机学科知识结构逐渐难以适应信息技术教育发展的要求。由于职称、待遇和地位问题以及市场经济的诱惑,还存在部分信息技术课程教师的流失问题和不安心于信息技术教育的现象。师资力量的欠缺,使很多教师在理论课上照本宣科,在上机课上留了作业,辅导一下就行,很少花时间去设计课时、设计内容、合理安排与利用上机时间,也不能立足实际应用让学生在学技术、学软件的过程中学到更多的知识。

随堂讨论

- 你认为我国信息技术教育中还存在哪些问题?
- 从你自己的经验来看,你是如何看待以上这些问题的?如何解决呢?

1.3.3 我国信息技术教育的发展方向

从上节讨论中我们可以看到,我国的信息技术教育情况和国际教育信息化相比,还存在很大的差距,只有理智地对待以上存在的问题和还没有发现的问题,我们才可能为我国信息技术教育的发展找到更好的方向。近期的许多研究结果显示,我国将来的信息技术教育呈现以下几点趋势。

(1) 加大资金投入,建设良好的教育信息化基础环境。建立以政府投入为主、多方筹措资金的体制,加强社会团体、企业和个人与中小学的联系,鼓励他们对信息技术教育进行有限范围内的资金支持。加强校园网的建设,全面启动"校校通"工程,用 5~10 年时间,使全国 90% 左右的独立建制的中小学校能够上网,使中小学师生都能共享网上教育资源,提高中小学的教育教学质量。有条件的地区要实现学校与互联网的连接,有些地区可通过教育卫星宽带网接收和下载信息,还可以通过配备多媒体教室和光盘(VCD)教学片获得丰富的教学资源。图 1-1 显示的是"校校通"工程的一种网络拓扑图。

 资料卡片

"校校通"工程

"校校通"工程是一项包括资源开发、传播、使用及教学管理等多项内容的系统工程,是教育信息化的基础工程,是提高中国基础教育现代化水平的重要保证。"校校通"是让90%以上的中小学采用多种手段和形式,用较低的成本获得丰富而优质的教学资源和课程,最终实现资源共享。利用广播、电视、互联网、卫星通信等多种方式实施"校校通"工程,逐步形成信息技术教育的"天罗地网"。

"校校通"不等于"校校网"。"校校通"的目标并非是要每所学校都建起庞大的校园网;在配置设备上不要求大、求高,要因地制宜,根据需要建设好用、够用、适用的"校园网";在选择设备上要考虑能持续发展,与未来的技术发展相衔接;在一个地区要科学规划,统筹建设,使设备得到充分应用。

(摘自:杜兴义.关于中小学"校校通"工程的思考[J].开放教育研究.2001,6.)

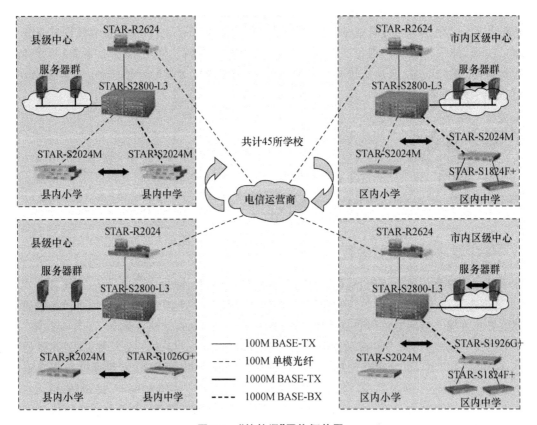

图 1-1 "校校通"网络拓扑图

(2) 通过宣传和学习，使基层教育行政领导更新观念、提高认识。政府领导的关心是基础教育建设的有力保证，只有上级领导充分认识到普及中小学信息技术教育的重要性和紧迫性，才有可能更好地开展下一步的活动。一是让基层党委和政府的主要领导在注重经济建设的同时，把信息化建设视为与经济建设同等重要，要宣传实现教育信息化的意义及它在教育中的重要地位；二是组织教育局机关干部和各学校领导进行培训、参观、学习，使他们充分认识普及信息技术教育是信息技术飞速发展的需要；三是组织全体教师进行学习，加深他们对信息化教育的认识，使他们认识到普及信息技术教育是适应信息化社会教育方式根本转变的需要。通过培训、宣传、学习，大家要普遍认识到：教育信息化是经济和社会信息化的基础，又是教育现代化的必然要求。

(3) 鼓励开展跨区域的调查研究和合作研究，掌握第一手资料。从有关资料来看，关于信息技术教育的调查研究在全国范围内已经开展了，但是还不够充分。从范围上看，已有的调查多为抽样性的调查或者是个案调查，而且抽样比例一般较小，还不能覆盖全国所有的省市，影响了人们真实、准确地了解本地区中小学信息技术教育开展的具体情况。从内容上看，已有的调查多是针对硬件、软件、师资、开课情况等客观事实，而关于信息技术教育的各种认识、评价、分析、意见和建议等主观态度的调查少而且不全面，使得调查的内容不完整。从时间上看，调查研究的连续性、周期性不强。由于教育调查耗时耗力，多数调查研究只是进行一轮数据搜集就停止了。这就使得人们不能及时了解本地区中小学信息技术教育的最新情况和数字，进而影响到教育对策的及时更新和调整。因此，改变现有的调查方式，开展跨地区的比较性调查与合作研究，对于有效决策是很有帮助的。

(4) 开展全方位的师资培训，加强师资队伍建设。师资培训是信息技术教育的重要工作之一，在某种程度上，师资素质的高低决定了信息技术教育的水平。从目前的形式看，要想发展好中小学信息技术教育，师资培训应该分两大块来开展：一个是信息技术专职教师的培训，另一个是其他学科教师的信息技术培训。信息技术专职教师队伍的培训内容应该包括信息时代的学习理论与实践、现代教育技术基础、多媒体与网络技能训练、数据库技术与中学校园网资源建设与管理、中小学信息技术教育理论与实践、网络文化与教师道德修养等。对其他学科教师的培训，可以采用"专题报告＋短期培训"的方式，通过专题报告或讲座解决教师的思想问题，培养信息意识，提高信息技术理论素养和道德素养，培训内容主要包括现代教育媒体的应用（重点是计算机和网络的基本操作），教学课件的开发，各种常用软件的使用，多媒体音视频制作等。

(5) 更加注重与其他信息技术学科的全方位整合。目前的信息技术与课程整合存在很多误区，过于模式化和肤浅化，好像在教学中使用了课件、上网搜集了资料、使用了投影机就是整合了。其实，真正的整合应该依据各学科的具体实际来进行，即要根据学科的教学内容、教学目标、教学对象及教学策略，找到整合的切入点，并结合学科教学的各个环节来展开。其关键在于让教师明确信息技术与学科整合的界定、内涵及方式。整合包括教学思想、教学理念、教学过程、教学策略、教学媒体、学习活动、教师的教学行为、学生的学习方式，绝非是信息技术与学科的简单相加，更不是技术与学科的混合。整合的主体是课程，最根本的出发点是实现课程目标，目标是改善学习者的学习。我们所追求的整合是一种全方位的、以课程为中心的整合策略。

(6) 努力开展教科研工作，提升信息技术教育的研究水平。像其他学科一样，信息技术课也拥有广泛的研究范围和丰富的研究目标。信息技术教育开展二十多年来，我们已经取得了极为丰富的科研成果，在基础教育理论、信息技术教学模式、课程与教材研究、教学资源建设、信息技术与课程整合和远程教育等方面都有新的进展,逐步与国际接轨。中小学信息技术教师进行科学研究工作除了参与培训和校本研究外,还可以多参加一些国内外的会议,或者把自己在教学中的心得体会进行深化后,向信息技术领域的杂志投稿。目前,国内外与信息技术和教育技术相关的会议很多,国际会议有 CITE(信息技术与教育国际会议)、ICCE(计算机教育应用国际会议)、CSCL(计算机支持协作学习)、CSSE(计算机科学与软件工程国际会议)、GCCCE(全球华人计算机教育应用大会)等,在国内举行的有中国教育技术协会年会、中国教育技术协会下属的各专业委员会组织的年会以及各省市自己组织的各种级别的信息技术研修班。我国与信息技术教育相关的杂志也有很多,主要有:《电化教育研究》、《中国电化教育》、《中小学信息技术》、《中小学电教》、《中国远程教育》、《远程教育杂志》、《现代远距离教育》、《教育技术导刊》、《现代教育技术》等。

 资料卡片

全球华人计算机教育应用大会

全球华人计算机教育应用大会(GCCCE)是一年一度的国际会议。由台湾陈德怀教授、华南师范大学李克东教授、北京师范大学何克抗教授、北京大学林建祥教授四人创办。GCCCE 先后于广州、香港、澳门、新加坡、台湾、北京、南京、夏威夷等地成功举办了十届。目前 GCCCE 已成为全球华人学者研讨计算机教育应用的一个重要学术会议。大会目标为汇聚世界各地学者、教育工作者,分享有关信息及通信科技应用于教育的实践方法及成功经验,为各地教育政策制定者、学者、校长及教师,提供一个公开论坛,作为在计算机教育应用这个范畴上交流意见的重要活动。大会旨在增强信息科技和计算机在教学上应用的意识。此外,亦促进信息科技教育的最新发展以及计算机教育应用的新技术。

大会每次都会设定一个主题。例如,2006 年是"网络时代学生能力的培养",2007 年是"多学科交叉视野下的信息技术与教育应用研究",2008 年为"信息技术与教育全球化"。

本章小结

1. 信息技术教育领域是一个新兴的研究领域,也是一个前景广阔的发展领域。信息技术教育的意义和作用在当前的教育研究中已经达成共识,它将是我们开展后续研究的基础。无论是在职的还是职前的学习者,都应该对此有充分的认识,这样才能更好地开展信息技术教育。

2. 信息技术课程教学的研究对象是信息技术课堂的所有因素,即信息技术课堂上的教学活动与学习活动、教学模式、教学媒体、评价方式等。信息技术教育的任务是培养学生的信息素养。如何开展信息素养的教学,是本门课程的重要研究内容之一。

3. 我国信息技术教育起步于 19 世纪 80 年代初,经历了计算机课程起步试验阶段、逐步发展阶段、快速发展阶段和信息技术教育阶段四个阶段。有关信息技术教学论的研究更是不够深入,表现为理论研究多,实践研究少;文献研究多,行动研究少。了解我国信息技术教育的发展历程,有助于我们提高认识,端正态度,明确今后的研究方向。

思考题

1. 信息技术教育的内涵是什么？
2. 我国的信息技术教育共经历了几个阶段,每个阶段的特点是什么？
3. 中小学信息技术教育的目标是什么？
4. 结合课本内容和相关资料,谈谈我国信息技术教育的发展方向有哪些？

实践者园地

1. 国外发达国家的信息技术教育发展已经到了一个相当成熟的阶段,试着通过上网查找它们的信息技术教育状况,从国家政策、硬件水平、教学资源、课程开发、教师发展等方面归纳出它们的特点。

2. 目前,我国信息技术教育的发展也取得了很大的进步,信息技术课的教材也出版发行了很多,你可以选取两套教材,试着比较一下它们的特点,并写成论文向杂志社投稿。

第 2 章　信息技术教育的理论基础

> 洞见或透识隐藏于深处的棘手问题是艰难的，因为如果只是把握这一棘手问题的表层，它就会维持原状，仍然得不到解决。因此，必须把它"连根拔起"，使它彻底地暴露出来。这就要求我们开始以一种新的方式来思考。
>
> ——语言哲学大师　维特根斯坦

学习目标

1. 了解教育理论对教育教学的作用。
2. 了解多元智能理论内涵以及它在教育中的意义。
3. 了解建构主义理论的基本观点及其对信息技术教育的启示。
4. 了解后现代主义课程观对信息技术教育的启示。
5. 通过学习三种理论，能找到它们和信息技术教育的融合点，并能分析它们对信息技术教育实践的指导作用。

2.1　多元智能理论

核心术语

◆ 教育理论　　◆ 零点项目　　◆ 多元智能理论

2.1.1　多元智能理论概述

1967 年，美国哈佛大学建立了"零点项目"研究所，心理学家霍华德·加德纳担任研究所的负责人，任务是从认知角度研究艺术，即要理解和促进个体与群体在艺术领域及其他领域中的学习、思维和创造力。因为该研究领域在当时还是空白，故称为"零点项目"，意为"从零开始，弥补科学教育研究和艺术教育研究之间的平衡"。该研究所的课题小组花费 30 多年的时间，投入研究资金数亿美元，动用数百名科学家参与了研究。其中最重要的成果之一，就是加德纳提出的"多元智能理论"。

随堂讨论

● 一般认为,人只有一种智能,即我们常说的"智力"。请谈谈什么是智力,智力是如何测定的?

● 你对多元智能了解多少?

1983年,加德纳在《智力的结构》(*Frames of Mind*)一书中对"多元智能理论"进行了表述。他认为,人的智能可以表述为七种:语言智能、数理逻辑智能、视觉—空间智能、身体运动智能、音乐智能、人际关系智能和自我认识智能。1999年,他又加上了三种候选智能:自然观察智能、灵性智能与存在智能。

加德纳认为,智力是在某种社会和文化环境的价值标准下,个体用以解决自己遇到的真正难题或生产及创造出某种产品所需要的能力。智力不是一种能力而是一组能力,智力不是以整合的方式存在而是以相互独立的方式存在的。

八种主要智能的内涵分别是:

(1) 语言智能(Linguistic Intelligence)。语言智能指有效运用言语思维、语言表达和欣赏语言深层内涵的能力。这项智能包括把文法、音韵学、语义学、语言实用学结合在一起并运用自如的能力。良好的语言智能是演说家、律师、记者、教师、作家等的重要素质。

 案例证据

艾略特10岁时创办《壁炉旁》杂志,为杂志唯一撰稿人。寒假中,三天时间出了8期,每期均有诗歌、探险小说、随笔、幽默故事,其中一些流传至今。

我国儿童文学家郑渊洁是《童话大王》半月刊的唯一主编、作者,至今畅销不衰,最高期发行量曾达百万册。这种由一人作品支撑的纯文学大发行量已持续21年的半月刊,在古今中外文学出版史上尚属罕见。其笔下的皮皮鲁、鲁西西、舒克、贝塔和罗克在中国拥有亿万读者,连成年人也被吸引。

(案例(包括以下七个)摘自:[美]霍华德·加德纳.多元智能[M].沈致隆,译.北京:新华出版社,1999.)

(2) 数理逻辑智能(Logical/Mathematical Intelligence)。数理逻辑智能是指人能够计算、量化、思考命题和假设,并进行复杂数学运算的能力。突出特征为用逻辑方法解决问题,有对数字和抽象模式的理解力,认识、解决问题的应用推理。这项智能包括对逻辑的方式和关系,陈述和主张,功能及其他相关的抽象概念的敏感性。科学家、数学家、计算机程序员等的强势智能就是数理逻辑智能。

 案例证据

18世纪至19世纪"数学王子"高斯,传说3岁时就指出了父亲在计算工人工资时的错误。其父亲从未受过教育,甚至阻止高斯去上学。正像他本人所说的,他在开口说话之前就会计数。他7岁上学,算术能力远远超出同龄人。10岁时,老师要求学生写下1到100之间的所有整数并求和。话音未落,高斯已算出答案:50×101=5050。17岁时,他大胆地质疑欧几里得几何学,并首次提出曲面空间存在的可能性。他发现了基本的电磁定理,并用自己的名字命名磁场强度单位。他还建立了概率论和统计学的数学基础。他拥有无与伦比的直觉和想象力。

(3) 视觉—空间智能(Visual/Spatial Intelligence)。视觉—空间智能是指准确地感觉视觉空间,并把所知觉到的表现出来的能力。这项智能包括对色彩、线条、形状、形式、空间及它们之间关系的敏感性,也包括将视觉和空间的想法具体地在脑中呈现出来,以及在一个空间的矩阵中很快找出方向的能力。向导、猎人、室内设计师、建筑师、摄影师、画家等特别需要有较强的视觉—空间智能。视觉—空间智能强的人对色彩的感觉很敏锐,喜欢玩拼图、走迷宫之类的视觉游戏。

案例证据

环绕西太平洋卡罗林群岛上的原住民航海时不用仪器。除了星座的位置靠视线中出现的岛屿确定以外,气候的特点、海水的颜色都是他们判断地理方位的依据。每一次航行都被分解成多个较短的旅程,航海者必须弄清每个旅程中星座的方位。在实际航行中通过每一个岛屿时,航海者的脑中就出现一幅地图,在图上计算已经走完了多少旅程,还剩下多少旅程,对方向还要做哪些修正。航海者在旅途中可能无法真正看到这些岛屿,但脑中必须有它们的位置。

视觉艺术的各个领域很少出现超常儿童或神童,但也有如那迪亚(Nadia)那样的白痴学者。尽管患有十分严重的孤独症,这个学龄前儿童却能画出极精确、细致的图画来。

(4) 身体运动智能(Bodily Intelligence)。身体运动智能是指善于运用整个身体来表达想法和感觉,以及运用双手灵巧地生产或改造事物。这项智能包括特殊的身体技巧,如平衡、协调、敏捷、力量、弹性和速度以及由触觉所引起的能力。演员、舞蹈家、运动员、雕塑家、机械师等是特别需要空间智能的几种职业。这一类的人很难长时间坐着不动。他们喜欢动手建造东西,如缝纫、编织、雕刻等。他们喜欢在户外活动,与人谈话时,常用手势或其他的肢体语言,喜欢惊险的娱乐活动并且定期从事体育活动。这一类的儿童在学习时是透过身体感觉来思考,对他们而言,理想的学习环境必须提供下列的教学材料及活动:演戏、动手操作、建造成品、体育和肢体游戏、触觉经验等。

案例证据

美国篮球明星"飞人"迈克尔·乔丹,是一个集优雅、力量、艺术、即兴能力于一身的卓越运动员,他重新定义了NBA超级明星的含义,他是公认的全世界最棒的篮球运动员。乔丹来自纽约的布鲁克林区,后来进入北卡罗来纳大学学习,在那里,他的篮球天赋开始显现。加盟芝加哥公牛队后,乔丹率队6次获得NBA总冠军,5次赢得最有价值球员(MVP)的称号,6次当选NBA总决赛最有价值球员,1996年当选为"NBA历史上最伟大的50位球员"之一,迄今共52次登上著名体育杂志 *Sports Illustrated* 的封面,在美国人的十大"文化偶像"中,篮球之神——飞人乔丹名列第六。

（5）音乐智能（Musical Intelligence）。音乐智能是指察觉、辨别、改变和表达音乐的能力。这项智能包括对节奏、音调、旋律或音色的敏感性。作曲家、演奏家、音乐评论家、调琴师等是特别需要音乐智能的几种职业。他们通常有很好的歌喉，能轻易辨别出音调准不准，对节奏很敏感。这一类的儿童在学习时是透过节奏旋律来思考，对他们而言，理想的学习环境必须提供下列的教学材料及活动：乐器、音乐录音带、CD、唱游时间、听音乐会、弹奏乐器等。

案例证据

耶胡迪·梅纽是美国著名的小提琴家，因 3 岁时听了一场交响音乐会，生日时就要小提琴做礼物。9 岁在其师帕辛格指挥的旧金山交响乐队伴奏下演出拉罗的《西班牙交响曲》，被誉为"神童"。次年赴欧洲随布什和艾涅斯库学习。曾在欧洲、美国的主要交响乐队伴奏下演出贝多芬小提琴协奏曲，此后在卡内基大厅举行独奏会，从而进入世界著名小提琴家的行列。"二战"后访问过苏联、以色列、日本、印度，对东西方文化交流起过一定作用。他的演奏具有辉煌的技巧、独特的气质和动人的魅力。

（6）人际关系智能（Inter-personal Intelligence）。人际关系智能是指察觉并区分他人的情绪、意向、动机及感觉的能力。这包括对脸部表情、声音和动作的敏感性，辨别不同人际关系的暗示以及对这些暗示做出适当反应的能力。人际关系智能强的人通常比较喜欢参与团体性质的运动或游戏，如篮球、桥牌；而较不喜欢个人性质的运动及游戏，如跑步、玩电动玩具。当他们遭遇问题时，他们比较愿意找别人帮忙；喜欢教别人如何做某件事。他们在人群中感觉很舒服自在，通常是团体中的领导者，他们适合从事的职业有心理辅导、公关、推销及行政等需要组织、联系、协调、领导、聚会等的工作。这一类的儿童靠他人的回馈来思考，对他们而言，理想的学习环境必须提供下列的教学材料及活动：小组作业、朋友、群体游戏、社交聚会、社团活动、社区参与等。

案例证据

基本上没有受过正规的特殊教育、几乎是盲人的安妮·沙利文，开始承担起教育既聋又盲的 7 岁女孩海伦·凯勒的艰巨任务。由于海伦对外部世界感情上的对抗，安妮试图和海伦交流的努力很难奏效。安妮对海伦行为的反应很敏锐。她在给家人的信里说："我必须解决的问题，是既要规范和控制她的行为，又不能伤害她的心灵。我起初只能非常缓慢地、一点一点地进行，并试图赢得她的爱。"两周以后，海伦开始学说话，她的进步神速。她的语言奇迹的关键，是安妮具有看穿或洞悉海伦内心世界的眼光。

（7）自我认知智能（Intra-personal Intelligence）。自我认知智能是指有自知之明，并据此做出适当行为的能力。这项智能包括对自己有相当的了解，意识到自己的内在情绪、意向、动机、脾气和欲求以及自律自知和自尊的能力。自我认知智能强的人通常能够维持写日记或睡前反省的习惯，他们适合从事的职业有心理辅导、神职等。这一类的儿童通常以深入自我的方式来思考，对他们而言，理想的学习环境必须提供他们秘密的处所、独处的时间及自我选择等。

案例证据

　　著名记者凯文·卡特因在非洲拍摄到秃鹫欲食骨瘦如柴的小女孩照片,备受指责而自责,痛苦自杀。

　　安妮·弗兰克是一个德国犹太少女,13岁开始写日记。希特勒上台后疯狂地迫害犹太人,安妮一家都被关进了集中营。14岁的安妮在集中营里用日记记下了她全部的心理活动、思想感受以及她的孤独苦闷的心情。战争结束时,只有安妮的父亲一人生还,他整理并出版了安妮在隐匿期间的日记,这就是轰动世界的《安妮日记》。

　　(8) 自然观察智能(Naturalist Intelligence)。自然观察智能指识别动植物、对自然界加以区分的能力,是以更广阔的视野(自然和文明的关系)理解自然的能力。植物家家、动物学家、环保主义者、物理学家、形象设计师等特别需要有较强的自然观察智能。自然观察智能较强的人从小就表现出对植物与动物的强烈兴趣,喜欢探索大自然的奥秘。

 案例证据

　　查尔斯·达尔文在青少年时代算不上一个听话的学生,就像他父亲指责他的一样,除了打猎、玩狗、抓老鼠,别的什么都不管。但他对搜集矿石和昆虫标本很感兴趣。上大学后,达尔文依然不喜欢正式的课程,但他在课余结识了一批优秀的博物学家,从他们那里接受了科学训练。他在博物学上的天赋也得到了这些博物学家的赏识。1831年,他跟随植物学家亨斯楼进行了环球航行,途经大西洋、南美洲和太平洋,沿途考察地质、植物和动物。一路上达尔文做了大量的观察笔记,采集了无数的标本运回英国。后来,他根据这些第一手的资料写出了闻名于世的《物种起源》,成为19世纪自然科学的三大发现之一。

2.1.2　多元智能理论对教育的意义

　　加德纳的《智能的结构》于1983年发表后引起了美国中小学教育者的极大兴趣,全美许许多多学区教育管理人员、中小学校长和广大的中小学教师们不仅深入多元智能理论的学习热潮之中,而且,还积极地把多元智能理论应用到中小学教育实践,创建许多多元智能学校。这些多元智能学校有的是通过与加德纳和其他"零点项目"研究人员合作创办的;有的是学校教师和校长根据多元智能理论而自行创建的;还有的常规学校通过部分教师的努力把多元智能项目引进教室,创造性地与常规教学结合起来,应用多元智能理论改革课堂教学。在教育学领域,一些教育理论工作者开始探讨如何借鉴和应用多元智能理论构建多元智能教育学框架,在课程设计与发展、教学策略、学习活动方式、教育评价、社区资源开发等方面推出一批研究成果。

　　从以往的经验看,我们很多教育工作者通常把更多的注意力放在"怎么教"上,而在我们的素质教育中,很少考虑"教什么"。而后者却正是我们探索发展人类智能的原动力,也许正是这种教师教育中的疏漏,才是加德纳的多元智能理论享有如此巨大的吸引力的原因。多元智能理论填补了我们知识结构中"教什么"的缺陷,也提示我们如何在学习过程中运用多种认知能力的问题。

1. 多元智能理论对教师信念的影响

在职前和在职培训中,教师们很少思考人类学习潜能的本质,而这恰恰是他们有责任去发展的。这种存在于我们专业知识基础中的缺陷,就好比一个训练有素的医生不懂得人体,或一位有执照的建筑师不懂得如何使建筑物保持垂直。结果是,教师之间的对话很少是关于学生不同寻常的大脑潜力的,许多讨论甚至完全与之矛盾!尽管许多教师深入教育领域并试图提升他人的生活品质,但是如果缺乏对于人类智力的认识,达到这一目标将十分困难。

下面摘录《多元智能与学生成就:六所学校的成功案例》一书中使用该理论的人的评价:

罗素小学校长艾德威那·史密斯:"作为教育者,我们常说的'所有学生都能学习',多元智能理论给了这个信念以很好的支持。"

林肯高中教师克里斯·摩根:"多元智能理论使教师们变得更加开明和能够接纳所有的学生,而这正是日益增多的少数民族学生所需要的。"

凯一学校校长帕特·博拉诺斯:"加德纳的理论给了我们一个讨论智力问题的起点,而且他告诉我们为什么一位学生在某个领域表现出色而在另一个方面却表现平平。"

学生家长南希·丹娜:"多元智能给了我们把每个学生视为独立个体的理由。我们相信每个人用不同的方式学习,而传统的教学方法不能适合每一位学生。现在我们尊重学生在能力方面存在的差异。"

教师们都能意识到学校生涯对于学生的影响是深远的,他们也期望能帮助所有学生获得成功。因此,持多元智能理论的教师就更是不仅仅满足于学生的天赋,还要提供具体的机会去发展学生的智力潜能。一旦有些恰当的方法运用到位,学生们就有可能通过多元的形式,在成长中体验成功。

随堂讨论

- 任何理论的提出都有严格的试验依据或理论依据,请大家上网查阅"零点项目"与"多元智能理论"的相关资料,寻找"多元智能理论"的主要依据。
- 多元智能理论对我们的教育会产生很大影响吗?谈谈你的理解。

2. 多元智能理论对我国教育改革的启示

多元智能理论对传统智力理论指导下的教育特别是课程体系提出了挑战,在美国教育改革的理论和实践中产生了广泛的积极影响,并且已经成为当前美国教育改革的重要理论基础之一。同样,对我国正在进行的课程改革也有着极为有益的启示。

(1) 以培养学生多元智能为目标。我国的教育一直都是以培养学业智力为中心,以致课程结构单调,课程内容局限,教学模式统一,评价方式僵化。尽管我国的学生在各种学科竞赛中成绩优异,而实践能力和创新能力却落后于人。这与我们的学校教育过分注重传统的学习智力有很大关系。这就需要全面推进素质教育,发展学生智力。但是,素质教育不应只发展学生的传统意义上的课业学习智力,而更应重视发展学生的多元智能。这应成为我国当前教育课程改革的重要目标之一。

(2) 以培养学生创新精神和实践能力为重点。当前,培养创新精神和实践能力对于我们来说,已不是一个一般的教育目标,而是关乎全面建设小康社会的大事。实施素质教育要以培养学生的创新精神和实践能力为重点。培养创新精神和实践能力的关键是要求学生具有创新思维，并能将新的理念付诸实践。多元智能理论为培养创新精神和实践能力提供了重要的理论依据——通过培养学生的多元智能使学生实现由善于解答问题向善于解决问题转变。

（3）树立人人都能成功的学生观。多元智能理论指出，每个学生都有自己的优势智能领域，学校里人人都是可育之才。我们应当关注的不是哪一个学生更聪明，而是一个学生在哪些方面更聪明。因此，我们的教育必须真正做到面向全体学生，努力发展每一个学生的优势智能，提升每一个学生的弱势智能，从而为每一个学生取得最终成功打好基础。

（4）应当树立因材施教的教学观。多元智能理论认为，不同的智能领域都有自己独特的发展过程并使用不同的符号系统，因此，教师的教学方法和手段应根据不同的教学内容而有所不同。同时，同样的教学内容，又应该针对不同学生的智能特点进行教学，创造适合不同学生接受能力的教育方法和手段，并能够促进每个学生全面的多元的智能发展。

（5）应当树立多元多维的评价观。评价具有导向作用，不同的评价观对基础教育的发展产生不同的导向。借鉴多元智能理论，我们应该改变单纯以标准的智商测试和学科成绩考试为主的评价观。在评价的内容方面，不能仅仅局限于传统的课业学习智力，而应当是多元的；在评价的方式方面，也不能只注重书面的考试，而应当探索多维的评价方式。我们只有注意评价内容的全面性与评价方式的科学性，才能使评价真正成为促进每个学生充分发展的有效手段。

 资料卡片

多元智能理论研究在我国

多元智能理论自从20世纪80年代传到我国，就引起了大批研究者的兴趣，有关"多元智能理论"的论文多达三千多篇。论文数量的变化如图2-1所示。

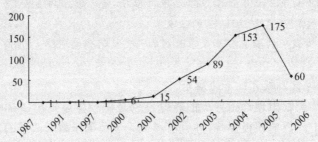

图2-1　1987年4月至2006年6月多元智能理论的论文数量变化图

有关多元智能理论的国家级课题有：

1. 2000年，中国教育学会"十五"科研重点课题"借鉴多元智能理论，开发学生潜能的实践研究"，由中国联合国教科文组织协会全国联合会主席陶西平主持。

2. 2002年，全国教育科学"十五"规划重点课题"区域性整体构建儿童'多元智能'发展教育模式的研究与实验"，由浙江省东阳市教育局承担。

3. 2004年，教育部"十五"规划课题子课题"多元智能理论与学生学习潜能开发研究"，由南京多元智能教育研究所承担。

2.1.3 多元智能理论与信息技术教育

如果说,多元智能为信息技术的研究和应用发展引领了一种崭新的教育、教学理念,那么,信息技术则将为这种崭新的教育、教学理念的现实化、操作化提供实施的中介和促进条件,为多元智能的发展提供丰富多彩的、学习者亲身参与的、富有实效的活动平台。多元智能的培养是我们教育的目标,每位教师都应该有意识地进行多元智能的培养,信息技术教育更是当仁不让。

多元智能的发展需要丰富的学习资源作为条件,需要多元化的学习环境为基础。信息技术教育的学习环境就是一个多元的环境,无论是信息技术课,还是与信息技术整合的其他学科课程,都可以充分依靠信息技术提供的各种媒体元素来培养学生的多元智能。

用情感诱导,营造轻松和谐的心理情境,是学生多元智能发展的良好开端。在信息技术课堂中可采取应用心境音乐的策略,创造一个合适的心境或情感氛围,培养学生良好的音乐智能。例如,在学生进行课堂练习时,教师可选取一定声音效果、自然声调、古典或现代音乐等,都可以促进学生形成某种特定的心境。在这样一种情境中,充分发挥了音乐对学习所起的促进作用,同时也培养了学生强烈的情感和音乐智能。

以信息技术为中心开展的研究性学习是发展学生多元智能的一种好的学习模式。研究性学习有四个主要步骤:指导确定选题、制订研究计划、实施研究、撰写研究成果。其中每一个步骤都可以运用信息技术辅助完成。研究性学习经常采用小组合作的组织形式,在研究过程中,课题组成员各有独立的任务,既有分工,又有合作,各展所长,协作互补。此时,小组的合作非常紧密,更需要共享资源、共享思想、协调任务进度,因此可以充分利用网络的 E-mail、BBS、Blog 进行讨论,将初步成果公布在网上发表,通过网络继续讨论研究。研究成果的展示方式可以是文字、模型、小品、漫画、图片、声像、多媒体等丰富多彩的形式,在完成任务的过程中,不知不觉培养了学生的人际沟通、自我认识、数理逻辑、言语语言等能力。

有人把各项智能类型与教学活动形式做了一个对应关系表(见表 2-1),大家可以参考。

表 2-1 智能类型与教学活动形式对应表

智能类型	教学活动形式举例
语言	Word、WPS 编辑排版,个人电子报的文字表达,利用某种软件进行人机对话学习英语、语文等
数理逻辑	运用 Excel、Access 的运算功能进行统计,利用 Visual Foxpro、Visual Basic 或 Dephi 等可视化程序编实用小程序,进行研究性计划设计等
视觉—空间	运用 Photoshop、AutoCAD、Coreldraw、3DMAX、Window 自带的画图小程序等软件制图、作画,利用 Powerpoint 制作幻灯片等
身体运动	利用"金山打字"、"轻轻松松背单词"等软件进行练习打字打英语单词,达到训练手、眼、脑的协调配合能力等
音乐韵律	为自己的电子报作品设计背景音乐,利用某些软件进行音乐的创作,在 Flash 动画制作中灵活运用音乐,利用 Frontpage 制作集音乐、文字、图像、动画于一体的网页等
人际关系	在研究性学习中主持会议,进行有效组织活动,在众人面前汇报或讲演,运用 E-mail、OICQ、MSN、Blog 等技术进行发送或接收反馈信息等

续表

智能类型	教学活动形式举例
自我认识	在研究性学习中学会正确自我评价,能够描述帮助自己成功的自身品质、设定目标并向目标努力、评价自身的价值、写日记、评价自己的学习或工作等
自然观察	在研究性学习中记观察笔记,描述本地或全球环境的变化,通过数码相机进行实况拍摄,利用 Photoshop 进行相片的加工处理等
存在	利用 Internet 与有共同爱好的人探讨哲学、人类的来源及进化、宇宙万物之间的内在联系、时间空间观念等

资料卡片

成功多元智能方案的基本原则

1. 教师相信学生具有多种方面的智慧才能。
2. 学校的理念、文化和课程促进智能多元化。
3. 教师敏锐地观察学生,并据此调整其教学。
4. 学生学习是积极的、亲自动手的和形式多样的。
5. 运用学生的强项来改善其学业弱项。
6. 虽然也学习一些基本技能,但学生有机会使其教育个性化。
7. 学生通过启动和完成独立的学习项目来发展自主的学习技能。
8. 学生由学校和社区的专家指导其智能强项发展。
9. 学生在跨年龄小组中学习核心的学科概念,或通过学科间整合的观点进一步理解。
10. 学生把课堂所学知识运用于现实世界情境。

(摘自:琳达·坎贝尔.多元智能与学生成就:六所学校的成功案例[M].刘竑波,译.北京:教育科学出版社,2003.)

2.2 建构主义理论

核心术语

◆ 建构主义理论　　◆ 教学观　　◆ 教学模式

2.2.1 建构主义理论概述

建构主义是行为主义发展到认知主义后学习理论的进一步发展,也是认知主义学习理论的一个重要分支,它被誉为"当代教育心理学中的一场革命"。其最早的提出者可以追溯至瑞士心理学家、日内瓦学派的创立者皮亚杰。他的伟大功绩是在心理学研究方法论中实现了从结构主义向建构主义的历史性转变。图2-2为近代学习理论的发展趋势图。

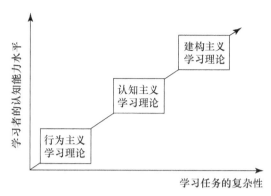

图 2-2　近代学习理论的发展趋势图

随着当代多媒体和网络技术的发展,建构主义学习理论得到了强有力的技术支持,为这一理论向实践的转化创造了越来越广阔的舞台,由此导致 20 世纪 90 年代建构主义再次兴起并迅速发展,这对当代学习理论和教学理论产生了广泛而深刻的影响。虽然建构主义内部本身派别林立,主要出现了六种不同倾向的建构主义思想:激进建构主义、社会性建构主义、认知建构主义、信息加工建构主义和控制论系统等,但大多数建构主义者对知识和学习有着共同的认识。

(1) 建构主义的知识观。建构主义者一般强调,知识并不是对现实的纯粹客观的反映,任何一种传载知识的符号系统也不是绝对真实的表征。它只不过是人们对客观世界的一种解释、假设或假说,它必将随着人们认识程度的深入而不断地变革、升华和改写,出现新的解释和假设。知识并不能绝对准确无误地概括世界的法则,也不能提供对任何活动或问题解决都实用的方法。知识也不可能以实体的形式存在于个体之外,尽管通过语言赋予了知识一定的外在形式,并且获得了较为普遍的认同,但这并不意味着学习者对这种知识有同样的理解。真正的理解只能是由学习者自身基于自己的经验背景而建构起来的,取决于特定情况下的学习活动过程。否则,就不叫理解,而是叫死记硬背或生吞活剥,是被动的复制式的学习。

(2) 建构主义的学习观。根据建构主义知识观的观点,学习就不是由教师把知识简单地传递给学生,而是由学生自己建构知识的过程。学生不是简单被动地接收信息,而是主动地建构知识的意义,这种建构是无法由他人来代替的。外部信息本身没有什么意义,意义是学习者通过新旧知识经验间的反复的、双向的相互作用过程而建构成的。因此,学习不是像行为主义所描述的"刺激-反应"那样。

(3) 建构主义的教学观。根据建构主义的知识观和学习观,教学不是传递知识,而是创设一定环境和支持,促进学习者主动建构知识的意义。建构主义教学观认为,知识的意义是由学习者自己建构起来的,知识的意义是无法通过直接传递而实现的;教学不是传递东西或者产品;要说教师在传递的话,教师充其量只是传递了语言文字符号信息,至于这些信息在学生头脑中是什么意思,最终还是由学习者决定的、建构的。

2.2.2　建构主义理论对教育的意义

建构主义以其独特的视角和理念为教育教学改革打开了思路,提供了许多有益的启示,基于建构主义教学观而设计的教学模式对现代教育培养创新人才的实践开辟了新的途径。图 2-3 显示了传统教学模式和建构主义教学模式的区别。

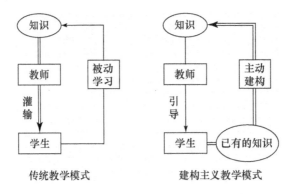

图 2-3 传统教学模式和建构主义教学模式

建构主义教学理论强调学习的主动性、实践性、交互性和社会性。建构主义教学观告诉我们,教学不是通过控制学生以实现传授知识的多寡,而是创建一个有利于知识建构的良好学习环境以支持和帮助学生建构知识。其构建的学习环境、体现的教学原则,为学生创新能力的培养提供了有利条件,对现代教育培养创新人才具有现实指导意义。

(1) 正确地看待学生已有知识在认知过程中的作用。在传统教学中,人们倾向于认为学生具有的知识和经验是零碎的、狭隘的,这些知识和经验往往与课本知识相冲突,所以,教学过程中应尽量排除原有知识、经验的干扰。建构主义知识观认为,原有的知识、经验正是建构生成新意义的基础。当新情境与认知结构中原有的知识一致时,原有知识就得到巩固和加强,同化就产生了。而绝大多数情况下,认知结构中原有的知识与新情境不一致,新情境与旧知识就产生了冲突,这就需要调整原有的观念,建构一种解释新情境的意义,此时顺应就产生了。在同化和顺应中,学生原有的知识是学习的起点,学习的过程主要是对原有知识的调整和建构新意义的过程,学习的结果是形成更高层次的知识、经验(它又作为下一步认知的起点)。从整个过程看,原有知识、经验正是学习过程中加工、调整的对象,否认原有知识、经验,就是否认学习过程。因此,在教学中应高度重视原有知识、经验的作用。

(2) 有助于培养学生的开放意识与合作精神。建构主义不仅倡导学习者的主动建构,还鼓励师生形成一个学习、研讨、交流、创新的合作学习集体。在不同的经验背景、不同的意义建构相互作用下,师生可以在多向思维的碰撞中产生具有创新意义的思想火花,在共享学习资源的同时形成相互激励的民主氛围,极大地促进了学生发散思维的发展和团结合作能力的提高。

(3) 确立教学中学生主体和教师指导的地位。建构主义提倡以学生主动建构意义的学习,学生是知识意义的主动建构者,在强调教学以学生为中心的同时,不应忽视教师在教学中的指导作用。教学设计过程中,应充分考虑如何体现学生主体作用,采取适当的方法促进学生主动地建构知识、意义,使学生实现从被动地接受知识到主动地创造、建构知识的转变。同时,应认识到教师是教学过程的组织者、指导者,教师对学生的意义建构过程起促进作用。事实上,以学为中心的教学设计的每一个环节(如情境创设、协作学习、对话交流和意义建构)若想要取得较理想的学习效果,都离不开教师的认真组织和精心指导。以学生为中心,并不意味着教师责任的减轻和教师作用的降低,恰恰相反——这两方面都对教师提出了更高的要求。在以学生为中心的教学设计中教师只是由场上的"主演者"改变为场外的"指导者"(主演改由学生担任)。

(4) 为学习者提供了一个激发创新能力的时空环境。通过生动丰富的实际情境和各种信息资料,支持学生的自主学习和协作探究。开放的学习环境鼓励学生积累和检验各种不同的观点,支持学生对所学知识和接受的信息进行反思,从多方面激发学生的创新思维,为创新提供了契机和条件。

2.2.3 建构主义理论在信息技术教育中的应用

图 2-4 显示了建构主义理论指导下的教学设计过程。

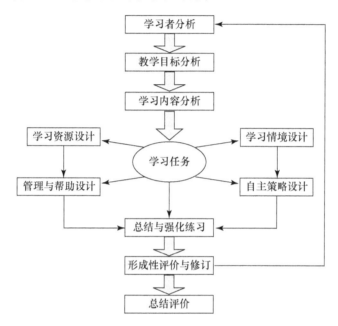

图 2-4 建构主义理论指导下的教学设计过程

根据信息技术教育不同阶段的课程要求、重点、难点和目标,我们可以归纳出建构主义理论指导下的几种常用的教学方法。

1. 任务驱动法

在建构主义教学理论指导下的任务驱动法强调学生的学习生活与真实的任务或问题相结合,以探索问题来引起和维持学习者学习兴趣和动机,创建真实的教学环境,让学生带着真实的任务学习,尽量让学生体会学习的精彩。

分三个阶段一步步激发学生内在的学习动机。

(1) 在导课中体现任务驱动。通过形象生动的比喻创设情境或通过自制的多媒体创设情境,引出任务。

(2) 在讲解与指导中实现任务驱动。可采用情境性问题悬念法,就是在教学过程中,依据教学内容,设计安排一个或多个与现实问题相关的情境,其中蕴含了与学习有关的问题悬念,激发学生对教学内容的强烈求知欲望,以最佳的学习状态进行学习。

(3)使用各种评价手段进行鼓励性评价。鼓励性评价使学生有成功的体验,有利于激发学生学习热情,保持浓厚的学习兴趣,对其后续的学习可产生强大的动力。

在信息技术课中体现的任务驱动法教学,就是让学生在一个个典型的信息处理的"教学任务"的驱动下展开教学活动,引导学生由简到繁、由易到难、循序渐进地完成一系列教学任务,在完成教学任务的过程中,培养分析问题、解决问题以及用计算机处理信息的能力。目前,任务驱动法已经形成了具有"以任务为主线、教师为主导、学生为主体"的基本特征的教学模式。

2. 直观演示法

直观演示法是教师向学生展示实物或直观教具,或者向学生作示范性操作,使学生通过观察获得感性知识的一种教学方法。学生对课程内容有了感性认识,就能更正确、更深刻、更牢固地掌握概念、原理、规律等理性知识。

因而在对基础知识的讲授中,应具有科学性、灵活性,还应穿插实物观察、操作演示及相互讨论,制作生动的多媒体教学软件。学生在寓教于乐中对计算机知识从感性认识上升到理性认识,从被动学习转化到主动学习。例如,在学习"计算机病毒及其防治"时,教师可以搜集一些较有趣的病毒发作时的现象(如雨点病毒、火炬病毒、小球病毒等),制作成多媒体课件在课堂上演示,以吸引学生们的学习兴趣,提高学生们对计算机病毒的了解。

教师在演示的基础上,对相关的知识进行讲授,深入细致地分析其基本原理,学生在观察的基础上,通过教师的讲解进行理解。在此过程中,教师还应适当地引导学生发问,引导学生们思考,激发他们的学习积极性和学习热情。

3. 操作实践法

信息技术课程,是一门实践性很强的学科。技能的掌握与熟练只能靠实践。应提倡探索式的学习,许多知识和经验可以通过自己上机实践获取,这样做不仅知识掌握得牢固,而且可以培养探索精神和自学能力。很多知识和技能必须通过多次上机才能学会。"在游泳中学会游泳",在完成"任务"的过程中,增长知识和才干。

操作实践法的运用主要是上机实践。这是信息技术课程教学过程的重要环节,也是学生形成计算机操作技能的主要途径。采用这种教学方法教师讲课时可使教学内容重点突出,而学生上机也有明显的目的性,不至于无所适从,而且学生可以通过人机对话及时发现遇到的问题和错误,从而及时得到解决,当堂消化,还能加深印象。

4. 合作学习法

合作学习法是将全班学生采取异质小组的编组方法,将不同学业成绩、能力水平、个性特点分配到一个小组,组成4～6人小组,共同研究和探讨教师事先设计好的问题,教师通过巡回观察和反馈的信息,及时给予指导的以小组互助合作学习为主的一种教学模式;它强调以学生自我控制活动为主,教师指导协助为辅,师生间的多向交流多于师生的单向交流或双向交流。以最大限度促进他们自己以及他人的学习的一种学习方式。

要想提高"合作学习"的有效性,教师必须注意三个方面的内容:

其一,教师要选择适宜合作的研究主题。新课程标准要求学生"能运用合作的方式,共同探讨疑难问题"。因此,教师在选择问题时是有取舍的,即要选择有合作价值的"疑难问题",而这些问题往往是学生个体难以独立解决的。

其二,教师提出问题应找准恰当的时机。中小学生的学习规律与其身心发展特点具有一致性。他们对于多数新知识表现出极强的兴趣,学习积极性也会随之增加,而一旦遇到自己不能解决的问题则会表现出回避或者退缩。因此,教师提出问题的时机应符合学生的认知规律,循序渐进,而不能急于求成。

其三,教师应根据学生不同特点组成合作小组。教师在把全班学生进行分组时,应将优秀的学生和相对后进的学生进行编排,形成组内异质、组间同质的格局,各组由于实力相当,有助于良好的学习、竞争氛围的形成。

2.3 后现代主义理论

核心术语

◆ 后现代主义　　◆ 课程观　　◆ 信息技术

2.3.1 后现代主义的内涵

有关后现代的讨论在目前十分流行,而且对"后现代"一词的使用非常混乱,人们总是喜欢把与现代社会生活特征不符的现象称为"后现代"。事实上,在过去的几十年里,凡是致力于文化批评和社会批评的学术刊物中都有很多关于后现代的作品,但对于它的概念却没有一个统一的、权威的见解。正如祝智庭教授描述的:"后现代主义还一直是一个处于不断变动的难以把握的概念,渗透到当代社会的方方面面,如自然科学、文学、建筑、艺术、社会学、哲学、教育科学等广泛的领域。"后现代主义不是一种意识形态而是一种"状态"。

后现代主义的产生与20世纪60年代西方社会发生的巨变有关。当时有很多原来假定的真理遭受质疑,人们越来越多地体验着"攻击性的(offensive)"生活方式和世界观,第三世界革命、新左翼运动和对越战的激进反对等都深深地影响着人们的生活。这些影响也严重波及哲学、美学、社会学、文学、艺术、教育等诸多领域,人们越来越关注于差异、多样性、与权力并行的边缘化以及特权等,与此同时,具有现代主义特征的普遍性、机械性、逻辑性不但被解构并且被看成是多余的。

一般认为,后现代主义有以下特征:

(1) 强调反思与批判现代性,把批判作为认识的工具。

(2) 强调多视角、多元化的思维,反对单一思维。

(3) 强调非理性思维,反对理性主义,反对科学主义与技术理性,认为在自然科学方法之外还存在着人文与社会科学方法。

(4) 推崇对话,主张人际沟通与关系重建。

(5) 强调不确定性和差异性,反对绝对普遍性。

(6) 提倡人与自然的交融,反对人类中心主义,反对主客二分。

2.3.2 后现代主义课程观

后现代主义课程观是在对前现代课程观的追溯和对现代主义课程观的批判的基础上建构起来的。当我们深入这一理论领域便可感受到,从这种看待世界与教育的方式中,能够产生一种对未来世界和未来教育充满激情的、富有积极意义的探索和创造。特别是美国课程理论家小威廉姆·E.多尔的后现代主义课程观,充满着创新性、发展性的活力。对其加以解读和分析,有助于我们建立课程新视野,变革教学方式和学习方式,促进课程改革和发展。

后现代主义课程观的特点:

(1) 反对权威和去中心化。在传统课程观中,到处都充斥着"中心",一切活动都是围绕着一定的"中心"来进行的。教学内容上以书本为中心;教学形式上以课堂集中讲授为中心;师生关系上以教师为中心;教学管理上以集体为中心、权力至上,等等。而后现代主义课程观反对权威和中心,强调开放型的、平等的、网式的教学结构;允许任何人在任何地点、任何时间随机加入学习,强调教学面前人人平等。后现代主义课程观带来了一场课程革命,其核心就是促进教学由"中心化"向"去中心化"的转变。课程所在的系统从"封闭式"转向了"开放式",课程的展开由"单一性"转向了"复合性",由"直线前进"转向了"多元并进",由此课程设置也就不再有确定的结论和终点了。

(2) 多元化和差异性。后现代主义课程观提倡多元化的途径和观念,推崇差异性,这与传统的课程观是截然相反的。后现代主义课程观鼓励从不同视角看问题、使用多种途径解决问题、不同文化和个性并存,实质是鼓励开放性和创造性。

它的具体表现为多元的课程模式、多元的师生角色、多种价值观念并存、不同层次不同角度的评价、教育目标的多元化等。多元化是一种新型的思维方式,它的核心是抛弃传统的封闭式思维,采取全方位的开放性思维。多元化的教育理念批判传统教育从内容、目的到模式、评价等方面的呆板和陈旧,呼唤丰富的教学内容和形式,期待教师从个性到观念的多元化。后现代主义课程观还批判了那些不顾学生认知特点和差异性,强行灌输、单一评价,并造成学生学习的失败和心理的挫败感的失败的教育模式。那种落后的教育模式导致了学生产生顺从的习惯而失去了创造性,它破坏了学习者丰富的想象力,压抑了人的全面发展。从另一个角度讲,后现代主义课程观主张个体个性的张扬,后现代主义课程模式中的每一个角色都可以根据自己的爱好选择信息、发表意见、与人交流。这应该说是到目前为止人类技术史上可以达到的最自由、最能体现个人特征的交流方式。

(3) 合作与交流。后现代主义课程观强调开放性和互动性。这种主张带来了人们对教育的新认识,随之而来的是各种界限的消失,即家庭、学校、社区三者内部与之间的界限,学科与学科、班级与班级、教师与学生、学习与生活之间界限的消失。后现代主义课程观给不同层次的学习者提供了共同分享教育的机会。它认为,知识不是独立于学习者的外在信息复合体,每个学习者对知识都有着自己的组织和建构;教学不是单一的知识传输,是教师与学生的交流和互动;教师扮演的不是一个把知识灌输到学生大脑中去的角色,而是学习的指导者和帮助者;教学过程是师生之间交互作用以发展自我知识的过程,教师总是保持着在自我与社会之间角色的不断转变,他们不断体会和学习如何让学生以不同的方式去体验、建构和创造。教学是在一定的情境中进行的,教师是内在于情境的指导者。基于情境的教学需要建立起这样的一种社区——每一个人都参与、表达，每一个人都不是最后的决定者。整个课程的进行要以对话为基础，通过对话促使正确的方法、程序和价值观从生活经验中养成。总之，后现代主义课程观认为教育就是教师与学生通过不断的对话与反思而探究未知领域的过程，教师与学生是一种平等的关系，教师的任务是使这种学习过程得以延续。

（4）鼓励自我意识和创造性。后现代主义课程观鼓励自我意识和创造性的发展。自我意识指对自己是一个独特存在个体的认识，是主体对自己以及自己与周围事物、他人所处地位和情况的意识和理解，它表现为拥有独特的和丰富的内在世界。后现代主义课程观特别强调学习者的自我意识和创造性。它认为学习者通过反思和交流去创造有意识的自我，而只有自我意识增强了，个体才有可能重视和发挥自己的创造性。对于意识到了自身独特性的个体，主动的认识和思考是非常重要的。因为在后现代范式中，现实世界的客观性是相对的，学习不仅仅是知识由外到内的传递，更是学习者主动建构自己的知识经验的过程。我们要引导学习者增强自我意识，重视学习过程中的自我反省。

（5）强调平等关系。现代范式的科学观强调控制，崇尚技术理性。人们企图运用各种规律无限增强控制能力，达到物质利益的最大化。在那里，人与人之间、人与自然之间不是平等的关系，而是控制与被控制、奴役与被奴役的关系。而后现代主义课程观反对技术理性对人的奴役和控制，重视人与人之间内在的、深刻的关系，重视人与自然的和谐，希望主体与客体之间是一种平等互动的关系。后现代主义主张，通过建立人与人、人与自然的和谐关系，改变传统科学观点所引发的人与物、人与人之间紧张、尖锐的冲突状态。同时，后现代主义课程观提出为了人类的生存不仅需要加强人类、自然、社会、民族等各方面的依存、沟通，还需要加强自身的联系，全面发展人的身心，协调知觉、情感、理智等心理侧面，把整体观、联系观融入课程与教学中。

2.3.3 后现代主义与信息技术

后现代主义是社会经济政治的反映，它的产生和发展有着深刻的社会历史根源。后现代主义是整个时代发展的产物，它有着广泛的科学技术背景，与科学技术最新发展所认同的观点是一致的，它代表着新时代将倡导和逐渐流行的新理念。计算机、网络等信息科学和技术的发展为后现代主义提供了又一支持和动力。信息技术不仅以自身的非线性、多元化、自组织等特点支持后现代主义的观点，而且由于它所塑造的虚拟世界越来越迎合人的感觉需求，这就给人们提供了又一个反思世界的客观性的角度。所以，信息技术是后现代主义观点的一个科学基础和思想来源。

同时，信息技术作为新科技时代技术力量的一分子，必将具备这个时代所表现出的一些基本特点。促进新科技时代进步的多种科学技术及其观点形成了新时代的科技精神和文化氛围，这些门类的科技和它们总的精神都会影响这个时代的每一项科技的观念和发展。在这种普遍联系的背景下，信息技术存在和发展的形式、特征、走向等，就会因此受到后现代主义这一时代精神及其科技背景的影响。

由于信息技术是后现代科学范式的技术基础，同时也代表了后现代范式的主要思想，因此信息技术教育的任务就应该不仅仅是传授信息技术、培养学生学会处理信息，还应该包括向学生传递后现代主义的思想观念和特征特点等信息。

因此，信息技术与后现代主义的关系是非常密切的。后现代主义体现了后现代的科学精神，而信息技术是一种后现代的科学技术。信息技术既支持后现代主义观点，又受到后现代范式的影响和制约，从而与后现代主义将具有整体相同的特征和发展趋势。

本章小结

1. 多元智能理论是现代教育理论的一个创新，它将传统的智力理论拓展为包含八种主要类型智能的理论。它告诉教育者：所有的人在每个领域里的天赋都相同，在教育中要尊重他们的个别差异。多元智能理论对我国的教育改革有重要的指导作用，至少让我们知道了该如何发展学生的素质。

2. 建构主义理论是认知主义的进一步发展，它更加关注人类获得知识的过程，强调先前知识和原有经验对学习新的知识起着重要的作用。建构主义理论的思想对知识、学生和教学都有独特的理解，因此也对现有的教育教学产生了很大的影响，主要表现为以建构主义理论为基础的多种教学模式的出现。

3. 后现代主义是一个处于不断变动中的难以把握的概念，后现代理论强调差异、多元、片段、异质分裂。通过后现代主义的观点，我们应该把未来教育视为充满激情的、富有积极意义的探索和创造，后现代主义影响下的课程观是在对前现代课程观的追溯和对现代主义课程观的批判的基础上建构起来的，要求我们以平等的方式研究课程，以反思的态度对待教学，以发展的眼光帮助学生。

4. 多元智能理论、建构主义理论和后现代主义不是空洞的、纯粹的理论，它们对现代教育，特别是素质教育的影响是全面的，是深入的，它们使教育者在研究中的目的性更加明确，方向性更加准确，对信息技术教育的发展有着重要的意义。

思考题

1. 人们经常认为，理论太抽象，对教学的作用不大。通过本章的学习，请你谈谈三种理论在教学实践中的作用。
2. 有人认为多元智能理论主要是通过"主观因素分析法"得出来的，没有经过心理学有力的实验论证，而且该理论目前只能解释已有的研究发现，因此对它提出了质疑。请查阅资料后谈谈你的想法。
3. 如何在信息技术教学中发展学生的多元智能？
4. 建构主义理论的主要观点有哪些？它对知识、学生、教学的理解是怎样的？
5. 谈谈建构主义理论对教育有哪些启示，请列举建构主义指导下的几种教学模式，并以一例谈谈自己的理解。
6. 后现代主义的内涵是什么？后现代主义课程观的特点是什么？

实践者园地

1. 试一试：看看你的强项智能是什么。
（记分方法：广泛运用为3分，中等程度使用为2分，不常使用为1分，从未用过为0分）

智能	专业运用	个人运用	总分
语言智能			
数学逻辑智能			
视觉—空间智能			
身体运动智能			
音乐智能			
人际关系智能			
自我认识智能			
自然观察智能			

2. 根据以上测验结果进行反思：
- 你在个人与专业生活中运用这些智能有什么差异？
- 根据职业活动的要求，你是否还有其他希望发展的智能？
- 你所具有的这些特长在孩提时代及成人阶段是怎样培养的？
- 你将如何培养其他智能呢？
- 你观察到学生有哪些智能？
- 你在教学中曾经有意识地培养过学生的多元智能吗？

3. 从建构主义理论的角度看，你认为信息技术教师应该如何转型才能适应目前的形势。

4. 请结合后现代主义"弹性"、"多元"、"动态"的特征，说说后现代主义课程如何才能实现。

第3章 信息技术课程中的学生心理需求

> 在人的内心深处都有一种根深蒂固的需要,这就是希望自己是一个发现者、研究者、探索者。而在儿童的精神世界中,这种需要特别强烈。
>
> ——苏霍姆林斯基

学习目标

1. 知道学与教的心理学研究在教育中的重要作用。
2. 了解心理需要和学习动机在学习中的作用以及它们之间的关系。
3. 了解不同阶段中小学生的心理特点。
4. 掌握中小学生对信息技术课的心理需求。
5. 知道如何利用学生的心理需求充分激发他们的学习兴趣。
6. 能正确处理学生学习动机中的误区。

问题序幕

在由苗逢春博士主持的"中小学信息技术教育论坛"上有这样一张帖子"你的信息技术课学生喜欢吗",引发了大家热烈的讨论。这个帖子的内容是:

"作为信息技术教师,我们更多思考的是我们理想中的信息技术课是怎样的?一堂优质课又应具备哪些要素?在新课程理念下,我们有必要听一听,你的信息技术课学生喜欢吗?学生喜欢的信息技术课是怎样的?大家不妨说说你的学生喜欢怎样的信息技术课。"

以下是摘录的部分回复发言:

网友张有宁:"学生喜欢是一个考虑因素,但不能完全由此来决定教学,因为如果这样来考虑,是不是要提供游戏给学生,才是他们最喜欢的信息技术课?"

网友陈鸥辉:"老大说的是!我刚看到学生的评论时就在想,如果我每堂课不那么抓学生玩游戏,是不是就没人给我不满意了呢?为什么我的课这么有优势,还得不到肯定呢?那就是因为我上课的内容永远也不可能让百分之百的学生喜欢啊!所以我觉得提供游戏未尝不是一个可行的办法!"

网友天边一只雁:"当然要强制学生来学。学生的兴趣爱好有可塑性,现在他不喜欢的,不一定保证将来不喜欢。所以要学各科。"

网友ccjy:"从本质上说,学生有选择自己的学习内容和方式的权利。只不过,在高考和生存环境恶劣的压力下,许多人不得不放弃自己的这种权利……我们信息技术课程不是高考科目,也就少了这种压力,学生获得了一定的行使权利的空间。"

网友 nsyh:"学生喜欢生动有趣的信息技术课。而信息技术教师上课的激情,语言的幽默、生动对学生的吸引力非常大。有游戏的信息技术课并不一定是学生的最爱。"

在网友们热烈的讨论中,我们还知道,很多学生在学校里最喜欢上的课是信息技术课,因为主科作业多,压力大,而信息技术课没有作业(一般在课内完成),没有考试(只是一般性的课内考核),而且可以自己动手操作,学生称之为"玩电脑"。面对这种"奇怪"的现象,我们老师又该作何想法呢?是顺着学生的兴趣,在课堂上"玩电脑",还是去思考"如何将学生感性的喜欢变成理性的喜欢?"

可以说,要上好任何一门课,除了老师正确运用教学方法外,激发学生对教学内容的兴趣也是一个非常重要的因素。中小学生的学习方式与他们的心理发展是有直接联系的,也是有一定的规律的。他们的学习兴趣直接影响了他们的课堂表现。教师只有真正了解他们的心理需求和学习动机,才可能在课堂上向学生展现他们最感兴趣的知识。所以,当我们在走进课堂之前,不妨也问问自己:学生会对我要教的东西感兴趣吗?

3.1 学习心理、学习需要与学习动机

核心术语

◆ 教育心理学　　　　◆ 学习需求　　　　◆ 心理发展

3.1.1 教育与儿童心理发展

日本学者木村久一为了证实"早期教育造就天才"的结论,引证了许多有成就的名人,如德国大诗人歌德、英国政治家小皮特、物理学家威廉·汤姆孙以及美国的控制论创始人维纳等人的例子,他们从小就从自己的父母那里接受了良好的早期教育而表现出超常智力。尽管表现超常的儿童有可能是因为先天的遗传,但这种情况毕竟是少数。如果后天有着特别好的环境和精心创设的教育条件,也将能有效地促进儿童智力和心理的发展。可以说,教育的力量是无穷的。若教育得法,我们是能够使教育的力量在每个儿童已有基础上发挥至极限的。

建构主义理论告诉我们,教学不是传递知识的过程,而是创设一定环境和支持,促进学习者主动建构知识的意义。一些教师把这个理论奉为至宝,认为创设环境就是教学的中心,于是在教学实践中极力为学生"营造环境",真可谓是煞费苦心。他可能没有想过:学生对将要学习的新知识会有什么态度?

 随堂讨论

- 心理发展也是生理发展的一种表现,它和教育有多大联系?
- 教育是要顺从还是逆从学生的心理呢?
- 你在课堂上关注过学生的心理状况吗?你的老师曾经关注过你们的心理状况吗?

我们承认环境和教育对儿童心理发展的决定作用,同时,又反对把环境和教育的决定作用作机械简单化的理解。也就是说,一方面,应当承认环境和教育对心理的决定作用,因为心理是脑对客观现实的反映,是由客观现实决定的;另一方面,也应当承认环境和教育只是儿童心理发展的外部原因。这个外部原因如果要对儿童心理发展起作用,就必须通过儿童心理发展的内部原因,才可能实现。离开了儿童心理发展的内因或内部矛盾,环境和教育这个外因或外部矛盾就无法起作用或不可能很好地起作用。

 资料卡片

什么是心理发展

人的心理不仅能适应环境,而且能改造环境,是心理发展的最高级形式。个体心理发展是指一个人从出生到成熟再到衰老过程中心理所发生的积极变化。一个人从出生就有了心理,以后在后天环境中与各种环境因素相互作用,一方面接受各种环境因素的影响,形成自己的个性,同时也对环境产生一定的影响。即便是一个人到了晚年,某些心理因素仍有积极的变化。因此,一个人从出生到衰老,心理都发生着积极变化。

(摘自:刘电芝.儿童发展与教育心理学[M].北京:人民教育出版社,2006.)

3.1.2 中小学生学习心理特点

中小学生因为年龄的不同,其心理特点也是不同的,即使是相同的年龄段,他们的心理必然也显示出差异性。大量的研究表明,学生心理发展是一个连续性和间断性的过程。而且在正常情况下,他们的心理发展总是具有一定的方向性和顺序性,即心理发展规律是不可逆的和不可逾越的。

1. 小学生的心理特点

小学生已进入正规的学习生活,学校对儿童来说是一个复杂的新环境,入学是儿童生活中的一个重要转折点。他们从以游戏为主导活动的幼儿变成以学习为主导活动的学生,主导活动的变化在儿童心理发展中起了很大的促进作用。

身体发展是学生心理发展的物质基础。小学生身体发展在人的一生的发展中处于一个相对平稳的状态,虽然他们的肌肉组织有所发展,但不够强壮,缺乏耐力,容易疲劳,不易长时间从事学习实践活动。所以他们的注意力在这一阶段通常是不容易长时间集中的,教师需要经常用"注意听"、"注意看"、"注意想"等来提醒学生对某一事物注意。

 资料卡片

小学生学习方面的心理健康标准

心理健康的学生是能够进行正常学习的,在学习中获得智力与能力,并将习得的智力与能力用于进一步的学习中。由于在学习中能充分发挥智力与能力的作用,就会产生成就感;由于成就感不断得到满足,就会产生乐学感,如此形成了一个良性循环。具体地说,学习方面的心理健康,表现在如下几个方面:

1. 成为学习的主体；　　　　　　　2. 从学习中获得满足感；
3. 从学习中增进体脑发展；　　　　4. 在学习中保持与现实环境的接触；
5. 在学习中排除不必要的忧惧；　　6. 形成良好的学习习惯。

（摘自：中小学心理健康教育教程编写组.小学生学习方面的心理健康标准. http://www.pep.com.cn/xgjy/xlyj/zhuaiti/xs/200803/t20080307_449005.htm）

在认知方面，小学生的感知觉已逐渐完善，他们的方位知觉、空间知觉和时间知觉在教育的影响下不断发展，观察事物更加细致有序。首先是他们的记忆能力发展较快，从以机械识记为主逐渐发展到以意义识记为主，从以具体形象识记为主到词的抽象记忆能力逐渐增长，而且还能主动运用一些记忆策略来帮助自己的记忆。其次是言语水平开始提高，虽然他们在写作、阅读和书面语言等方面还有所欠缺，但是能够熟练地掌握和运用口头言语，而且他们都喜欢在别人面前表现自己的这种能力。再就是他们的思维更加细致，基本特征是以具体形象思维为主要形式过渡为以抽象逻辑思维为主要形式。儿童思维的发展是与儿童言语的发展分不开的，也与儿童的经验和实践活动密切相关。借助思维活动，儿童才能在学习过程中，深入理解教材，掌握多种概念、理论，了解事物的规律和知识体系，才能在人际交往中解决自身遇到的各种问题。

 资料卡片

认知的概念

认知指通过心理活动（如形成概念、知觉、判断或想象）获取知识或应用知识的过程，也叫信息加工的过程。认知也是人认识外界事物的过程，即对作用于人的感觉器官的外界事物进行信息加工的过程。这是人最基本的心理过程。它包括感觉、知觉、记忆、想象、思维和语言等。人脑接受外界输入的信息，经过头脑的加工处理，转换成内在的心理活动，再进而支配人的行为，这个过程就是信息加工的过程，也就是认知过程。

（摘自：http://baike.baidu.com/view/69807.htm）

和幼儿园相比，小学生的社会关系发生了重要变化。他们大部分时间都是和同学、老师在一起，因此他们开始学会了与人相处、与人合作及竞争的一些基本技能技巧。师生关系及同伴关系也对儿童的学校适应有重要影响。心理学研究表明，师生关系好，小学生学习成绩也好；若师生关系不好，则小学生的学习成绩也差。良好的师生关系可以创造民主宽松、生动活泼的课堂气氛，使小学生感到轻松、愉快、心情舒畅。在这种良好的心境下，小学生听课的积极性就高，感受性就灵敏，反应能力就迅速，思维就活跃，对知识的理解也快，学生能充分发挥他们的聪明才智，积极主动地学习，学习的效果也会有很大的提高。

学生的道德认识能力也是从小学阶段逐渐发展起来。道德在某种意义上说是人类社会活动和交往的规则。小学生对道德的理解比较肤浅和片面，特别低年级学生还没有形成正确的道德观念，道德情感脆弱，模仿性强，易受暗示。任课老师要找准他们道德发展的规律性，结合学科教学特点，重视学生道德意识的培养，不断矫正道德行为，养成他们良好的道德习惯、道德情感、道德意志和道德行为。

2. 初中生的心理特点

学生进入初中，同时也迈向了人生的青春期，这也是青少年的又一次发育高峰期。这种生理上发生的巨大变化,使初中生在心理整合的持续性环节和统一性环节上出现了暂时的混乱,结果导致他们难以正确应对错综交织的矛盾和激烈振荡的内心世界,主要表现在认识能力、自我意识、情绪情感、日常心态以及与父母及同伴的关系等诸多方面。

在认识能力方面,初中生已能根据教学要求去观察某种对象和现象,并能稳定地长时间地去进行有目的的思考。在一般的学习活动中,集中注意的观察时间随年级的升高而有延长的趋势。初二以后,学生已能按思维的概括去观察事物,如按一定的规律去填补图形的缺损处。由于观察的精确性、概括性有所提高,他们在观察中能抓住事物的主要特点进行较为全面、深刻的分析,并能把个别事物同一般的原理、规则联系。初中学生的抽象逻辑思维也开始占有相对的优势。他们在教学活动中已能根据事物的本质特征和内在联系进行恰当的判断和进行归纳或演绎,有的学生还能够不受事物的具体情节的局限,超出直接感知的事物,提出假设,进行推理和论证。

在自我意识方面,首先是他们由于自己的身体迅速成长,精力旺盛,并具有一定的知识、技能和独立工作能力,往往感到自己已经长大成人,并极力表现出成人的作风和气魄,同时也要求别人尊重他们的意志和人格。他们在日常生活和学习中,常常喜欢内省,"我到底是个怎么样的人?"、"别人喜欢我,还是讨厌我?"等一系列关于"我"的问题开始反复萦绕于他们的心中。这种内省促使他们不断地思考和比较,不仅能认识自己,正确评价自己,并且在一定程度上能够自觉控制和调节自己的行为,接受纪律的约束。

在意志行动方面,他们既有善于喜欢模仿的特征,也有动机多变性的特点。模仿是对榜样行为的一种效法。简单模仿是一种本能倾向,复杂的模仿则是一种意识活动。初中学生喜欢模仿与他们意志行动的独立性尚未成熟、易受暗示有关,也与他们的思维独立性品质较差,容易接受生动、形象化的教育的年龄特征有关。喜欢模仿也是因为他们兴趣广泛,好奇心强,对样样东西都感到新鲜,都想学习,而这些特征也导致他们兴趣不够稳定,注意力不够集中,学习动机也不稳定。他们的学习过程往往是被学习的直接结果所引起的兴趣所驱使,一旦遭遇困难或短期目标达到时,学习动机的强度就会减弱或转变。动机多变性反映了初中生的意志行动欠成熟。

在社会性方面,由于初中生知识经验的欠缺,自我调节和控制的能力不够强,当预先决定的活动作临时的调整时,尤其是需要服从社会的要求,放进自己所喜爱的活动时,情感上波动较大。这反映了初中生的社会性情感还不够深刻。有的学生甚至分不清是非、辨别不了美丑,出现哥们义气等不正确的情感。和小学生不同,初中生不盲目接受任何一位教师,他们开始品评教师,而且对于所喜爱的教师,他们能在行动上对这些教师做出最好的反应,如努力学习该教师的课程、坚定不移地执行该教师的要求等。

 资料卡片

初中生心理发展的矛盾性

1. 反抗性与依赖性

他们有一种强烈的成人感和强烈的独立意识,对一切都不愿顺从,不愿听取他人的意见,在生活中表现为一种与成人相抵触的情绪状态。但他们的内心中并没有完全摆脱对父母的依赖,希望从父母处得到精神上的理解、支持和保护。

2. 闭锁性与开放性

青春期的变化使他们渐渐将自己内心封闭起来,极少流于外表,但心理生活丰富了很多。但他们又感到非常孤独和寂寞,希望能有人来关心和理解他们。他们不断地寻找朋友,一旦找到,就会推心置腹,毫不保留。

3. 勇敢和怯懦

他们所表现的勇敢精神往往带有莽撞和冒失的成分,具有"初生牛犊不怕虎"的特点。但在另外一些情况下,初中生们也常常表现得比较怯懦。例如,在公众场合显得不够坦然和从容,和异性说话就脸红。

4. 高傲和自卑

他们还不能确切地评价和认识自己的智力潜能和性格特征,很难对自己做出一个全面而恰当的估价,而是凭借一时的感觉对自己轻下结论。偶然的失利就可能会使他们认为自己无能透顶而极度自卑。

5. 否定童年又眷恋童年

他们的成人意识十分强烈,认为自己的一切行为都应该与幼小儿童的表现区分开来,力图从各个方面对自己的童年加以否定。但他们的内心中又留有对无忧无虑的童年的眷念,特别希望仍能像小时候一样,得到父母的关照。

(摘自:中小学心理健康教育教程编写组.初中全面临的心理危机.http://www.pep.com.cn/xgjy/xlyj/zhuaiti/cz/200711/t20071128_427048.htm)

3. 高中生的心理特点

高中阶段是人一生中的黄金时期,在这一阶段不仅是人生观、世界观形成的重要时期,同时又是增长知识和才干的重要时期。

虽然高中阶段的学生的抽象思维能力有较大提高,但运动知觉必须经过一定运动动作的练习,才能逐渐发展为精细的、准确的运动感知。初中至高中阶段是学生注意稳定性趋于成熟的关键时期,随着注意的发展和抽象思维能力的提高,高中生能较好地调节和控制自己的注意力,这为系统地掌握知识和技能提供了一定条件。从记忆的角度看,高中生已经学会了记忆抽象的材料,记忆方式是以意义识记为主。高中生的思维则有更高的抽象概括性,并且开始形成辩证逻辑思维,思维逐渐从经验型过渡到理论型,已经能够用理论指导来分析、综合各种事实材料,但由于他们内部思维的独立性和批判性,所以比较容易产生片面性和表面性,往往强调事物的某一方面而忽视事物的另一面。

在情感意志方面,高中生的意志动机的主动性和目的性明显增强,能掌握自己的行为,在处事的信心度、果断性、自制性方面有发展。但他们的情绪带有内隐性质,并且情绪的延续性增强。情绪可以影响和调节认识的过程,在心情好、情绪适宜的状态下进行练习时,则思维敏捷,动作迅速、协调、准确,而在心境低沉抑郁或情绪体验淡漠状态时,则思路闭塞,动作迟延,更说不上创造性了。他们的意志的独立性和坚持性也有迅速发展,果断自控能力也随之增强。但他们在活动中仍带有冲动性和草率性,有时为了显示自己的成熟和力量,常常故意做出与众不同的冒险举动,把冒险当勇敢。

在个性方面,高中生自我意识进一步增强,要求别人了解、理解和尊重自己。高中阶段,正是一个人必须明确自己个性的主要特征,开始考虑自己的人生道路的时候,所以,一切问题既是以"自我"为核心而展开的,又是以解决好"自我"这个问题为目的的,这种主客观上的需求使得高中生的自我意识获得了高度发展。高中生的价值观和世界观也基本形成,因此,他们的兴趣不断分化,比小学生有更多的选择性,这种选择性首先常常是和自己的未来志愿相联系的。他们一般都对较抽象的、需要多动脑筋的学科比较感兴趣。他们开始能够分析各类社会事件,能够掌握各类社会标准,并以此标准来衡量各种现象,能够有较正确的道德意识,但价值观缺乏稳定性,还容易由于外界环境的变化而改变对社会及人生的看法,改变自己的价值取向。

3.1.3 学习需要与学习动机

学习需要与学习动机是教育教学中的两个重要概念。学习需要是学生学习方面目前的状况与所期望达到的状况之间的差距,也就是学生目前水平与期望学生达到的水平之间的差距。这个差距揭示了学生学习中存在的问题,问题的存在也正说明了教师教学的必要性。只有真正了解了学生的学习需要,才可能因材施教。学习动机是在学习需要的基础上产生的,是直接推动学生学习的一种内部动力,也是学生对学习活动本身的兴趣所引起来的动机。学习动机的满足出现在学习活动的过程中。例如,学生学习计算机知识,从事游戏活动,其活动的动机都是内部动机。图3-1显示了学习需要与学习动机的关系。

图 3-1 学习需要与学习动机的关系

1. 学习需要

每个学生都会产生学习需要,而且在不同的课程中也会有不同的学习需要。教师在进行教学设计时,特别要注意学生学习需要的发现。目前,越来越多的人把教学设计看做是问题解决的过程,因此,深入实际进行调研、了解、鉴别、确定教学问题的学习需要分析也越来越引起人们的重视。学习需要分析是一个系统化的调查研究过程,这个过程的目的就是要揭示学习需要从而发现问题,通过分析问题产生的原因确定问题的性质,并辩明教学设计是否是解决这个问题的合适途径;同时它还分析现有的资源及约束条件,以论证解决该问题的可行性。

在教学设计实践发展过程中,人们从最初只关注的"如何教",即教学策略的选择与运用,到后来关注"教什么",即教学目标、教学内容的确定与安排,现在又开始顾及"为什么教",即学习需要的分析。学习需要分析可以使教学设计有的放矢。学习需要分析是组成教学设计过程的要素,它和这一系统过程的其他要素(如内容分析、教学策略等)相互联系,共同完成教学设计优化教学效果的使命。同时,作为整个系统过程的一部分,学习需要分析具有它自身的特殊作用,在日益发展的教学设计中越来越占有举足轻重的地位。

学习需要分析主要是进行三方面的工作:一是深入调查研究,分析教学中需要解决的问题是什么;二是通过分析该问题产生的原因,以确定解决该问题的必要途径;三是分析现有的资源条件和制约因素,明确设计教学方案以解决该问题的可行性。学习需要分析的结果是提供"差距"的有效资料和数据,从而帮助形成教学设计项目的总的教学目标。

2. 学习动机

心理学家都认为,有机体的一系列复杂的行为起因都归结于它具有某种动机。所以,动机就是驱使人们活动的一种动因或力量,包括个人的意图、愿望、心理的冲动,或企图达到的目标等。学习动机则是指直接推动学生进行学习的一种内部动力,是激励和指引学生进行学习的一种需要。学习动机的激发指使潜在的学习动机转化为学习的行动。学习动机的激发在于利用一定的诱因,使已形成的学习需要由潜在状态转入活动状态,使学生产生强烈的学习愿望,是学习活动得以发动、维持、完成的重要条件,并以此来影响学习效果。要提高学习效果,教师在教学工作中就要激发调动起学生的学习动机。

学习动机对于学生的学习可以发挥明显的推动作用。学习动机是进行长期的、有意义的学习的重要保证。可以想象,如果一个学生对于学习的内容毫无兴趣,他自身也毫无知识需要,那么,要求他持久地、努力地、有效地学习是根本不可能的。当然,学习动机对有意义学习的结果似乎不起决定作用,换句话说,动机只是学习的"催化剂"而不是"特效药"。它并不直接影响学生对知识的理解与吸收程度,仅仅是产生间接的促进作用。

3.2 课堂中的学习动机分析

核心术语

◆ 学习动机　　　◆ 内部动机　　　◆ 外部动机

3.2.1 学习动机的分类

学习动机也分为多种类型,不同类型的学习动机对学习的影响也不相同,而且这种在动机类型上的差异会通过学习过程进一步影响学生的心理。在中小学教育中,我们通常会把学习动机分为正确的与错误的。正确的学习动机如"为实现四化而努力掌握科学技术"、"为祖国、为集体荣誉而勤奋学习"等,错误的学习动机如"为了得奖学金"、"想取得好的分数"等为个人狭窄的利益而学习的动机。这种分类方式的优点是切合实际需要,便于教师针对上述类型学生进行思想教育;不足之处是学习动机不能简单地划分为正确与错误或高级与低级两类,它的合理性往往随儿童心理发展的水平和所从属的主导动机的性质为转移。

学习动机的分类方式还有很多,如:

根据学习动机的内容指向可分为直接学习动机和间接学习动机。直接学习动机直接指向学习活动本身,是由对学习的直接兴趣以及对学习活动的直接结果的追求所引起的;间接学习动机则是与社会意义相联系的动机,是社会要求在学习上的反映。

根据学习动机在学习活动中所起作用的不同,可分为主导性学习动机和辅助性学习动机。主导性学习动机是指一个学生的几种学习动机中起主导作用的学习动机;辅助性学习动机则是在几种学习动机中不占主导地位的学习动机。辅助性学习动机有的能促进主导性学习动机,因而会与主导性学习动机同时并存;有的则不能促进主导性学习动机,因而会被抑制甚至完全克服掉。

根据学习动机的来源,可分为内部动机和外部动机。学习的内部动机来源于学生自身的兴趣、爱好等,它较为持久,且使学习者处于一种主动积极的学习活动状态。学习的外部动机则是由外界的诱因所决定的,它往往较为短暂,被这种学习动机所推动的学习活动也往往处于一种被动状态。

3.2.2 对学习动机的认识误区

学习动机对学生的学习具有重要的推动作用,但在实践中我们发现,不少教师对学习动机存在认识误区,据此采取的策略也往往难以奏效。主要的认识误区有以下几种:

(1) 认为学生缺乏学习动机。在信息技术课堂上,存在学生不学习、注意力分散、玩游戏、和同学打闹的现象,于是有很多教师就认为学生是缺乏学习动机。其实,学习动机是个体积极学习和成长的先天的能力和倾向,不管是正常儿童还是边缘学生,都有先天的学习动机。但学生先天的学习动机容易受一些因素的影响而被遮蔽。

(2) 竞争能够激发学生的学习动机。竞争的教学形式是建构主义理论指导下的中小学信息技术教育中的教学方式之一,在很多公开课和示范课中都被广泛采用。因此,不少教师误以为竞争能够激发学生的学习动机,因此鼓励学生之间展开竞争。在充满竞争的环境中,学生常把自我价值与在能力方面超过别人等同,认为是否成功取决于自己是否比别人做得更好。当意识到自己很难超过别人时,他们的动机就不再指向学习任务的完成,而是把大量的精力花在对自我价值的保护上。

(3) 奖励越多,学生的学习动机就越强。表扬和鼓励也是很多课堂上经常使用的方法,特别是在中小学教育中。表扬和奖励确实有助于增强学生的学习动机,特别是对于成绩一般的学生而言,表扬和奖励意味着对他们的认可,可以增强他们的自信心。但是,如果教师在课堂上过于频繁地使用这种策略,那么学生的学习动机可能指向奖励物,而不是学习本身,内驱动机也就会转变为外在动机。一旦奖励减少,学生的学习动机就可能急剧下降。

3.3 探寻学生心理 上好信息技术课

核心术语

◆ 心理状态　　　◆ 教学策略　　　◆ 学习兴趣

3.3.1 小学生在信息技术课上的心理状态及教学策略

小学生天性活泼、爱动贪玩、注意力容易分散,自我约束和遵守课堂纪律的能力特别差。小学生学习计算机的主要兴趣来自于对计算机网络的新鲜感以及对计算机游戏的好奇感。因此,他们在课堂上就会把自己的这种偏好不自觉地表现出来。下面就谈谈小学信息技术课堂上经常出现的几个问题以及解决策略。

(1) 问题：学生好动，教学难以组织。

表现：活泼好动可谓是学生的天性，一到机房他们就流露出自己的天性，像一只只调皮的小猴子东摸西瞧，一时很难平静下来。

策略：事先准备，投其所好。

说明：这种情况是由于小学生的好奇心所引起的，这也与他们的年龄特征和心理发展水平相一致的。如果在刚进入电脑教室时就能把学生这种好奇心和动手欲望马上转化为学习的动力，教学难以组织的问题也就迎刃而解了，甚至可以得到事半功倍的效果。

案例：在学习 Windows 自带的画图软件时，老师可以利用学生对卡通画感兴趣的特点，事先从网上下载一些卡通人物的电子相片。上课开始，老师就用教学软件以幻灯片的形式进行播放。一张张栩栩如生、似曾相识的卡通人物很快就把学生的注意力吸引住了，恨不得马上开始动手学习。教师这时就可以继续自己的教学流程了。

(2) 问题：操作枯燥，学生容易厌倦。

表现：一些操作练习，如 Windows、Word 中的基础性操作，学习起来比较枯燥，学生容易疲劳，很快就失去了学习兴趣，注意力也开始分散。

策略：巧用问题，激发兴趣，持久学习。

说明：兴趣是小学生学习的驱动力。只要我们走进学生的思维世界，了解他们的爱好特点，在教学中融入学生感兴趣的元素，那么他们自然会进入角色，积极参与学习活动并乐此不疲。

案例：在教学"文件的查找"这一课时，一位老师是这样引入的："我知道我们班小朋友特喜欢游戏，对吗？今天我就为大家带来一个非常好玩的游戏！"教师示范游戏"飞行大挑战"，学生被深深地吸引住了。老师说："怎么样，想玩吗？自己在电脑里找一找吧！文件名是'飞行大挑战'。"学生用了很多办法都没有找到这个游戏。正当学生一筹莫展时，老师又说了："同学们先别急，今天我们就来学习一种新的本领'查找文件'，大家可要听仔细了，要不然你还会找不到这个好玩的游戏。"经过这段铺设，学生的兴趣骤然而起。

(3) 问题：水平不一，教学效益不高。

表现：在教学中，学生的信息技术水平参差不齐，在集中授课时就会出现两极分化的情况，这也引发了课堂上的一些矛盾，难以取得满意的教学效果。

对策：分组教学，扬长避短。

说明：现在很多有条件的家庭都买了电脑，很多学生也就能经常在家里使用，也学会了教材中一部分知识。为了满足自己的成就感和虚荣心，这些学生就在上课时当起了其他同学的"老师"，并在课堂上给同学讲起来。

案例：对于这种情况，老师可以根据学生的学业水平、能力倾向等方面的差异将他们分成若干个小组（每组 4～8 人）。当学生自己操作时，让能力较强的小组长负责辅导其他组员，这样既提高了学生的学习积极性，又发挥了他们的能力，同时，在一定程度上减轻了教师的负担，让教师有充足的时间去更具体、更细致地辅导其他学生。在实践操作中，由于这部分学生自己要去帮助别人学习，因此学习起来也特别认真，有的还在课外查资料学习。可以说，分组教学既能发挥集体学习的优势，又具有个体学习的长处。

3.3.2 中学生在信息技术课上的心理状态及教学策略

前文已经叙述了中学生的心理特征，这里就不再赘述。正是因为和小学生在生理和心理方面的差异，他们在信息技术课上的学习状态也与小学生有很大的不同。主要表现在以下几点。

（1）学生起点参差不齐，教学难度大。尽管教育部规定信息技术课在小学三年级就应该开设，然而依然有部分小学因为硬件条件不足而不能开设。这种情况在农村中小学显得特别突出。这也导致在初中年级至少有 2/5 的学生对计算机还不熟悉，于是出现了一个现象：一部分同学能较快接受甚至超前了解老师所讲的内容，而另一部分同学连鼠标都不能灵活地操作。学生起点的参差不齐无形中给教学工作增加了不小的难度。

其解决方案为因材施教，分层教学，上下兼顾。教师须认真研究全班学生的共同特点和个别差异，根据学生对计算机基本操作的掌握程度将全班学生相对分几个层次。教师也要分层备课，确定好共同目标和不同目标，还要根据不同层次学生的认知水平，确定各层次学生的不同要求，对学有余力的学生要求他们跳一跳，除了做完共同的作业，还可以再做一些难度稍大些的题目，对学习有困难的学生则要求掌握教学要求中最基础的内容。在课堂教学中，对优生以"放"为主，"放"中有"扶"，重在指导学生自学；对中等生和后进生以"扶"为主，"扶"中有"放"，重在带领学生学习。尽量满足不同层次学生的学习需要，激发他们的学习兴趣。

（2）热衷网络游戏，轻视学习功用。在一次调查中显示，80%以上的初中生喜欢上信息技术课的原因是因为"有机会上网"；而 90% 以上的初中生在上网时仅仅会"网游和聊天"，95% 以上的学生会使用计算机是源于"上网聊天"。由此可见，学生对上信息技术课的高度热情，并非源自对信息技术这门科学的浓厚兴趣，而仅仅是出于对网络游戏的热衷。

其解决方案为制定任务，正确引导，激发动机。中学生个性鲜明，自我意识强，不愿意有人对自己的行为指手画脚，所以希望用说教的方式来让中学生学习网络是行不通的。教师可以通过"任务驱动"的形式进行教学。教师事先在学生中搜集他们在语、数、外等课程中遇到的几个典型问题，在教学中利用搜索引擎一一找出最佳答案。这一过程可以极大地激发学生的学习热情，争相将自己的问题进行搜索，查找答案。

（3）计算机基础知识匮乏，学习积极性不高。有人说，如果没有互联网的出现，计算机的使用量就不可能在这么短的时间内快速膨胀。的确，互联网作为信息时代的代表，在人类的生产生活中的影响越来越大，并以其极大的诱惑力吸引了众多学生的目光。由于上网方式简单便捷，许多学生很容易就掌握了这种能力。他们又似乎对于其他的计算机知识不感兴趣，他们在网上的大部分时间都花费在聊天、看电影、游戏等不费脑筋的事情上。这也产生了一个矛盾：即自身有学习计算机知识的需要与自身又没有学习计算机知识的兴趣之间的矛盾。

其解决方案为多元化教学，提高基础知识学习的趣味性。信息技术课的独特教学资源决定了教学方法的多元化，游戏教学法就在信息技术教学中起到了意外的效果。在教学中，针对一些理论知识、基础教育等较为枯燥的内容更应多开展类似有趣的项目，引导学生学习，使他们在玩中练，练中学。这种寓教于乐的方式对培养学生正确的学习兴趣有极大的帮助。

鼠标、键盘的操作是计算机应用的基础。对键盘练习，教材只要求输入一段英文、一段中文及相关标点符号。这就使得打字练习变得非常枯燥。一个学期下来部分学生仍不能熟练操作键盘，甚至个别学生还只会"一指禅"。教师可以通过一个小游戏——"打地鼠游戏"来进行教学。

游戏规则是：谁能一次性打掉100只地鼠，名字就列入"打鼠英雄榜"。这是一个旨在熟悉键盘、练习指法的小游戏。每只地鼠的帽子上都有一个字母，要打掉地鼠就要敲击键盘上的相应字母，并且越到后面，字母更替的速度越快，无形中起到了训练打字的效果。一节课下来，学生玩得兴趣盎然，指法也进步神速，而教学目的也悄然达到了。

(4) 学习方式陈旧，实践能力不强。在谈起对信息技术课的看法时，有学生说刚开始还有些兴趣，但是到后来慢慢觉得课本知识太枯燥，不便于理解和记忆。这说明了学生在学习信息技术课时仍然习惯于使用其他科目的学习方式，将信息技术课学习等同于其他以书本为主的课程学习，习惯于死记硬背，而没能将操作实践作为学习的主要方式。

其解决方案为增强学习的实践性和创造性。信息技术课的任务是通过培养学生的动手、动脑和思维能力来培养学生的信息素养。学生应该学会放弃"啃书本"的传统学习方式，多动手、多实践、多操作，从实践中理解和掌握正确的学习方法。同时，信息技术课教学的特殊性还在于电脑的操作是一种技能，永远没有标准的操作方法，只能是哪种操作更方便、更快捷。这就要求教师能"活化教材，拓展教材"。例如，在学习 Word、Excel 操作时，对一些功能的介绍教材上通常是利用"菜单"来完成。但是一些功能还可以用其他的方法来完成，如"复制"、"移动"的操作除书本上讲解的"菜单法"外，还有"右键法"、"快捷键法"等方法。教师可以启发、开导学生采取多种方法来完成同一个操作，让学生在学习课本介绍的操作知识外，自己去思考、摸索更多的方法来解决问题，增强学习的创造性。

本章小结

1. 教育作为一种心理发展的决定性条件，制约着学生心理发展的趋向和速度。但是，教育对心理发展的影响作用并不是唯一的，也不是单向的。教育与学生的心理发展之间存在着比较复杂的相互依存的关系。不同年龄阶段的学生呈现出不同的心理发展水平。了解和把握学生的学习心理状况是教师因材施教的第一步。

2. 学习需要是教学设计中的一个专有概念，它不是指学生在主观上的一种对学习的渴望与需求，而是指学生学习方面目前的状况与所期望达到的状况之间的差距，也就是学生目前水平与期望学生达到的水平之间的差距。这种差距是一种客观上存在的差距。每个学生都会有不同的学习需要。"需要评估"和"需要分析"是教学设计中的重要步骤。"需要评估"是确认差距，并将这些差距排序后采取一定措施来消除或者缩小主要差距，"需要分析"是为了揭示差距存在的根源。

3. 学习动机是直接推动学生进行学习的一种内部动力，是在学习需要的基础上形成和发展起来的。学习需要的多样性决定着学习动机的复杂性，因而学习动机可以分成内部学习动机和外部学习动机、直接学习动机和间接学习动机、主导性学习动机和辅助性学习动机等几种。学习动机和学习的关系是辩证的，学习能产生动机，而动机又推动学习，两者相互关联，学习动机与学习效果之间存在着同一性，也存在着矛盾性。同一性反映着学习动机与学习效果之间的必然性，而矛盾性则反映着学习动机与学习效果之间的偶然性。

4. 从目前的状况来看，大多数中小学生在客观上存在对信息技术知识的学习需要。由于对信息技术知识的好奇心和新鲜感，他们对信息技术课依然充满了期待，继续保持着浓厚的兴趣和学习的动机。如何长久保持学生的学习兴趣和调动学生学习信息技术的积极性，还需要我们教师做大量的研究工作,在教学设计和教学模式上都要有新的突破。

思考题

1. 教育与学生心理发展的关系是什么?
2. 中小学生具有哪些主要的心理特征?
3. 学习需要与学习动机的概念与内涵。
3. 学习需要、学习动机和学习三者之间的关系是什么?
4. 学习动机是如何分类的,对学习动机的误区有哪些?
5. 中小学生在信息技术课上具有哪些心理特征,教师应该如何应对?
6. 把握学生的学习心理动向,是教师上好信息技术课的重要前提。请你根据本章所述,并结合实际谈谈如何探寻学生的这种心理状态?

实践者园地

1. 请你选择一所已经开设了信息技术课的中学或者小学,制定一份调查问卷,调查对象是正在学习信息技术课程的学生,调查目的是深入了解学生对信息技术课的看法以及他们的学习态度,并以此找出解决的途径。

问卷范例:

亲爱的同学:

你好!首先感谢你参与这次调查活动!

信息技术课是我校的一门特色学科,也是学校重点建设的学科之一。自从我校开设信息技术课以来,已经得到了全体同学的喜爱与关注。为了有助于信息技术课程的教学改革,提高教师的教学质量,为同学们奉献更优质的教学资源,学校教务处组织了这次全校范围内的调查活动。

本问卷不需要署名,希望大家能真实地回答调查问卷上的问题或发表自己的感受。回答问题时请在选项后的括号里打"√",必要时可以多选。

你所在的班级_____   性别:_____   年龄:_____

(1) 你家里有电脑吗?
A. 有   B. 没有

(2) 你喜欢信息技术课吗?
A. 喜欢   B. 不喜欢

(3) 你上信息技术课有多长时间?
A. 一年   B. 二年   C. 三年   D. 四年   E. 五年以上

(4) 你为什么喜欢电脑课?
A. 为成为比尔·盖茨打基础   B. 有机会上网   C. 没有作业

(5) 你上网做什么?
A. 游戏   B. 聊天   C. 查找资料

(6) 你有QQ吗?
A. 有   B. 没有   C. 不知道是什么

(7) 你经常使用搜索引擎吗?
 A. 经常使用　　　　B. 很少使用　　　　C. 不知道是什么
(8) 你知道计算机系统的组成吗?
 A. 知道　　　　B. 不知道
(9) 你知道二进制吗?
 A. 知道　　　　B. 不知道
(10) 你认为信息技术课上应教什么?
 A. 基础知识　　　　B. 软件操作　　　　C. 玩游戏　　　　D. 上网
(11) 你会玩网络游戏吗?
 A. 会　　　　B. 不会　　　　C. 有点会
(12) 你父母对你玩电脑游戏的态度是
 A. 坚决反对　　　　B. 适可而止　　　　C. 自己随意
(13) 你在家使用电脑时的时间分配用得最多的是
 A. 学习电脑　　B. 学习其他课程　　C. 看新闻　　D. 玩游戏　　E. 聊天
(14) 如果你逃课不去机房上信息技术课,你认为最主要的原因是什么?
 A. 机房没有游戏　　　　B. 老师不连通网络
 C. 根本对信息技术课不感兴趣　　　　D. 其他原因
(15) 不要让不良的行为习惯在信息技术课中滋长
 A. 很必要　　　　B. 必要　　　　C. 无所谓　　　　D. 不必要
(16) 对信息技术课,你是否有下列现象:不带教材
 A. 每次带书　　　　B. 偶尔不带　　　　C. 经常不带　　　　D. 从来不带
(17) 对信息技术课,你是否有下列现象:无正当理由而缺课
 A. 从不缺课　　　　B. 偶尔缺课　　　　C. 经常缺课
(18) 在课堂上做与教学内容无关的事
 A. 从不做　　　　B. 偶尔做　　　　C. 经常做
(19) 上课不听讲,甚至违反课堂纪律
 A. 没有　　　　B. 有时　　　　C. 经常
(20) 我心目中的信息技术教师应该注意以下问题:(用自己的话简述)

2. 请你任意选取中学(或者小学)信息技术课本中的一课内容,写一份完整的教学设计,重点是评估该班学生的学习需要并作需要分析。

3. 下面是两位教师对同一教学内容"制作生日贺卡"所写的学法教法分析,请你们仔细阅读后进行比较,并说说它们的特点。(教案选自:2005年安徽省首届中小学信息技术优质课评选活动)

教案一:
(1) 学情分析

本节课的教学对象是初级中学七年级学生。主观上,他们思维活跃、乐于动手,对信息技术课充满渴望,同时又有约束能力不强,争强好胜的特点。客观上,由于我校地处城郊结合部,学生既有来自全国信息技术实验校的学生,也有来自普通城市学校的学生,还有来自信息技术教育相

对薄弱的乡镇学校的学生,学生间信息技术程度差异较大。

(2) 学法分析

考虑到学生差异较大的学情,同时结合建构主义有关理论——学习过程应该是一个学习者主动接受刺激、积极参与意义建构和积极思维的过程,学习受学习者原有知识结构的影响,新的信息只有被原有知识结构所容纳(通过同化与顺应过程)才能被学习者所学习。因此,学生在教师创设的情境中,开展自主的学习探索是主要的学习方法,同时利用组内生生间的协作与师生间的交流解决差异化问题。学生的问题有三个层次的解决方法,大部分在组内协作解决,小范围发生的问题,教师集中此部分学生到某组内解决,普遍性的问题在大屏幕上精讲。

(3) 教法分析

我采用主题活动式的教学方法,即"抛锚式"教学法,进行本节课的教学。任务驱动法是当前普遍采用的信息技术授课方法,但任务驱动法有时候缺乏真实环境支持,或者问题来自真实的环境,但在教学进行中,很快脱离了环境要求,回归到知识本位的教学上,如果此时再没有相应的激励手段刺激,极易导致学生丧失对信息课的兴趣,因此我将任务驱动法与日常真实的活动相结合,形成主题活动方式的教学,这也是符合认知理论要求的。

(教案作者:安徽省合肥市第五十中学　李燕涛)

教案二:

(1) 学情分析

初中学生对于信息技术这门学科的掌握的程度不同,甚至存在很大的差异。有的是从小学一年级就开始接触,有的学生是到初中才开始接触。所以要注意学生的实际情况注意分层要求学生,针对学生学习基础的差异,在设计任务时要注意任务的层次性。不同基础的学生赋予不同的任务。

(2) 学法指导

在学生的学习过程中,教师充分尊重学生的主体地位,一切为了学生的发展。一是创设轻松和谐的学习氛围,使学生时刻保持良好的学习心境;二是提供更多表达、交流的机会,鼓励学生敢想敢说,培养他们协作学习的好习惯;三是通过积极鼓励学生大胆操作实践,发现问题、讨论问题、解决问题,让学生保持高度的探索欲、尝试欲;四是让学生通过成功的作品,更多地体验一种成就感,进一步激发他们强烈的创造欲望,最后将知识迁移到自己的学习生活中去。

(3) 学生活动图

学生活动图为:思考讨论——探索质疑——小结总结——自主创造——迁移创新。

学生在完成每一个任务的过程中,总是从思考讨论完成任务的办法开始,然后对讨论的结果进行探究验证,找到正确答案之后,把它牢记下来,最后在理论的指导下自主创造。

(教案作者:芜湖市第二十七中　梁光秀)

第4章 信息素养、信息伦理与网络文化安全

> 每个人都有一定的理想,这种理想决定着他的努力和判断的方向。在这个意义上,我从来不把安逸和快乐看做是生活目的本身——这种伦理基础,我叫它猪栏式的理想。照亮我的道路,并且不断地给我新的勇气去愉快地正视生活的理想,是善、美和真。
>
> ——爱因斯坦

学习目标

1. 了解信息技术教育的核心目标及基本要求。
2. 知道信息素养的概念及内涵、划分标准。
3. 了解信息素养教育的重要意义与培养策略。
4. 了解信息伦理的概念和结构。
5. 知道中小学信息伦理教育的内容和教育方法。
6. 了解网络文化和网络文化安全的概念。
7. 了解在中小学生中开展网络安全教育的意义。
8. 根据本章的学习,学会掌握在信息技术课堂上渗透信息素养、信息伦理和网络文化安全教育的方法和策略。

4.1 信息素养概述

核心术语

◆ 信息素养　　◆ 信息素养人　　◆ 划分标准

在过去的10年中,互联网和多媒体技术已成为拓展人类能力的重要工具,为了适应科学技术高速发展和经济全球化的挑战,发达国家已开始注重培养学生具备迅速地筛选和获取信息、准确地鉴别信息的真伪、创造性地加工和处理信息的能力,并把学生掌握和运用信息技术的能力作为与读、写、算同等重要的终生有用的基础能力。值得一提的是,信息素养作为现代公民所必须具备的基本素质,也越来越受到世界各国的关注和重视。

培养学生良好的信息素养是我国中小学信息技术教育的核心目标。《中小学信息技术课程指导纲要(试行)》提出:"培养学生良好的信息素养,把信息技术作为支持终生学习和合作学习的手段,为适应信息社会的学习、工作和生活打下必要的基础。"《普通高中技术课程标准》也提出:"信息素养是信息时代公民必备的素养。高中信息技术课程以义务教育阶段课程为基础,以进一步提高学生的信息素养为宗旨,强调通过合作解决实际问题,让学生在信息的获取、加工、管理、表达与交流的过程中,掌握信息技术,感受信息文化,增强信息意识,内化信息理论,使高中学生发展为适应信息时代要求的具有良好信息素养的公民。"

那么,中小学生的信息素养定位是什么?有什么特征?它是一个抽象的概念还是一个具体的概念?学生具有良好的信息素养的标准是什么?这是中小学领导、教师和信息技术教育工作者普遍关心的话题。

4.1.1 信息素养的定义

"信息素养"一词对应的英语是 Information Literacy,也有人把它翻译为"信息文化"、"信息素质"等。单词"Literacy"的英文含义为识字、读写能力,如 Mass Literacy(公民识字率);也可以理解为知识、能力,如 Computer Literacy(电脑知识)。因为有情感素养(英文是 Emotional Literacy)、视觉素养(英文是 Visual Literacy)的说法,所以国内大部分专家学者都认可"信息素养"这一译名。

信息素养最早是由美国信息产业协会主席保罗·泽可斯基于 1974 年提出来的。他把信息素养定义为"利用大量的信息工具及主要信息源使问题得到解答的技术和技能",后来又将其解释为"人们在解答问题时利用信息的技术和技能"。

我国学者对信息素养的研究开始于 20 世纪 90 年代。李克东教授认为,信息素养应当包括三个最基本的要点:

(1) 信息技术的应用技能:指利用信息技术进行信息获取、加工处理、呈现交流的技能,需要通过对学习者进行信息技术操作技能与应用实践训练来培养。

(2) 对信息内容的批判与理解能力:在信息搜集、处理和利用的所有阶段,批判性地处理信息是信息素养的重要特征。这些素养的形成不仅要通过计算机技术技能训练来培养,还要通过加强科学分析思维能力的训练来培养。

(3) 能够运用信息并具有融入信息社会的态度和能力:指信息使用者要具有强烈的社会责任心,具有良好的与他人合作共事的精神,使信息技术的应用能推动社会进步。

也有人从狭义和广义两方面理解信息素养:狭义上是指具有应付和适应信息技术的能力;广义上是指关于检索和利用各种信息源以解决信息需求的能力,要求具有发现、评价、利用以及交流知识的能力。更有学者认为信息素养是人文素质的一部分,是人文社会的信息知识、信息意识、接受教育、环境因素等所形成的一种稳定的、基本的、内在的个性心理品质。

尽管国内外专家学者对信息素养的具体界定各有不同,但是其内涵基本上都是一致的。

4.1.2 信息素养的划分标准

信息素养标准的划分是为了回答"怎样才算是具备信息素养?"的提问。而有关信息素养的标准现在主要有两种做法：一个是对"信息素养人"的描述，另一个是直接划分标准细则。

1989年美国图书馆协会下属的信息素养委员会正式指出："要成为一个有信息素养的人，他必须能够确定何时需要信息，并已具有检索、评价和有效使用所需信息的能力。"

美国国家信息素养论坛在1990年的年度报告中提出"信息素养人"是："了解自己的信息需求；承认准确和完整的信息是制定明智决策的基础；能在信息需求的基础上系统阐述问题；具有识别潜在信息源的能力，能制定成功的检索策略；能检索信息源，包括能利用以计算机为基础的信息技术或其他技术；具有评价信息的能力；能为实际应用而对信息进行组织；具有将新信息结合到现存的知识体系中的能力；能采用批判性思维，利用信息并解决问题。"

道尔在《信息素养全美论坛的终结报告》中认为："一个具有信息素养的人，他能够认识到精确和完整的信息是作出合理决策的基础，他能够确定对信息的需求，能够形成基于信息需求的问题，能够确定潜在的信息源，能够制定成功的检索方案，从包括基于计算机的和其他信息源中获取信息、评价信息、组织信息用于实际的应用，将新的信息与原有的知识体系进行融合以及在批判性思考和问题解决过程中使用信息。"

1998年全美图书馆协会和美国教育传播与技术协会在《信息能力：创建学习的伙伴》一书中，从信息素养、独立学习和社会责任三个方面提出了学生学习的九条信息素养标准：

（1）信息素养。标准一：有信息素养的学生能有效地和高效地获取信息。标准二：有信息素养的学生能批判性地、胜任地评价信息。标准三：有信息素养的学生能准确地、创造性地使用信息。

（2）独立学习。标准四：独立的学习者要有信息素养，并能探求与个人兴趣有关的信息。标准五：独立的学习者要有信息素养，并能评价文献和其他对信息的创造性的表达。标准六：独立的学习者有信息素养，并力争在信息查询和知识的产生中做得最好。

（3）社会责任。标准七：对学习团体和社会做出积极贡献的学生具有信息素养，并能认识信息对民主社会的重要性。标准八：对学习团体和社会做出积极贡献的学生具有信息素养，并能实践与信息和信息技术相关的合乎道德的行为。标准九：对学习团体和社会做出积极贡献的学生具有信息素养，并能积极参与小组的活动来探求和产生信息。

在我国，针对国内中小学信息技术教育中的实际情况，对学生信息素养的要求主要表现在以下几方面的能力：

（1）运用信息工具：能熟练使用各种信息工具，特别是网络传播工具。

（2）获取信息：能根据自己的学习目标有效地搜集各种学习资料与信息，能熟练地通过阅读、访问、讨论、参观、实验、检索等获取信息。

（3）处理信息：能对搜集的信息进行归纳、分类、存储记忆、鉴别、遴选、分析综合、抽象概括和表达等。

（4）生成信息：在信息搜集的基础上，能准确地概述、综合、履行和表达所需要的信息，使之简洁明了，通俗流畅并且富有个性特色。

（5）创造信息：在多种搜集信息的交互作用的基础上，迸发创造性思维的火花，产生新信息的生长点，从而创造新信息，达到搜集信息的终极目的。

（6）发挥信息的效益：善于运用接受的信息解决问题，让信息发挥最大的社会和经济效益。

（7）信息协作：使信息和信息工具作为跨越时空的、"零距离"的交往和合作中介，使之成为延伸自己的高效手段，同外界建立多种和谐的合作关系。

（8）信息免疫：浩瀚的信息资源往往良莠不齐，需要有正确的人生观、价值观、甄别能力以及自控、自律和自我调节能力，能自觉抵御和消除垃圾信息及有害信息的干扰和侵蚀，并且完善合乎时代的信息伦理素养。

4.2 中小学生信息素养的培养

核心术语

◆ 信息素养　　　◆ 中小学生　　　◆ 课程整合

4.2.1 培养学生信息素养的重要意义

1. 信息素养是信息社会对学生提出的迫切要求

高度信息化是信息社会的重要特征之一，迅猛的信息化潮流冲击着人类社会的各个领域，信息增长急剧化、信息处理现代化、信息手段多样化、信息传播全球化、信息运作规范化、信息活动产业化都给人们以巨大的震撼力。信息化浪潮的内在活力使人类的经济、政治、工作、学习和生活都发生了根本性的变革。

在信息社会中，人们将不再是被动地接受信息，而是通过互联网主动地去查询、获取信息，利用网络所提供的各种工具进行思想交流及各类信息活动，充分地共享各地的信息资源。所有这些都意味着，信息社会的人们必须具有不同于传统的读写文化的信息素养，才能适应信息社会的要求。

中小学生的生理、心理和认知能力正处于迅速发展期，他们对信息技术的使用充满了好奇心，也有学习信息技术的积极性。他们只有具备了接受和处理信息的能力和信息素养，具备敏锐的信息意识和信息能力，才可能在未来的信息环境中获取、利用所需的信息，才能适应信息社会知识经济发展的全新要求，成为推动信息社会进步的重要元素。培养中小学生的信息素养不仅是信息时代对人才素质的基本要求，也是实施科教兴国、增强综合国力的客观需要。因此，培养中小学生的信息素养是信息社会对教育工作者提出的迫切要求，既具有十分重大的现实意义，又有着深远的历史意义。

2. 信息素养是学生适应未来生存与发展的基础

在信息化社会里，以计算机为核心的信息技术对整个社会政治、经济、文化、教育等各领域产生了深远影响，尤其是在教育领域里，带来了教育的飞跃性发展。在信息化社会里，现代教育的特征可以概括为：现代教育是三化教育，即信息化、多媒化、多元化；现代教育是三高教育，即高效率、高效益、高质量；现代教育是终身教育。这些特征决定了信息化社会中的人不应仅仅掌握一些既定的知识,而且要具备一种适应信息化社会的独立自主的学习态度和学习思维,具有获取信息、筛选信息乃至发送信息的信息素养。

面对未来的信息时代,原有的知识已不足以解决面临的问题,原有的知识体系已无法适应时代的要求。信息素养作为一种高级的认知技能,同批判性思维、解决问题的能力一起,构成了中小学生进行知识创新和学会如何学习、如何生存的基本素质,成为中学生适应未来社会生存和发展的基础。

3. 信息素养的培养是提高中小学生综合素质的必然要求

长期以来,我国的基础教育一直比较注重培养学生的读、写、算的能力,注重学生基础知识的学习,在考试指挥棒下培养的是学生如何应对考试的能力,这种"死读书,读死书"的观念随着网络和信息技术的广泛应用正越来越受到社会的批判,人们清晰地认识到,综合素质的提升,是信息社会对人才素质要求的重大变化。因此,我们的基础教育改革必须面向 21 世纪,研究经济发展和社会进步对劳动者素质的要求,摆脱传统的应试教育思想、教育模式的束缚,建立真正符合时代特征和具有我国特色的、新的基础教育思想和教育模式。

当前,很多中小学生信息意识淡薄,对信息的基本知识缺乏了解,还没有形成自觉搜集、利用信息的习惯;信息能力较差,缺乏高效获取信息所必需的知识和技能,无法利用现代化手段迅速地从信息海洋中择取自己所需的信息;信息的敏感性较弱,缺乏分析鉴别和评价信息的能力,面对信息的汪洋大海和日益严重的信息污染,无法科学地分析判断信息的价值;缺乏信息安全意识和自我防御能力,面对信息犯罪束手无策;信息道德品质不高;信息侵权问题、知识产权问题,以及诸多信息犯罪问题等,时有发生。因此,提高学生的综合素质就必然要求他们具有良好的信息素养,使他们在进行基础知识学习的同时,能自如地应用网络信息技术,主动快速地获得广博的信息,并获得采集、鉴别、使用和评价信息的能力。

4.2.2 中小学生信息素养的培养方式

1. 使学生更新观念,正确理解信息技术教育的内容

尽管"信息素养"一词早就出现在我国教育部的文件中了,而且有关"信息素养"的研究与实践也有不少,但在学生和教师中,甚至是学校领导中依然存在不少片面乃至错误的观念,比如有人认为信息素养培养是"搞形式"、"影响学习";也有人认为"信息技术教育说白了就是计算机教育";在一些学校里,教师教的就是计算机知识,强调的也是计算机知识,学生学的也是计算机知识,因此,所有学生在内心中就认为:"信息技术课就是计算机课。"所以,培养中小学生信息素养的关键就是要让学生们知道,信息技术课不同于计算机课。而这一关键的落实取决于学校领导层和教师的思想观念的转变。

2. 立足信息技术课堂,培养学生素养

学生使用信息技术的积极态度需要教师长期地、有意识地渗透,而教师在课堂上的良好榜样则会起到"润物细无声"的作用。研究表明,教师在教室里经常利用计算机进行教学或解决教学中的问题,对学生使用计算机的态度起了潜移默化的作用。而且,教师在课堂上的教学方法和指导过程对学生今后的学习起到了重要的引导作用。很多中小学生具有很强的模仿性,所以教师的一言一行都会成为学生学习的典范。当教师遇到问题时,常常利用计算机来解决,无形之中告

诉学生什么问题可以用计算机来解决，甚至更明确地显示可以用什么应用软件来解决。由于学生长期在真实环境中看到教师如何用计算机来解决真实的问题，当学生自己遇到类似的问题时也能快速地意识到能用计算机来解决，从而培养了学生使用信息技术的意识。教师有意识地采用基于信息的问题教学法，学生就能在解决问题的过程中既能自主学习，又能和别的同学合作学习，在学习中体味到使用信息技术的快乐。完成任务的时候，学生看到自己的优秀作品，心中的自豪感油然而生，其使用信息技术的信心不断增强。教师可以有意识地要求学生在网上递交作业，尤其是信息技术课程的作业，学生不会觉得太困难，也渗透了对学生使用信息技术的积极态度的培养。

3. 加强信息技术与课程整合，广泛培养学生信息素养

如前文所述，信息技术教育的目标不仅仅是培养学生对计算机和网络的应用能力，更重要的是培养学生的信息素养，进而促进学生整体素质的提高，而这一目标的实现单靠信息技术课程是无法完成的。因此，信息技术与各学科课程整合就显得非常重要。图 4-1 为信息技术与课程整合模式图。首先，整合可以使教师在以网络和多媒体为基础的信息化环境中实施课程教学活动；其次，通过整合，可以对课程内容进行信息化处理并成为学习者的学习资源；第三，整合可以使学生改变学习方式，学生将会利用信息技术作为认知工具进行更有效的学习。例如，如果将信息技术与语文课程整合，学生不但能够学习语文知识，而且还能提高使用计算机的熟练程度或者打字的速度；如果学生能够通过网络搜集、整理和归纳资料，他们就会感到信息技术的便利和实用，并由此提高他们的信息意识和情感。具有这种意识和情感是一种重要的潜在因素，他们会怀着好奇心开始钻研信息技术与应用信息技术，以后就有可能成为社会所需要的信息技术人才。

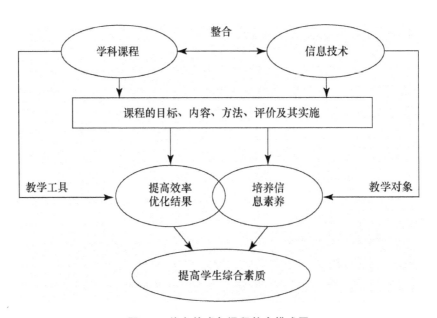

图 4-1 信息技术与课程整合模式图

4.3 信息伦理教育

核心术语

◆ 伦理学　　　◆ 信息伦理　　　◆ 伦理教育

4.3.1 信息伦理概述

随着计算机技术、通信技术和信息网络技术的不断发展,信息传播和交流速度加快,互联网上的各种信息产品和多元文化已广泛地渗到千家万户,这极大地改变了人们的生存、工作和学习方式。在对信息化和信息社会理论的研究过程中,西方学术界逐渐发现了一系列在新的信息技术条件下所引发的伦理问题,并为此开辟了一门新的应用伦理学——信息伦理学(Information Ethics)。

信息伦理学最早源于计算机伦理研究,20世纪70年代,美国教授曼纳首先发明并使用了"计算机伦理学"这个术语,1971年温伯格在《计算机程序编写心理学》一书中,首先对计算机技术对社会伦理问题产生的影响进行了研究。到90年代,信息伦理学的研究发生了深刻的变化,它冲破了计算机伦理学的束缚,将研究的对象更加明确地确定为信息领域的伦理问题,在概念和名称的使用上也更为直白,直接使用了"信息伦理"这个术语。

信息伦理又称信息道德,是调整人与人、人与社会信息关系的行为规范的总和,也是指涉及信息开发、信息传播、信息的管理和利用等方面的伦理要求、伦理准则、伦理规约,以及在此基础上形成的新型的伦理关系。信息伦理不是由国家强行制定和强行执行的,是在信息活动中以善恶为标准,依靠人们的内心信念和特殊社会手段维系的。

信息伦理的结构可概括为两个方面,三个层次。

所谓两个方面,即主观方面和客观方面。前者指人类个体在信息活动中以心理活动形式表现出来的道德观念、情感、行为和品质,如对信息劳动的价值认同,对非法窃取他人信息成果的鄙视等,即个人信息道德;后者指社会信息活动中人与人之间的关系以及反映这种关系的行为准则与规范,如扬善抑恶、权利义务、契约精神等,即社会信息道德。

所谓三个层次,即信息道德意识、信息道德关系、信息道德活动。信息道德意识是信息伦理的第一个层次,包括与信息相关的道德观念、道德情感、道德意志、道德信念、道德理想等。它是信息道德行为的深层心理动因。信息道德意识集中地体现在信息道德原则、规范和范畴之中。信息道德关系是信息伦理的第二个层次,包括个人与个人的关系、个人与组织的关系、组织与组织的关系。这种关系是建立在一定的权利和义务的基础上,并以一定信息道德规范形式表现出来的。例如,联机网络条件下的资源共享,网络成员既有共享网上资源的权利(尽管有级次之分),也要承担相应的义务,遵循网络的管理规则。成员之间的关系是通过大家共同认同的信息道德规范和准则维系的。信息道德关系是一种特殊的社会关系,是被经济关系和其他社会关系所决定、所派生出的人与人之间的信息关系。信息道德活动是信息伦理的第三层次,包括信息道德行为、信息道德评价、信息道德教育和信息道德修养等。这是信息道德的一个十分活跃的层次。信息道德行为即人们在信息交流中所采取的有意识的、经过选择的行动。根据一定的信息道德规范对人们的信息行为进行善恶判断即为信息道德评价。按一定的信息道德理想对人的品质和性格进行陶冶就是信息道德教育。信息道德修养则是人们对自己的信息意识和信息行为的自我解剖、自我改造。信息道德活动主要体现在信息道德实践中。图 4-2 显示了人们在信息伦理行为中的决策模型。

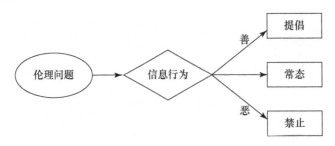

图 4-2　信息伦理行为中的决策模型

4.3.2　中小学信息伦理教育的内容

尽管从目前的情况来看,还没有哪一个国家独立开设了信息伦理教育课程,但是在美国、英国等主要的发达国家,他们把信息伦理教育的要求包含在了信息技术教育中,而且教育目的明确,教育目标也清晰可见,具有很强的操作性。如美国的中小学信息伦理教育内容可分为遵守网络礼仪,保护隐私权,预防计算机犯罪,尊重知识产权,负责任地使用媒体、技术与信息。英国的信息伦理教育则是要求培养学生的责任感,对发布的信息负责,确保信息的可靠性,尊重知识产权,预防计算机犯罪等。信息伦理道德教育是日本信息教育的重要组成部分,大致可分为确立新的伦理道德,包括遵守网络礼仪、保护隐私权、对发布的信息负责等;确立新的常识,如保证信息安全性、预防计算机犯罪;提高对信息价值的认识,如尊重知识产权和确保信息的可靠性等。

为适应时代的需要,我国教育部在《中小学信息技术课程指导纲要(试行)》中也明确规定,要教育学生正确认识和理解与信息技术相关的文化、伦理和社会问题,负责任地使用信息技术。我国《普通高中信息技术课程标准(实验)》提出,信息技术课程的总目标是提升学生的信息素养,学生的信息素养表现包括遵守相关的伦理道德与法律法规,以及形成与信息社会相适应的价值观和责任感。

根据教育部文件以及中小学生身心发展的特点,我们可以发现中小学各阶段的信息伦理教育的要求和目标是不一样的。对于小学生来说,信息伦理教育的要求是低层次的,主要是希望他们能遵守网络规范、正确使用信息以及负责任地使用信息技术系统及软件,养成良好的使用习惯和责任意识,即培养学生养成良好的信息责任意识。对于初中学生则提出了较高的要求,即要求他们能在别人帮助下评价和识别数字资源的真实性、准确性和相关性,树立正确的知识产权意识,能够遵照法律和道德行为,学会保护自己的隐私权,负责任地使用信息技术。对高中生的要求则更高,基本上是与普通成人是一致的。它涵盖了信息伦理行为的各个方面,而且在内容的设计中提出了一些活动建议,主要是以网上调研、情境讨论等方式出现的,充分体现了合作性学习、研究性学习的思想理念,让学生在主动探究过程中养成良好的信息伦理意识和行为习惯。表 4-1 为中小学各学习阶段信息伦理教育的目标要求。

表 4-1 中小学各学习阶段信息伦理教育的目标要求

	小学阶段	初中阶段	高中阶段
遵守网络礼仪	认识信息技术相关的文化、道德和责任；能够遵照法律和道德行为负责任地使用信息技术	遵守计算机的道德规范	理解和遵守与信息技术相关的伦理道德、法律法规，负责任地、安全地、健康地使用信息技术
保护隐私权			能够树立网络交流中的安全意识
尊重知识产权		树立正确的知识产权意识	
确保网络使用安全		在他人帮助下学会评价和识别电子信息来源的真实性、准确性和相关性	在使用互联网的过程中，认识网络使用规范和有关伦理道德的基本内涵；能够识别并抵制不良信息
预防计算机犯罪		了解计算机安全方面的有关常识	树立信息安全意识，学会病毒防范、信息保护的基本方法；了解计算机犯罪的危害性，养成安全的信息活动习惯
正确使用信息技术	养成良好的计算机使用习惯和责任意识	遵守计算机使用中的道德规范	了解信息技术可能带来的不利于身心健康的因素，养成健康使用信息技术的习惯

4.3.3 开展中小学信息伦理教育的方法

1. 充分发挥信息技术课堂的作用，开展信息伦理教育

随着信息技术的普及，中小学生在无人监管的情况下接触和使用计算机网络的机会越来越多。由于他们的是非判断能力、自我控制能力、选择能力和自我保护意识差，所以容易受到不良信息的诱惑。教师应该充分发挥信息技术课堂这块"主阵地"的作用，在教学中挖掘德育元素，渗透德育教育。比如在学习"计算机网络应用"时，引导学生利用网络来做有意义的事情，改变学生把使用网络的主要目的看成是打游戏和聊天。还可以在课堂上介绍一些对学生形成正确人生观、价值观有所帮助的网站，引导学生浏览优秀的网站，同时从网站的技术、目的、内容、拥有者（发起者）、实用功能、设计（美学）等方面去评价一个网站的精确性、权威性、可靠性，看该站点是否提供了解决问题所需要的信息，培养学生在浏览网站时应具有的眼光和评价意识。

2. 发挥信息技术与课程整合的作用，渗透信息伦理教育

在信息技术与课程整合的过程中来开展信息德育教育也是一个好的途径。信息伦理是抽象且不易懂的概念，所以将伦理教育融入学科教学中的关键是设计合适的教学策略与学习环境。对小学生可以用讲故事、看影片、演情景剧的方法，对中学生则可用情境教学、任务驱动、角色扮演、案例教学、小组讨论和辩论赛等多种方法。其中，交流各自的学习心得是各种活动中最有效的环节。

3. 重视信息伦理内容的教学设计和实施过程

信息伦理是一种人们在实践中形成的约定成俗的一种规则，它需要内化为主体的观念才能起到约束的作用。教师在课程设计时要从人文关怀的角度出发，创设灵活的教学情境，调动学生学习伦理知识的积极性，让学生自觉主动地接受和内化信息伦理。教师要积极引导学生将信息

伦理的主题性实践活动和自觉的价值判断结合起来,使学生真正理解内涵,实现约束和规范网络行为的目的。信息伦理道德教育包括态度、认知与技能三个方面,要根据我国的文化特点及学生的年龄特征,将信息伦理道德教育融入教学实践中,突出简单化、具体化及生活化,以学生为主体,以学生的生活经验为中心,贴近学生的生活实际。例如,在网络礼仪方面,可告诉学生不转送链式邮件,以免给他人添麻烦;在尊重隐私权方面,不要滥用手机的拍照功能等。

4. 整合信息伦理教育与传统道德教育共同进行

培养信息伦理教育不仅仅是信息技术教师自己的任务,也是全社会的责任,更是学校全体教师和家长的共同责任。学校作为学生生活、学习和人格成长的重要环境,是学生德育教育活动的重要场所,因此,学校要把信息伦理的教育与传统道德教育活动整合起来,创建一个整体、和谐的大德育环境。

5. 转变教师观念,提升教学能力

信息伦理概念抽象且不易懂,单凭黑板和粉笔及教师的口述显然不够,教师的言传身教尤为重要。教师自身的信息伦理道德水平直接影响着学生,教师的教学意识、教学方式方法及媒介技术的驾驭能力都将影响信息伦理教育的结果。因此,教师必须依此来不断调整和提高自己。

 资料卡片

国际上网络礼仪的基本规则

- 规则1:记得彼方是人。(推己及人)
- 规则2:在实际生活遵循的道德标准,在网络上也同样要遵守。(表里如一)
- 规则3:明白你所处网际空间的规范。(入境随俗)
- 规则4:尊重他人光阴,节省频宽用量和主机储存空间。(资源共享)
- 规则5:在线用语温文儒雅。(行道以礼)
- 规则6:共享专家知识。(传播善知)
- 规则7:网络论战要客观理性。(伐战以德)
- 规则8:尊重他人隐私。(尊重隐私)
- 规则9:勿滥用你的权力。(行权以仁)
- 规则10:宽恕他人过错。(薄责于人)

(摘自:台北市教育局.资讯素养与伦理)

4.4 网络文化安全教育

核心术语

◆ 文化　　◆ 网络文化　　◆ 信息安全

4.4.1 网络文化与网络文化安全

1. 网络文化概述

在定义什么是"网络文化"之前,我们先了解"文化"。

文化是一种社会现象,是人们长期创造形成的产物。文化同时又是一种历史现象,是社会历史的积淀物。确切地说,文化是指一个国家或民族的历史、地理、风土人情、传统习俗、生活方式、文学艺术、行为规范、思维方式、价值观念等。文化也是以人类物质创造为基础的一类精神创造,这类创造用技术的和美学的理念表达,以物质的时空存在方式存在。文化的发展受到人类社会物质发展的推动,同时超越现实的物质存在方式。

网络文化是计算机信息网络对人类社会的政治、经济、生产和生活等方面影响的产物。因此,我们把这种以网络技术为手段,以数字形式为载体,以网络资源为依托,在从事网络活动时所创造的一种全新形式的文化称为网络文化。网络文化是现代文化的一种表现,是在网络信息技术基础上形成的一种富有精神性的文化形态。

网络文化既包括网络硬件、软件实体等物质层面的内容,如构成网络设施的硬件有计算机、调制解调器、通信线路、转发器等,软件有网络协议、操作系统、上网软件、下载软件、游戏软件等;又包括网络活动的道德准则、社会规范、法律制度等制度层面的内容;还包括网络活动价值取向、审美情趣、道德观念、社会心理等精神层面的内容。网络文化的精神层面是网络文化的内在层次,是网络传输的信息所表达的内容,以及因计算机网络而形成的人们的新的世界观和生活方式,是影响人们生产生活最直接的内容,也是网络文化最本质的体现。

2. 网络文化的特性

网络文化是人类从事网络活动的产物,也是人类文化在信息时代的发展。因此它除了继承人类文化的共性之外,还具有自身的特性:

(1) 网络文化是全球文化。传统的文化由于传播媒介的限制,大都只反映了一个国家或者一个民族的历史、地理、风土人情、传统习俗、生活方式、思维方式、价值观念等。计算机网络中丰富的信息资源,突破了民族、文化界限,赋予人们更大的国际性和包容性,成为可超越社会制度、思想文化等种种局限而共享的国际信息资源。因此,计算机网络文化已经一反传统文化之常态,几乎在同一时期就影响到了全球任何角落,形成了极具现代特征的全球性文化。

(2) 网络文化是开放性文化。以计算机网络为主体的国际互联网是一个开放的网络,各个国家、各种民族、各种背景的用户都可以自由平等地交流、发表自己的意见,可以充分地展示自己的个性。各种文化互相吸收、互相渗透、互相影响形成开放的网络文化。网络文化的开放性是网络开放性的具体体现。

(3) 网络文化是平等性文化。计算机网络的最大特征是资源共享,而资源共享的结果是上网费用、文化参与和信息获取成本的降低,网民之间没有身份上的高低贵贱之分,没有民族地域之别,在关系上是完全平等的,在交流上是平行的,在选择上是自主的。因此,网络文化就是一个大家共同参与的平等的文化形式。

(4) 网络文化是多元文化。网络的开放性、平等性特征反映了网络文化一定是一种多元文化,这种文化包含了全球范围内各个国家、各个民族乃至每个人的世界观、价值观和道德观。它是各种不同文化在网络中传播、碰撞、交融,生成的一种新的文化,能与其他文化共同存在,互相

3. 网络文化安全

网络犹如一把双刃剑,在增强人们与外界沟通和交流的同时,也会带给人们许多伤害,影响他们正常的生活。随着青少年上网人数的不断增多,网络引发的学生思想道德问题也开始凸显。网络文化安全正在成为教育者们关注的论题。

对于青少年学生来说,网络文化安全体现在三个方面,即文化安全意识、网络伦理与道德规范、网络文化知识。

网络文化安全意识是指学生能够对信息内容的健康性或危害性作出正确的判断,具备一定的信息辨别能力和是非判断能力。网络伦理与道德规范是指学生要知晓在网络中获取、利用、传播信息内容的过程中不能危害他人、社会以及不损害他人的合法权益。网络文化知识是指学生要掌握与网络文化安全相关的法律、法规知识等,这些知识可以在一定程度上约束其网络行为活动,防止侵害他人或者被他人侵害。

网络文化安全是学生信息素养教育中的重要内容,也是培养学生良好的信息素养的第一步。

4.4.2 网络安全教育的紧迫性

根据《第31次中国互联网络发展状况统计报告》数据显示,截至2012年12月,我国网民规模已达5.64亿,手机网民规模为4.20亿,互联网普及率达到42.1%。其中,10~19岁的网民占24%,20~29岁的网民占30.4%,10岁以下的网民也有1.7%。中小学生互联网使用率占25.1%,占网民职业结构比例的第一位。

尽管网络文化能够拓展青少年的视野,促进青少年的学习,有利于培养青少年的社会交往能力,但是,网络文化中的不利因素也使相当多的青少年朋友受到了影响。主要表现有:

(1) 网络文化使青少年的价值观呈现多元化。青少年正处于身心和思想的迅速发展期,价值观、人生观和世界观正在形成,他们思想单纯,是非观念差,极易受到外界环境的干扰。对心智尚未完全成熟的青少年来说,选择什么样的价值观是关系他们人生观、世界观的大事。一些西方国家和反华势力,利用他们在经济上、技术上的优势,通过信息网络对其他国家进行文化渗透,宣传西方的拜金主义、享乐主义、功利主义和极端个人主义等价值观念。在此背景下,道德教育的主导性理念受到多元信息的冲击、挤压和挑战,对青少年学生形成正确的世界观、人生观和价值观会带来负面影响。另外,网络文化中的"垃圾信息"、"黄色信息"对青少年思想和行为的影响也是显而易见的。

(2) 网络文化使青少年的人际交往呈现冷漠化。青少年学生涉世不深,思想单纯,特别到了青春期,他们的自我意识增强,心理生活丰富。此时的他们一方面会将自己内心封闭起来,极少流于外表,另一方面又感到孤独和寂寞,希望能有人来理解他们。而网络空间提供的环境能把他们置于一种无人监管的"真空"情境之下,他们往往会通过这个空间寻找自己的"知心朋友",一旦找到,就会推心置腹,毫不保留。而这种虚拟的人机互动交往方式排斥了人与人之间面对面地相互交流沟通,把青少年与现实社会"隔离"开来,造成了人际关系的冷漠化。

(3) 网络游戏使学生迷恋成瘾,易形成畸形成就感。与一般电脑游戏相比,网络游戏有着更大的趣味性和吸引力。青少年学生具有强烈的猎奇和探险精神,成为"网络游戏"中的主要角色。网络游戏中所设置的一个个惊险刺激的关口和场景足以满足他们的这种追求。现在流行的网络游戏大多以冒险、打斗、枪战为主要内容,游戏者在其中扮演一个人物,通过战斗、交友等提高经验值,当他们赢得一些经验值时会产生极大的满足感,这是一种畸形的成就感。这也使很多学生"经常"从沉重的学习和生活压力中转到"网络游戏"中放松,在追求一种虚拟的成就感同时,去体现"自身的价值"。

(4) 网络暴力内容对青少年影响极大。网络暴力主要来自暴力游戏。暴力游戏对青少年身心健康的影响非常大。调查数据显示,青少年因玩电子游戏性情变暴躁的占27%,认为玩游戏与校园暴力有关的占29%。未成年人痴迷于网络游戏之中,很容易形成错误的暴力观念和帮派意识,混淆游戏虚拟与社会现实的区别,误认为这种通过伤害他人而达成目的的方式是合理的。他们往往把游戏中的行为方式带入现实社会,为达目的而不择手段。

4.4.2 中小学生网络安全教育

在中小学生网络安全教育方面,美国政府可谓是深谋远虑,很早就开始了旨在提高年青一代的竞争力的中小学拓展项目。这个项目主要是通过一系列的会议、夏令营或者实习活动,对中小学生及老师宣传IT安全的知识,并提高他们的认识,并尽早从中学里发现那些具有天分的、且愿意今后继续学习信息安全的学生。

在我国,中小学生的网络安全教育也越来越受到重视,许多相关的法规相继出台,网络文化净化行动也在开展,很多有条件的教育网站都开通了专门的论坛和社区进行网络援助,一大批优秀的、适合青少年朋友浏览的资源网站也建成了。整个社会基本形成了"抵制不良网络信息,建设文明网络"的风气。

信息技术教育是中小学生网络安全教育的主力军,信息技术课是网络安全教育的主要阵地,教师在教给学生信息检索、信息获取等能力的同时,更要教给学生获取信息要"取之有道",对网络中的各种信息诸如广告、网络新闻或BBS上的一些不法言论,要有自己的认识和判断,做出正确的选择。让他们在懂法、守法的前提下,学会文明上网。我们还应该加强学科间的相互联系,在课程整合中适当地融入网络安全教育也是十分有效的方法之一。

资料卡片

我国政府颁发的网络安全法规

1994年《中华人民共和国计算机信息系统安全保护条例》
1996年《中华人民共和国计算机信息网络国际联网管理暂行规定》
1997年《计算机信息网络国际联网安全保护管理办法》
2000年《全国人民代表大会常务委员会关于维护互联网安全的决定》
2000年《计算机信息网络国际联网保密管理规定》
2005年《计算机病毒防治管理办法》
2005年《互联网新闻信息服务管理规定》
2006年《信息网络传播权保护条例》

4.4.3 教学案例

下面是两则在信息技术课上如何渗透网络安全教育的教案。

案例 4-1

教案来源：东北师范大学附属实验学校　钱松岭老师　发表于《中小学信息技术教育》2007年第6期

课题名称：《给个人信息撑起"保护伞"——网上聊天的安全》（六年级）

教学目标：

知识与能力：（1）了解一些常见的聊天软件，如：QQ、MSN 等。
　　　　　　（2）让学生掌握个人信息的内容与一般的表现形式。
　　　　　　（3）让学生不要向网络空间中认识的朋友泄露自己的个人信息。
　　　　　　（4）掌握聊天时避免泄露个人信息的技巧。

过程与方法：（1）注重学生学习过程中的指导，增加学生独立探索和小组合作学习活动的机会，培养学生自主学习探究的习惯与能力。
　　　　　　（2）注重学生对学习过程的自我评价、调整。
　　　　　　（3）本课教学设计在建构主义理论的指导下，让学生在一系列连贯的问题与任务驱动下学习、探索。

情感态度与价值观：（1）提高学生信息伦理意识，培养创新精神和实践能力。
　　　　　　　　　（2）认识泄露个人信息的危害，学会与他人合作。

教学重点与难点：

重点：了解个人信息的内容以及一般表现形式；
　　　掌握一些避免涉及自己个人信息的谈话技巧。

难点：使学生记住，让别人知道自己的个人信息之前要征得父母或教师的同意。

教学过程：

1. 引入

提问学生是否有网上聊天的经历，并让一些曾经在网上聊过天的学生说说他们的经历（比如，聊天的地点、时间、内容、感受等）。讨论：和身边认识的朋友聊天与未见过面的网友聊天相比，两者有什么不同？

2. 新课

将学生分组。提问学生：你认为下面列举的哪些是个人信息？提交小组讨论。

- ◇ 你的姓名
- ◇ 你的学校地址
- ◇ 你的电话号码
- ◇ 你父母的姓名
- ◇ 你的照片
- ◇ 你的期末评语

- ◇ 你的家庭住址
- ◇ 你的 E-mail 地址和密码
- ◇ 你的 QQ 密码
- ◇ 你父母的工作单位
- ◇ 你的外号
- ◇ 你的考试分数

小组讨论完毕,给出一般个人信息的概念:一切直接或间接辨别个人身份的信息。让学生按照定义对上面项目重新衡量。

3. 读故事

学生读完下面故事后,教师通过提问简单了解学生的反应。针对故事后面的问题展开小组讨论。

小明经常去一个网站的聊天室和网友谈论一些学校的事情。他非常喜欢与一个网名叫"果冻"的网友聊天。每次小明聊到学习上遇到问题的时候,"果冻"都能给小明出些解决问题的好主意。"果冻"是个非常好的倾听者。有时候,小明和"果冻"会约好下一次聊天的时间。小明觉得"果冻"是他非常要好的朋友。有一天,小明与"果冻"正在聊天,他们在比较他们所在两所学校的不同。小明输入"我的学校纪律可严了,我们在走廊都要靠右侧走,还不能喧哗,更不能打闹"。"果冻"回复:"我们学校不那么严格。你在哪个学校啊?"

(1) 小明应该回答什么?
(2) 怎样回答更好一些?

4. 读相关提示资料

可以上网聊天

小明和"果冻"是网友,但不是面对面的朋友。他们只是在网上聊天相互认识的。两个网友可以聊得非常好,他们能分享彼此的情感,他们能谈论一些与面对面的朋友不能谈论的一些问题。

学生读完以后,提问:是不是与网友聊天比与熟悉的朋友聊天更轻松、更容易呢?为什么?(因为网友不是面对面的,并且不必担心对方会怎样看待自己)

网友是陌生人

你能真正知道你的网友是男还是女吗?你能确定网友的年龄吗?回答当然是不能,因为你不能确定。这就是网友与面对面的朋友的不同。所以,把网友看做是一个陌生人吧。

学生读完以后,提问:你是否在网上装做另外一个人?(告诫学生他们的网友也有可能是另外一个人扮演的)

5. 讨论如何回答

读完两则相关提示资料后,让学生回到先前的故事,看看学生是否对先前回答有修正和完善。与学生讨论怎样更好地、妥善地回答网友问题。

例如,比较理智地回答:"我不能告诉你,那样不安全。""那是隐私,我们不要谈论那个。"比较幽默地回答:"我的学校在地球(北半球)上。"

6. 角色扮演

学生两人一组,扮演聊天的网友,一个问个人信息,另一个要尽量想办法避免泄露个人信息。看谁的回答更安全并且有创意。请其中几组到教室前面表演。

7. 总结

提问:面对面的朋友与网友有什么不同?(尽管你与一个网友分享一些内心的想法,但网友始终是一个陌生人,在学校中通过目睹一个面对面的朋友的行为会让你更好地了解你的朋友。)如果网友问我们的个人信息,我们应该怎么办?(让学生记住一条原则:在没有征得父母或监护人同意之前,一定不要泄露你的个人信息。)

案例 4-2

教案来源: http://www.sxhzz.com/readnews.asp?newsid=3624
课题名称: 信息技术教学中渗透德育教育(网络安全)
教学目标:

1. 熟练组合运用所选软件的各种相关技巧,培养信息综合处理能力。
2. 学会选用一款软件制作个性化电子版毕业留言。通过观察、体会交流与评价作品,提高自身的审美能力。
3. 加强网络安全防范意识,学会分辨网上信息的精华和糟粕。
4. 学会利用信息技术手段表达自己的思想感情,增强学习信息技术的主动性。

教学重点与难点:

重点:让学生学会选用一款软件完成美观、有个性的电子版毕业留言;增强网络安全意识。
难点:版面设计与技能综合运用的策略与技巧。

学情分析:

学生对信息技术课有着浓厚的兴趣,已经初步具备了一定的信息技术应用能力,大部分学生具备了一定的从网上获取、加工和管理信息的能力。

教学策略:

本课教学紧密联系生活实际,从学生的兴趣出发,因需而学,提高学生学习信息技术的主动性;采用引导、启发、讨论、合作相结合的教学方法,通过任务的完成让学生体验"学以致用"的自豪感;创设轻松的学习氛围,使学生在良好的学习心境下迸发灵感的火花,创作个性化电子作品。同时,注意引导学生如何面对信息安全,遵守道德法律法规,从而使学生养成良好的计算机使用习惯和健康文明的网络道德。

教学过程:

1. 创设情境,激发共鸣。

老师通过屏幕广播出示"李白乘舟将欲行,忽闻岸上踏歌声"两句唐诗。

师:同学们,这是我们学过的一首唐诗,谁能帮老师对出下两句?
生:桃花潭水深千尺,不及汪伦送我情。
师:非常好。这首诗是唐朝诗人李白的一首《赠汪伦》,谁能简单说说这首诗表达了什么?
生:表达了好朋友之间的深厚友情。
师:看来,友情是个永恒的话题。同学们,友情是珍贵的、难忘的,友情真的是人生一笔珍贵的财富。

2. 点明主题,提出任务。

师:六年了,友谊的种子早已在我们心中生根发芽,此时千言万语涌上心头,汇成我们的毕业留言。老师出示课题"毕业留言"。今天,老师请大家将自己的心情和对同学美好的祝福以特别的方式表达,我们来自己动手制作一个经济实惠的电子版毕业留言簿。

3. 欣赏范例,梳理技巧。

师:在制作之前,请同学们欣赏这样一个电子版毕业留言设计作品。

学生欣赏并表达自己的感受。

师：它运用了哪些技巧？

学生讨论。老师引导学生及时总结。

技巧：艺术字、文本框、背景、页面边框、自定义动画、滚动字幕。

设计意图：通过欣赏范例，让学生进入创作的意境。通过学生讨论与老师引导，学生整理自己的思路并梳理所学的知识点与操作技巧。

师：在制作过程中要用到很多素材，老师也为大家准备了一些素材，在D盘的素材库下面，大家可以下载使用。同学们也可以通过Internet网络上网查询所需的相关素材。

教师讲述：在IE浏览器中访问Google网站，在搜索窗口中输入关键字"图片素材"，展示搜索结果(注意观察新出现的页面)——众多的网站链接(打开其中一个浏览)。

教师强调网络信息的相关知识：不要去一些恶意或不健康网站进行信息的浏览和下载，否则很容易感染计算机病毒。

设计意图：为学生提供相应的素材，避免有些学生盲目地搜集网上素材浪费时间，提高制作效率。同时，在引导学生上网查询所需的素材资料时加强了网络安全方面的教育，以进一步增强学生的网络安全意识。

4. 版面设计，领悟创新。

师：版面设计就是指页面的整体编排。它包括艺术字、图片、文本框等的合理摆放，字体的修饰，页面的装饰等。无论怎样设计，都要求整体紧凑、赏心悦目。

5. 动手实践，自由创作。

学生选择软件制作毕业留言，可以相互讨论、请教制作技巧。老师巡回指导，及时指导、帮助学生。

6. 完成作品，互发评析。

本章小结

1. 中小学信息技术教育的核心目标是信息素养的培养。信息素养是全球信息化需要人们具备的一种基本能力，即对信息社会的适应能力。信息素养也指一种特殊的、涵盖面很宽的综合能力，它包含人文的、技术的、经济的、法律的等诸多因素。信息素养的重点是信息资源、信息传播和信息分析。时代的发展和社会的进步要求中小学生都应该具备基本的信息素养，所以通过信息技术教育，培养学生的信息素养是当前基础教育的中心任务之一。

2. 信息伦理教育是信息素养培养中的一个重要内容。信息伦理是由计算机伦理的概念发展而来的，也是信息社会里一般伦理学的发展。信息伦理又称信息道德，它涉及信息开发、信息传播、信息的管理和利用等方面的伦理要求、伦理准则、伦理规约，以及在此基础上形成的新型的伦理关系。开展信息伦理教育，有助于中小学生养成良好的使用习惯和责任意识。

3. 网络文化是计算机信息网络对人类社会的政治、经济、生产和生活等方面影响的产物，是现代文化的一种表现，是在网络信息技术基础上形成的一种富有精神性的文化形态。网络文化对于中小学生的影响是双面的，而消极的网络文化对学生身心健康的负面影响正在加剧。网络文化安全教育正是为了最大限度地降低网络文化对学生的负面影响,并使他们能在一个干净的环境中,以一种良好的心态去使用网络资源。

4. 如何在信息技术课堂上以及学科整合的课堂上开展信息素养、信息伦理和网络文化安全教育,是现在很多教师都在思考的问题。教师只有通过不断学习与思考,提升自身的信息素养,才能设计出更好的教学过程与教学实例。

思考题

1. 有关信息素养内涵的争论有很多,有人说这个概念是抽象的,也有人说是具体的。请你结合自己的理解谈谈对信息素养内涵的认识。
2. 请根据信息素养的概念和划分标准,谈谈一个具备信息素养的人的主要特征。
3. 请查阅有关资料,谈谈伦理学的含义以及它和信息伦理的关系。
4. 信息伦理教育的内容包括哪些方面?如何在中小学开展信息伦理教育?
5. 什么叫网络文化?网络文化的特征是什么?
6. 教师如何才能更好地将信息素养教育、信息伦理教育和网络文化安全教育融入学科教学中?

实践者园地

1. 中小学生的信息素养教育需要教师花费很多精力和时间。为了使课堂教学效果达到最佳,教师要在教学设计方面作充分的考虑和斟酌。如果你准备在某一堂课上融入信息素养的元素,你如何考虑以下问题:

（1）教室环境有利于我将要进行的教学吗?教室的网络怎样?
（2）我对我的学生了解多少?他们能够理解我的教学内容吗?
（3）我有没有考虑过作为"动机激发者",使他们的注意力由上一节课转到这节课来?
（4）我已经估计这个学期每一次素质教学所需要的时间了吗?
（5）我所准备的案例材料足够吗?与我的教学思想相符合吗?
（6）我心中是否有一些有关信息素养、信息伦理和信息安全的生活中的例子?
（7）我将怎样对待课堂中有特别表现的学生?
（8）我应该怎样分组?给予学生什么学习方向?
（9）对于课堂活动的每一个环节,我都设计好了吗?
（10）我将如何结束课程?如何使学生在课下能思考本节课的内容?

2. 通过以下九道题测测你的信息素质水平:

（1）如果您偶然听说一本感兴趣的书籍,马上确定可以通过何种渠道了解相关信息以及购买方法吗?
（2）前往陌生目的地之前,你是否有习惯查阅网上的电子地图,以明确行车路线或换乘的车次?

(3) 您知道政府出版物包括哪些？哪些免费向公众公开？如何获取和使用它们？

(4) 你是否能列举出国内外几大搜索引擎？它们的特点分别是什么？分别适用于检索哪类信息？

(5) 您使用过元搜索引擎吗？它和一般的搜索引擎有什么区别？

(6) 您是否会有意识地使用"数字信息亭"？一般用于获取何种信息？

(7) 您经常需要使用黄页、白页吗？能否列举几个提供黄页、白页服务的网站？

(8) 当您在图书馆通过OPAC(联机公共目录查询系统)检索所需要的文献时，您是否可以根据需求灵活地从题名、著者、出版者、主题词、ISBN、语言代码等各种检索入口进行查询？

(9) 如果您要查阅某领域的国外最新资料，您会通过哪些方式来获得？

> 课程篇

第5章 中小学信息技术课程体系

> 教育要面向现代化,面向世界,面向未来。计算机的普及要从娃娃做起。
> ——邓小平

学习目标

1. 了解我国中小学信息技术课程的地位。
2. 了解我国中小学信息技术课程体系的发展。
3. 知道我国中小学信息技术课程的阶段性目标。
4. 知道我国中小学信息技术课程各阶段的教学内容。
5. 能够根据本章的学习,知道中小学信息技术课程的教学内容和目标,根据学校的具体环境及学生的状况选择相应的教学内容。

5.1 我国信息技术课程体系的发展历程

核心术语

◆ 课程体系　　　◆ 信息技术课程　　　◆ 课程标准

信息社会里,信息素养已经成为人人必备的基本素养,因此如何利用中小学信息技术教育培养信息素养成为当今社会备受关注的一个焦点。信息技术课程经过各个国家的不断实践,经历了几个发展历程,并形成了不同的内容体系。

我国信息技术课程内容体系的发展是随着信息技术课程的发展过程而演变过来的,从内容体系的形式看,我国的信息技术发展经过教学大纲、指导纲要、课程标准的发展。从课程内容来看,它经历了以程序设计为主,到计算机作为基本工具,到培养信息素养几个阶段。表5-1详细列举了我国信息技术课程的发展情况。

表 5-1 我国信息技术课程的发展

	1982—1990 年	1991—1999 年	2000—2010 年
阶段性质	实验阶段	发展阶段	基本普及阶段
课程内容	基本知识,BASIC 语言	基本知识(模块自选)	基本知识(基本模块、拓展模块)
推进方式	高中选修课	初中、高中选修、必修课,小学活动课	两大工程:校校开通、校校通
理论依据	语言文化论	工具文化论+语言文化论	数字文化论+网络文化论
学科结合	少数教师编制小软件简单的 CAI	不同类型软件为教学服务基本围绕升学	深层整合,提高创新能力和信息素养
支撑环境	计算机教室	微机+多媒体计算机教室	网络+信息资源

5.1.1 以程序设计为主的阶段

1982 年是我国信息技术教育的起点。1982 年,教育部决定在五所大学的附属中学(高中)进行计算机教育实验工作,开启了我国中小学计算机教育。次年,在总结几所试点学校经验的基础上,教育部制定了计算机选修课的教学大纲,并于 1984 年颁布了《中学电子计算机选修课教学纲要(试行)》。世界各国从 20 世纪 80 年代开始都特别重视将计算机引入学校教育中。

此教学大纲中规定了计算机等课的内容和目标为:初步了解计算机的基本工作原理和对人类社会的影响;掌握基本的 BASIC 语言并初步具备读、写程序和上机调试的能力;初步培养逻辑思维、分析问题和解决问题的能力。

5.1.2 以计算机为工具的阶段

20 世纪 70 年代末到 80 年代初,微型计算机就开始走入社会应用。80 年代中期,受世界计算机应用发展的影响和第五届世界计算机教育大会主导思想的影响,我国的计算机"文化论"开始受到计算机"工具论"的冲击。

1991 年 10 月,第四次全国中小学计算机教育工作会议上肯定了发展计算机教育的必要性、重要性和迫切性,这也成为划时代的里程碑。1992 年,国家教委颁发了《关于加强中小学计算机教育的几点意见》,并明确指出"中小学计算机教育主要包括计算机学科教学,计算机辅助教学,计算机辅助管理等内容",明确规定了全国中小学计算机研究中心的任务。同年成立了"全国中小学计算机教育领导小组",从软、硬件各个方面规划了我国 20 世纪 90 年代发展计算机教育的蓝图。至此,我国中小学计算机教育真正走向了稳步发展阶段,除了计算机单独设科、逐渐成为一门必修课程外,以计算机辅助教学和辅助管理为主的计算机普及应用已经开始了课程整合的思想。

1997 年,国家教委颁发了《中小学计算机课程指导纲要(修订稿)》,在此纲要中,程序设计已经成为选学模块的内容,是高中部分学生学习的对象。

5.1.3 以信息素养培养为中心的阶段

2000 年 3 月,教育部颁布了《关于加快中小学信息技术课程建设的指导意见(会议讨论稿)》,其中明确提出:"全国普通高级中学于 2001 年秋季开学从高一年级开始开设信息技术必修课程",为信息技术这门新兴课程的发展指明了新的方向。

2000年10月召开的"全国中小学信息技术教育工作会议"上决定：从2001年开始，用5~10年的时间，在中小学（包括中等职业技术学校）普及信息技术教育，全面启动中小学"校校通"工程；用5~10年时间，使全国90%左右的独立建制的中小学教师能够与CERNET和Internet或中国教育卫星宽带网连通。会议还决定，将信息技术教育课程列为中小学生的必修课程。

2000年教育部颁布的《关于中小学普及信息技术教育的通知》和《中小学信息技术课程指导纲要（试行）》两份文件，是我国信息技术教育改革正式开始的重要标志。在这两份文件中，用信息技术课程取代了计算机课程。在纲要中还明确指出了中小学信息技术课程的教学目标和教学内容。

2003年颁布了《普通高中信息技术课程标准（试行）》，明确提出将信息素养作为信息技术课程的主要目标。在此标准中，对高中信息技术课程的教学目标、教学内容和教学建议等都作了非常详细的说明。

5.2 我国中小学信息技术课程体系

核心术语

◆ 信息技术课程体系　　◆ 义务教育　　◆ 课程目标

中小学信息技术课程是为了适应技术迅猛发展的信息时代对人才培养提出的新要求而设置的必修课程，是以培养学生的信息素养和信息技术操作能力为主要目标，以操作性、实践性和探究性（创新性）为特征的特定学习领域。在国家规定的必修课程领域外，各省、市、自治区在保证最低要求的基础上，在课程内容、培养目标、课时安排等方面有一定的自主权。

《中小学信息技术课程指导纲要（试行）》中指出中小学信息技术课程的主要任务是：培养学生对信息技术的兴趣和意识，让学生了解和掌握信息技术基本知识和技能，了解信息技术的发展及其应用对人类日常生活和科学技术的深刻影响。通过信息技术课程使学生具有获取信息、传输信息、处理信息和应用信息的能力，教育学生正确认识和理解与信息技术相关的文化、伦理和社会等问题，负责任地使用信息技术，培养学生良好的信息素养，把信息技术作为支持终身学习和合作学习的手段，为适应信息社会的学习、工作和生活打下必要的基础。

在中小学开设信息技术课程，因其教学对象在年龄、心理等方面有着很大的差异，所以各阶段的教学目标应该有所差别。另外，各阶段的信息技术课程并不是完全独立的，各阶段的信息技术课程应该使得学习者的知识能力是连续的，且是螺旋上升的，所以各阶段的教学目标应该是合理衔接，且有层次的。《中小学信息技术课程指导纲要（试行）》中提到了中小学信息技术的课程目标，并明确提出分级目标，即：

"中小学信息技术课程以全面培养和提高学生的信息素养为基本目标。信息技术课程的设置要考虑学生心智发展水平和不同年龄阶段的知识、经验和情感需求。小学、初中和高中阶段的教学内容安排要有各自明确的目标，要体现出各阶段的侧重点，要注意培养学生利用信息技术对其他课程进行学习和探讨的能力。努力创造条件，积极利用信息技术开展各类学科教学，注重培养学生的创新精神和实践能力。"

目前,初中和小学的信息技术课程标准(简称新课标)已由专家组起草完成。下面来分阶段介绍中小学信息技术课程体系。

5.2.1 义务教育阶段信息技术课程

小学和初中属于义务阶段的教育。而义务教育阶段信息技术课程有其特定价值和目标。

1. 义务教育阶段信息技术课程的总体价值

义务教育阶段信息技术教育的有效实施可以提高学生利用信息技术有效开展各学科学习和探究活动、积极参与社会实践、主动进行终身学习的能力;可以拓展学生适应现代社会生活所需的信息技术技能,巩固信息素养和技术创新意识;对于培养国家建设和国际竞争所需的信息技术人才、提高全社会的科技文化水平具有非常重要的奠基作用。

2. 义务教育阶段信息技术教育目标

总体而言,义务教育阶段信息技术教育的课程目标为:培养——发展学生积极学习和探究信息技术的兴趣,养成——巩固良好的信息意识和健康负责的信息技术使用习惯,形成——提高信息处理能力,培养——强化学生使用信息技术、支持各种学习和解决各类问题的意识和能力。义务教育阶段信息技术教育强调,学生在实践活动中,体验借助计算机和网络获取、处理、表达信息并用以解决实际问题、开展学科学习的过程;活动中理解感知信息的重要性,分析信息编码以及利用计算机等常见信息处理工具处理信息的一般过程;积极参加信息技术活动,主动探究信息技术工作原理和信息科技的奥秘。

3. 义务教育阶段信息技术内容设置和选择原则

(1) 小学、初中、高中的信息技术教育要衔接。小学的信息技术教育基本完成应用软件的学习;初中的信息技术教育要具有"双衔接",初中不再是零起点。关于义务教育阶段信息技术教育的内容及目标要求的衔接,参见表5-2。

表5-2 小学、初中、高中三个阶段信息技术教育内容和目标要求

	兴趣与特长	应用技能	信息素养	技术创新
小学	激发兴趣,保持学习动机	掌握常用软件/工具的应用技能	体验信息活动,形成信息意识	勇于质疑的问题意识,敢于尝试的创新精神
初中	巩固兴趣,发现特长	拓展+提升,初步具备一技之长	自主选择,综合运用	创新能力培养,改进方案,动手创新
高中	专业学习,发展兴趣	自选门类,专业发展	信息→知识→智慧	某一技术门类的设计、制作、创造

(2) 以兴趣为起点,以活动为载体,螺旋上升地设置内容。要让学生在"玩中学"、"做中学"。淡化学科体系,打破各操作软件之间的界限,以符合学生年龄特点和认知规律的实践任务为主线,将学生必须掌握的软件操作分散到不同学年的实践活动中,通过技术要求的提升引领学生螺旋上升式学习。

(3) 鼓励跨学科的活动为主题,实现技术学习与技术应用之间的整合,体现"双价值"。以学科学习主题作为信息技术任务选题,鼓励学生将学到的信息技术技能应用到其他学科、领域学习中。以此加深学生对信息技术在学科学习中的价值的理解,推动信息技术与其他学科、领域的整合,实现信息技术作为学习对象与学习工具的双重价值。

（4）适应地区差异，体现地域特色，建设有很强地方特色的国家课程。各省市的教研部门在达到要求的基础上，确定地方课时、界定课程内容、选择教材呈现方式上有一定自主权；教师在内容选择、难度设置上应适应本地设备、师资及学生的现状，活动选题除了体现课程整合外，要鼓励多样化的选题，体现"四地"——立足地方现实，体现地方特色，反哺地区经济，融合地域文化。

（5）实现"应用与创新相结合"的课程目标。要体现个别差异，鼓励技术创新。

① 多样的课程设置，打破教室和书本的局限。

② 鼓励学生自主选择主题，任务要求分水平，适应个别差异的特长发展需求。

③ 教学过程中要鼓励自主技术实践与开放的科技探究与技术创新。

④ 适度引导学生思考、探究、理解适合其年龄的信息技术核心概念。

4. 义务教育阶段信息技术教育的内容和目标要求

义务教育阶段信息技术教育内容分为基础性内容和拓展性内容。基础性内容是学生运用信息技术开展学科学习和综合实践活动，适应现代社会生活的必要基础，这是必修内容。拓展性内容是针对信息技术条件较好的地区以及在信息技术方面学有余力的学生设置的选择性学习内容，以引导学生在信息技术学习的广度和深度上进一步发展。小学的选修内容包括机器人教学和LOGO语言。中学的选修内容有机器人教学和基于汉语编程语言的程序教学。

5.2.2 小学信息技术课程体系

根据《国家九年义务教育课程综合实践活动指导纲要》，小学阶段的信息技术课程被安排在3～6年级。小学阶段信息技术教育的有效实施可以为学生利用信息技术开展各学科学习、探究活动乃至终生学习奠定良好基础；可以从小培养学生适应现代社会生活所需的信息技术技能、信息素养和技术创新意识；对于培养国家建设和国际竞争所需的信息技术人才、提高全社会的科技文化水平具有非常重要的奠基作用。

1. 小学信息技术教育的课程目标

小学信息技术教育的课程目标在于培养学生积极主动参与信息技术学习的兴趣，良好的信息意识和必要的信息处理能力，健康负责的信息技术使用习惯，引导学生学会使用信息技术支持学习和解决问题。

小学信息技术强调学生在实践活动中，体验借助计算机和网络获取、处理、表达信息并用以解决实际问题、开展学科学习的过程；在活动中感知信息的重要性，初步形成良好的信息意识；通过动手操作，掌握利用计算机等常见信息处理工具搜集、处理信息的操作与方法；形成积极参加信息技术活动，主动探究信息技术工作原理和信息科技奥秘的求知欲；在参与实践活动的过程中，观察、思考和讨论与信息技术应用相关的社会现象，养成适当的信息技术使用习惯。

2. 小学信息技术教育的内容及具体目标

小学阶段信息技术课程，一般不少于68学时，上机课时不应少于总学时的70%。

（1）形成运用计算机处理信息的基本能力。

① 能识别计算机的外观和常用输入设备（如鼠标、键盘）、输出设备（如监视器、打印机）及其他常用外接设备（如音箱、耳机、话筒等）；能通过动手组装或观看组装示范，探究计算机的基本构成，认识不同部件的基本功能（活动学习——直接经验；观察学习——间接经验）。

② 通过打字任务或简单的游戏，熟悉计算机的基本操作。熟悉操作常用的输入、输出设备。

③ 能在实际操作的基础上,总结利用计算机输入、存储、加工、输出信息的基本流程;借助自己获取、加工信息的经验,体验计算机在处理信息方面的优势,知道计算机是现代信息技术的核心。

(2) 树立与终身学习和现代社会生活相适应的信息意识,形成积极的信息技术学习态度,养成健康负责的信息技术使用习惯。

① 结合生活和学习经验,体验信息在生活、学习、科研中的重要作用,逐步形成理性认识信息价值(理念先行)、敏锐捕捉有用信息(选择性注意)、主动获取相关信息(有目的的任务驱动)、甄别筛选正确信息(针对性、准确性、价值高低)、共享交流有益信息的良好信息意识;逐步形成判断和使用健康信息、主动抵触不良信息的信息道德判断能力;能讨论每个个体在创作和共享有益信息方面的责任。

② 通过身边的事例或观看案例,体验现代信息技术在获取、加工、存储、表达和交流信息方面的作用,理解信息技术是人的信息加工器官的延伸,讨论人类发明创造信息技术的基本历程,形成乐于学习、勤于操作、敢于创新的信息技术学习态度,树立不断提高自身信息素养和技术操作能力;主动参与科技创新的志愿。

③ 观察和列举日常生活、学科学习和其他综合实践活动中信息技术的常见应用,能讨论这些技术应用带来的利弊。

④ 能讨论应用信息、信息产品、信息技术设备和软件时涉及的法律、法规和道德问题,能描述不恰当应用带来的后果;知道如何负责地使用技术设备和信息资料,在引用他人的观点、成果和信息时,知道如何注明出处和给予恰当的致谢;养成保护自己信息安全的意识,学会防查杀病毒、简单的文件加密(如设置使用口令)等信息保护方法——"行为指导"、"使用技能"。

(3) 学会利用信息技术工具搜集和处理信息,以支持学习、探究和解决日常生活问题。

① 能根据学科学习和其他活动需要,分析所需的信息及其类型,讨论确定合适的信息来源(如他人、书籍、报纸杂志、光盘、录像、电视、互联网等),学会从不同的信息来源搜集资料的方法(如实验、调查、访谈等)。对信息搜集过程进行一定的规划,初步形成信息需求分析的意识和习惯。

② 学会利用常用设备(如数码相机、探测器、扫描仪、录像机等)获取第一手的信息,或利用常见信息技术设备对传统介质的信息进行必要的数字转换。

③ 学会利用计算机输入和存储资料,学会利用计算机的资源管理功能对文件资料进行合理的分类整理、建立以及重命名文件(夹)、保护文件等,能迅速查找和提取自己计算机内存储的信息;通过比较和实际体验,感受对信息进行数字化编码、存储和管理的优势,认识到数字化是信息技术的核心概念之一。

④ 能熟练有效地运用远程通信工具和在线资源(如 E-mail、互联网等),浏览、查找、下载和保存远程信息,以满足自主学习、合作探究及其他问题解决的需要。

⑤ 能根据任务需要评价信息的相关性、准确性、适切性和可能存在的偏差,甄别和选用有价值的信息。

(4) 学会使用常用信息处理工具和软件,展开写作、绘画等活动,制作电脑作品。

① 学会使用一种计算机画图软件,设计并绘制图形。例如根据表达意图确定图画的主题和大体构思;能设置背景颜色和图画的颜色;能使用常用的电脑绘画工具画出点、线、面;能通过剪

切、复制、粘贴等电脑特有的功能对点、线、面进行组合、编辑,构成符合表达意图的完整图画;能给图画上色,能对图画的整体或某个部分进行修改,或设置必要的效果。

② 学会使用一种文字处理软件处理文字信息。在学会常用文字处理功能的基础上,学会通过文字编辑、版面设置、剪贴画、艺术字、绘制图形、插入图片、制件文字表格等方式,增加文档的表现力。

③ 熟悉信息处理软件的界面和常用工具,比较不同软件界面的异同,总结具有广泛适用性的操作方式,积累技术应用经验。

(5) 学会使用多媒体制作软件,运用文字、图片、声音等多种方式,灵活地表达想法、创意和研究结果。

① 能根据内容的特点和表达的需要,思考并确定表达意图和作品风格,进而根据表达意图,比较图画、文字、表格、声音等不同信息表达形式的优缺点,选择(组合)合适的表达方式,对作品的制作过程进行初步的思考和规划。

② 学会运用合适的信息处理工具或软件(如文字处理软件、画图或图形处理软件、计算机录音软件等),导入、插入图画、文字、表格和声音,并进行必要的编辑或修改,设置图像和文字的效果;制作或插入表格;录制或截取一段声音等。

③ 学会使用一种简单的多媒体制作软件,集成文字、图画、声音等信息,制作简单的多媒体演示文稿。

④ 能根据作品特点和受众的需要,学会选择合适的方式演示或发布电脑作品,表达主题和创意。

⑤ 能对自己和他人的电脑作品进行评议,并在评议基础上对电脑作品进行必要的优化以增强表现力。能比较利用电脑制作作品与传统作品的制作过程的异同。

⑥ 讨论所用信息技术工具的优缺点,提出可能的技术改进建议,形成初步的技术创新意识。

(6) 学会运用常用远程通信工具进行合作学习,开展健康的社会交往。

① 学会使用电子邮件与他人共享信息、获取支持、表达观点或开展合作。

② 学会使用在线讨论工具或已有的学习网站,讨论课程相关问题或开展持续深入的主题研讨。

③ 学会使用网页制作软件,规划、设计、制作发布简单的网站,通过网站共享信息、发表看法、发布成果、交流思想,支持合作探究或其他有意义的社会活动。

④ 能观察和讨论网站交往中产生的法律、法规和道德问题,在使用网络与人交往时,能遵守相关的法律、法规和网络礼仪;能结合实例,讨论网络应用对个人信息资料与身心安全的潜在威胁,形成网络交往中必要的自我保护意识,知道不恰当的网络应用和网络交往可能产生的后果。

(7) 学会设计和制作简单的机器人,体验"采集信息—处理信息—控制动作"的基本过程。该部分内容为选修。

① 能识别机器人的基本构造,说出各类传感器(如声音、光敏、红外、温度、触摸)的功能及其对人类功能的模拟,能描述机器人各部分的功能和工作原理,如通过传感器搜集信息。通过程序判断处理信息、控制外部动作等流程。

② 研究和了解现代机器人的发展趋势,讨论机器人与人类在解决相关问题上的优缺点。例如,机器人对复杂情况的反应,机器人可以完成哪些人类难以完成的任务等。

③ 学会根据生活和学习中的实际需要，设计、动手制作或组装简单的实物机器人（如机器人导盲、迎宾、灭火、踢足球、走迷宫等），将编制好的控制程序（使用流程图方式）导出到实物机器人，运行机器人并对机器人及其控制程序做出必要的调试和修改。或使用简单易学的程序语言（如 LOGO）编制简单的程序控制机器人做出简单动作或解决简单问题。

④ 在不具备实物机器人的情况下，也可以利用机器人仿真环境来模拟机器人的运动和调试使用流程图编制的简单的控制程序；初步感受利用程序解决问题的一般过程。

案例 5-1

- 谈谈以下三个案例是否符合小学信息技术课程目标？
- 选择小学信息技术课程中的一节内容，试写一个教学目标。

1. 小学一年级信息技术课程

课程题目：计算机基础知识、金山画王。

能力目标：（1）认识计算机基本构造，能区分输入、输出设备，正确使用鼠标。
（2）会正确开、关机，并知道保养计算机要注意的事项
（3）能在各级目录下新建、删除文件夹，并给文件夹命名。
（4）熟悉金山画王的各种工具、面板。
（5）根据题目，使用金山画王进行创作。
（6）能对已有的图片进行处理。

素养目标：（1）知道进入机房的要求，并学会爱护计算机。
（2）激发学习兴趣，并有创作欲望。
（3）欣赏同伴之间的作品，不断提高自身审美能力。

2. 小学四年级信息技术课程

课程题目：制作 Powerpoint 作品

能力目标：（1）正确使用计算机。
（2）运用正确指法输入中英文。
（3）能熟练运用 Powerpoint 制作电子报刊。

素养目标：（1）培养对于一个题材制作时，分析题材的条理性。
（2）能根据题材分类、分目，并寻找相关的资料。
（3）提高对整体布局的审美能力。

3. 小学五年级信息技术课程

课程题目：网上冲浪

能力目标：（1）会建立拨号连接。
（2）能够使用搜索引擎，查找自己需要的资料，并下载。
（3）能在网上注册，进行论坛。正确设置 Outlook，并收发邮件。
（4）学会对浏览器进行简单的设置。

素养目标：（1）能自律地浏览健康的网站。
（2）能在论坛中发表正确言论。
（3）能灵活运用所学软件，对网上下载文字、图片进行处理。

5.2.2 初中信息技术课程体系

根据《国家九年义务教育课程综合实践活动指导纲要》，初中阶段的信息技术课程被安排在7～9年级。初中阶段信息技术教育的有效实施可以提高学生利用信息技术有效开展各学科学习和探究活动、积极参与社会实践、主动进行终生学习的能力；可以拓展学生适应现代社会生活所需的信息技术技能，巩固信息素养和技术创新意识；对于培养国家建设和国际竞争所需的信息技术人才、提高全社会的科技文化水平具有非常重要的奠基作用。

1. 初中信息技术教育的课程目标

初中信息技术教育的课程目标为：发展学生积极学习和探究信息技术的兴趣，巩固良好的信息意识和健康负责的信息技术使用习惯，提高信息处理能力，强化学生使用信息技术支持各种学习和解决各类问题的意识与能力。

初中信息技术强调学生在实践活动中，体验借助计算机和网络获取、处理、表达信息并用以解决实际问题、开展学科学习的过程；在活动中理解感知信息的重要性，分析信息编码以及利用计算机等常见信息处理工具处理信息的一般过程；发展积极参加信息技术活动，主动探究信息技术工作原理和信息科技奥秘的兴趣；在参与实践活动的过程中，思考、讨论和分析与信息技术应用相关的社会现象，养成适当的信息技术使用习惯。

2. 初中信息技术教育的内容及具体目标

初中阶段信息技术课程，一般不少于68学时，上机课时不应少于总学时的70%。

（1）理解信息社会的含义，体验和分析信息技术学习和生活带来的影响，表现出良好的信息意识和信息技术使用的习惯。

① 结合学习和生活经验，了解信息的概念及主要特征，讨论衡量信息社会的主要标志。结合自身应用信息技术的经验，进一步讨论信息的价值，在日常生活和学习中表现出理性认识信息价值、敏锐捕捉有用信息、主动获取相关信息、甄别筛选正确信息、共享交流有益信息的良好意识；进一步提高判断和使用健康信息、主动抵触不良信息的信息道德判断能力；讨论每个个体在学习共同体和社会公共知识创新中的责任，形成积极参与有益信息创作和知识创新的意识。

② 结合实例，了解常见的信息编码方式及其对信息处理的意义。

③ 调查身边常用的信息技术工具，了解常用信息技术的类别及其在学习、工作和科研中的前途。

④ 能列举和分析信息技术的发展变化对工作、学习和社会发展的影响，并能就某个专题进行调查、研究。

（2）探究和初步了解计算机的结构和工作原理。

① 能结合应用实践，总结和描述计算机系统的硬件和软件构成，初步认识互联的概念及其与单机的区别。在具备网络的学校中，学生应熟悉局域网的常用功能。

② 了解常见硬件设备的作用及其常用的关键技术指标，比较不同指标对计算机功能的实际影响，学会根据学校、家庭或工作场所的具体要求，设计计算机软件的配置方案。

③ 讨论分析操作系统在计算机中的重要性和主要功能。

④ 学习或进一步熟悉资源管理器的有关功能及其相关步骤和命令（如格式化、恢复格式化、建立目录、搜索、设置安全和共享等）。通过实践，加深对资源管理的认识，养成资源管理的意识。

(3) 利用互联网有效获取信息,支持学科学习,解决实际问题。

① 根据学习或实践需要,提高使用互联网搜索、浏览和下载信息的能力,体验超链接在网页中的作用,提高信息获取能力,学会合法、合理地使用网络工具和资源。

② 能根据学习主题或实践任务,识别网上信息的真实性、准确性和相关性,能讨论网络信息获取与其他信息获取的异同点。

③ 能利用 BBS、电子邮件、即时通信等网络交流工具传递信息、表达思想、辅助学习。学会判断不良信息、主动抵触不友好网络交往的必要方式,如学会管理电子邮箱和反垃圾邮件的管理的方法,学会在 BBS、QQ、MSN 等工具上判断并主动防止不良信息的方法等。

(4) 学会制作动画作品,直观地表达动态信息或描述过程。

① 欣赏分析动画作品,比较动画与其他信息表达方式的联系与区别,分析动画在信息表达方面的独特性。

② 通过剖析作品,了解动画的制作原理,熟悉动画制作的基本概念。

③ 学会使用一种常用动画制作工具,设计、制作动画,表达动态信息或描述动态过程。

(5) 学会使用电子表格软件进行简单的数据处理,支持学科学习和研究性学习。

① 根据学科学习和研究性学习的需要,学会使用电子表格输入或记录数据,对数据进行整理、分类成表。

② 根据需要,学会用电子表格的公式和函数等功能对数据进行必要的计算和处理。

③ 能通过数据分析,得出结论和发现规律。

④ 学会使用电子表格的图表功能,直观地呈现统计结果和研究结论,增强研究结论和结果的说服力。

(6) 能使用常用信息处理工具,综合运用写作、绘画、表格、动画等多种方式,设计、制作并发布多媒体作品。

① 能根据内容的特点和信息表达的需要,确定表达意图和作品风格,选择合适的素材和信息表现形式,并对制作过程进行规划。

② 能根据表达的需要,综合考虑文本、图像、音频、视频动画等不同媒体形式素材的优缺点和适用性,选择合适的素材并形成组合方案;学会使用适当的工具采集必要的图像、音频、视频等多媒体素材。

③ 综合运用合适的软件和工具对原始素材进行初步的编辑、加工。

④ 使用自己熟悉的多媒体制作软件,集成各类素材,制作多媒体作品。

⑤ 能根据作品特点和受众的需要,选择合适的方式演示或发布电脑作品,表达主题和创意。

⑥ 能通过讨论形成多媒体作品的评价标准,对自己和他人的多媒体作品及其制作过程进行评价,并对作品进行有效的优化以增强表现力;能比较利用信息技术制作电脑作品与传统作品制作过程的异同。

⑦ 讨论所用信息技术工具的优缺点,提出可能的技术改进建议,形成技术创新意识,养成一定的技术创新能力。

(7) 通过网站设计与制作进行合作学习,开展健康的社会交往。

① 结合自己使用网站的经验,比较网站与其他多媒体作品在信息表达与发布方面的异同,比较网站和网页的关系,了解网站的基本结构。

② 学会根据学习或社会交往的需要,设计学习支持网站或其他主题网站,学会合理规划网站或其他主题网站,学会合理规划网站的内容栏目和必要的交互功能。学会使用合适的网站制作工具制作网站,尝试使用常用网站制作技巧支持课程学习、合作研究或健康的社会交往。

(8) 设计和制作机器人,以机器人为载体,体验并初步学会通过程序设计解决问题的基本过程。该部分内容为选修。

5.2.3 高中信息技术课程体系

2003年,颁布了《普通高中信息技术课程标准》,此课程标准已经被纳入了基础教育课程改革的总体系之中,信息技术被作为八大学习领域之一的技术领域中的一个科目,与语文、数学等科目并列,成为普通高中阶段一个独立的科目,这也标志着信息技术教育得到了本次新课程改革的肯定,信息技术课程的地位在中学教育中也得到了确认。

1. 高中信息技术课程的教学目标

普通高中信息技术课程的总目标是提升学生的信息素养。学生的信息素养表现在:对信息的获取、加工、管理、表达与交流的能力;对信息及信息活动的过程、方法、结果进行评价的能力;发表观点、交流思想、开展合作并解决学习和生活中实际问题的能力;遵守相关的伦理道德与法律法规,形成与信息社会相适应的价值观和责任感。可以归纳为以下三个方面。

(1) 知识与技能

① 理解信息及信息技术的概念与特征,了解利用信息技术获取、加工、管理、表达与交流信息的基本工作原理,了解信息技术的发展趋势。

② 能熟练地使用常用信息技术工具,初步形成自主学习信息技术的能力,能适应信息技术的发展变化。

(2) 过程与方法

① 能从日常生活、学习中发现或归纳需要利用信息和信息技术解决的问题,能通过问题分析确定信息需求。

② 能根据任务的要求,确定所需信息的类型和来源,能评价信息的真实性、准确性和相关性。

③ 能选择合适的信息技术进行有效的信息采集、存储和管理。

④ 能采用适当的工具和方式呈现信息、发表观点、交流思想、开展合作。

⑤ 能熟练运用信息技术,通过有计划的、合理的信息加工进行创造性探索或解决实际问题,如辅助其他学科学习,完成信息作品等。

⑥ 能对自己和他人的信息活动过程和结果进行评价,能归纳利用信息技术解决问题的基本思想方法。

(3) 情感态度与价值观

① 体验信息技术蕴含的文化内涵,激发和保持对信息技术的求知欲,形成积极主动地学习和使用信息技术、参与信息活动的态度。

② 能辩证地认识信息技术对社会发展、科技进步和日常生活学习的影响。

③ 能理解并遵守与信息活动相关的伦理道德与法律法规,负责任地、安全地、健康地使用信息技术。

上述三个层面的目标相互渗透、有机联系,共同构成高中信息技术课程的培养目标。在具体的教学活动中,要引导学生在学习和使用信息技术、参与信息活动的过程中,实现知识与技能、过程与方法、情感态度与价值观等不同层面信息素养的综合提升和协调发展,不能人为地割裂三者之间的关系或通过相互孤立的活动分别培养。

2. 高中信息技术课程的课程设计

如图5-1所示,高中信息技术课程包括必修与选修两个部分,共六个模块,每个模块2学分。高中信息技术课程总学分为 $2+2+(x)$,其中必修2学分,科目内选修2学分,跨领域选修 x 学分。

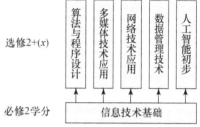

图 5-1 高中信息技术课程的组成模块

必修部分只有"信息技术基础"一个模块。它与九年义务教育阶段相衔接,是信息素养培养的基础,是学习后续选修模块的前提。该模块以信息处理与交流、信息技术与社会实践为主线,强调让学生掌握信息的获取、加工、管理、表达与交流的基本方法,在应用信息技术解决日常学习、生活中的实际问题的基础上,通过亲身体验与理性建构相结合的过程,感受并认识当前社会信息文化的形态及其内涵,理解信息技术对社会发展的影响,构建与社会发展相适应的价值观和责任感。建议该模块在高中一年级第一、二学期开设。

信息技术科目的选修部分包括"算法与程序设计"、"多媒体技术应用"、"网络技术应用"、"数据管理技术"和"人工智能初步"五个模块,每个模块2学分。选修部分强调在必修模块的基础上关注技术能力与人文素养的双重建构,是信息素养培养的继续,是支持个性发展的平台。模块内容设计既注重技术深度和广度的把握,适度反映前沿进展,又关注技术文化与信息文化理念的表达。在选修部分的五个模块中"算法与程序设计"是作为计算机应用的技术基础设置的;"多媒体技术应用"、"网络技术应用"、"数据管理技术"是作为一般信息技术应用设置的;"人工智能初步"是作为智能信息处理技术专题设置的。为增强课程选择的自由度,五个选修模块并行设计,相对独立。各选修模块的开设条件有所不同,各学校至少应开设"算法与程序设计"、"多媒体技术应用"、"网络技术应用"、"数据管理技术"中的两个,也要制订规划,逐步克服经费、师资、场地、设备等因素的制约,开出包括"人工智能初步"在内的所有选修模块,为学生提供更丰富的选择。建议将选修模块安排在高中一年级第三、四学期或以后开设。其中"算法与程序设计"模块与数学课程中的部分内容相衔接,应在高中二年级第一、二学期或以后开设。

信息技术的部分相关内容安排在"通用技术"科目中,如在其必修模块"技术与设计II"中设置有"控制与设计"主题,在选修部分设置有"电子控制技术"和"简易机器人制作"两个模块。

3. 高中信息技术课程的教学内容

高中阶段信息技术课程,一般为70~140学时,上机课时不应少于总学时的70%。

高中信息技术课程包括必修与选修两个部分。

(1) 必修课程

必修课程中只有一个模块——信息技术基础,它是高中学生信息素养提升的基础,也是学习各选修模块的前提。

本模块由四个主题组成,结构如图 5-2 所示。

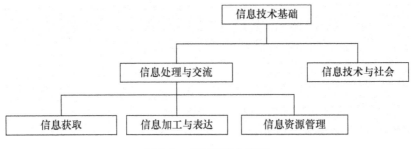

图 5-2 必修模块的主题

主题 1：信息获取。
① 描述信息的基本特征,列举信息技术的应用实例,了解信息技术的历史和发展趋势。
② 知道信息来源的多样性及其实际意义,学会根据问题确定信息需求和信息来源,并选择适当的方法获取信息。
③ 掌握网络信息检索的几种主要策略与技巧,能够合法地获取网上信息。
④ 掌握信息价值判断的基本方法,学会鉴别与评价信息。

主题 2：信息加工与表达。
① 能够根据任务需求,熟练使用文字处理、图表处理等工具软件加工信息,表达意图;选择恰当的工具软件处理多媒体信息,呈现主题,表达创意。
② 合乎规范地使用网络等媒介发布信息、表达思想。
③ 初步掌握用计算机进行信息处理的几种基本方法,认识其工作过程与基本特征。
④ 通过部分智能信息处理工具软件的使用,体验其基本工作过程,了解其实际应用价值。

主题 3：信息资源管理。
① 通过实际操作或实地考察,了解当前常见的信息资源管理的目的与方法,描述各种方法的特点,分析其合理性。
② 通过使用常见的数据库应用系统,感受利用数据库存储、管理大量数据并实现高效检索方面的优势。
③ 通过对简单数据库的解剖分析,了解使用数据库管理信息的基本思想与方法。

主题 4：信息技术与社会。
① 探讨信息技术对社会发展、科技进步以及个人生活与学习的影响。
② 能利用现代信息交流渠道广泛地开展合作,解决学习和生活中的问题。
③ 增强自觉遵守与信息活动相关的法律法规的意识,负责任地参与信息实践。
④ 在使用互联网的过程中,认识网络使用规范和有关伦理道德的基本内涵;能够识别并抵制不良信息;树立网络交流中的安全意识。
⑤ 树立信息安全意识,学会病毒防范、信息保护的基本方法;了解计算机犯罪的危害性,养成安全的信息活动习惯。
⑥ 了解信息技术可能带来的不利于身心健康的因素,养成健康使用信息技术的习惯。

(2) 选修课程

选修课程中包括了五个模块,即模块2——算法与程序设计,模块3——多媒体技术应用,模块4——网络技术应用,模块5——数据管理技术,模块6——人工智能初步,每个模块2学分。下面分别介绍五个模块的基本内容。

Ⅰ 模块2:算法与程序设计

算法与程序设计模块旨在使学生进一步体验算法思想,了解算法和程序设计在解决问题过程中的地位和作用;能从简单问题出发,设计解决问题的算法,并能初步使用一种程序设计语言编制程序实现算法解决问题。

本模块由三个主题组成,结构如图5-3所示。

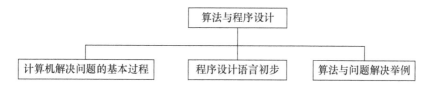

图5-3 算法与程序设计模块的主题

主题1:计算机解决问题的基本过程。

① 结合实例,经历分析问题、确定算法、编程求解等用计算机解决问题的基本过程,认识算法和程序设计在其中的地位和作用。

② 经历用自然语言、流程图或伪代码等方法描述算法的过程。

③ 在使用计算机解决实际问题的过程中,通过观看演示、模仿、探究、实践等环节,了解顺序、选择、循环三种基本结构及其重要作用,掌握计算机程序的基本概念,能解释计算机程序执行的基本过程。

④ 了解程序设计语言、编辑程序、编译程序、连接程序以及程序开发环境等基本知识。

主题2:程序设计语言初步。

① 理解并掌握一种程序设计语言的基本知识,包括语句、数据类型、变量、常量、表达式、函数。会使用程序设计语言实现顺序、选择、循环三种控制结构。

② 理解模块化程序设计的基本思想,初步掌握其基本方法。

③ 初步掌握调试、运行程序的方法。

④ 在使用某种面向对象程序设计语言解决问题的过程中,掌握面向对象程序设计语言的基本思想与方法,熟悉对象、属性、事件、事件驱动等概念并学会运用。

⑤ 能够说出程序设计语言产生、发展的历史与过程,能够解释其意义。

主题3:算法与问题解决举例。

① 解析法与问题解决。

第一,了解解析法的基本概念及用解析法设计算法的基本过程。

第二,能够用解析法分析简单问题,设计算法,编写程序求解问题。

② 穷举法与问题解决。

第一,了解穷举法的基本概念及用穷举法设计算法的基本过程。

第二,能够根据具体问题的要求,使用穷举法设计算法,编写程序求解问题。

③ 查找、排序与问题解决。

第一,了解数组的概念,掌握使用数组存储批量数据的基本方法。

第二,通过实例,掌握使用数据查找算法设计程序解决问题的方法。

第三,通过实例,掌握使用排序算法设计程序解决问题的方法。

④ 递归法与问题解决。

第一,了解使用递归法设计算法的基本过程。

第二,能够根据具体问题的要求,使用递归法设计算法、编写递归函数、编写程序、求解问题。

Ⅱ 模块3:多媒体技术应用

通过多媒体技术应用模块的学习,学生应该在亲身体验的过程中认识多媒体技术对人类生活、社会发展的影响;学会对不同来源的媒体素材进行甄别和选择;初步了解多媒体信息采集、加工原理,掌握应用多媒体技术促进交流并解决实际问题的思想与方法;初步具备根据主题表达的要求,规划、设计与制作多媒体作品的能力。

本模块由三个主题组成,结构如图5-4所示。

图5-4 多媒体技术应用模块的主题

主题1:多媒体技术与社会生活。

① 能说出多媒体技术的现状与发展趋势,关注多媒体技术对人们的学习、工作、生活的影响。

② 通过调查和案例分析,了解多媒体在技术数字化信息环境中的普遍性。

③ 通过网络浏览、使用多媒体软件或阅读相关资料,体验和认识利用多媒体技术呈现信息、交流思想的生动性和有效性。

④ 体验并了解多媒体作品的集成性、交互性等特征。

主题2:多媒体信息采集与加工。

① 了解常见的多媒体信息(如声音、图形、图像、动画、视频)的类型、格式及其存储、呈现和传递的基本特征与基本方法。

② 能选择适当的工具,分别对声音、图形、图像、动画、视频等信息进行采集;能解释多媒体信息采集的基本思想。

③ 能根据信息呈现需求,选择适当的工具和方法,分别对声音、图形、图像、动画、视频等多种媒体信息进行适当的处理。

主题3:多媒体信息表达与交流。

① 通过网络浏览、软件使用和资料阅读,理解多媒体技术是人类在信息社会中表达思想、实现交流的一种有效技术。

② 通过案例分析,了解从问题解决的需要出发,规划、设计、制作多媒体作品的一般方法。

③ 学会使用非线性方式组织多媒体信息。

④ 能根据表达、交流或创造的需要,选择适当的媒体和多媒体编辑或集成工具完成多媒体作品,实现表达意图,并能够对创作过程与结果进行评价。

⑤ 能使用一种常用的工具制作简单的虚拟现实作品,并能描述其基本特点。

⑥ 通过鉴赏他人的多媒体作品,体验其创作思想,明了其中所蕴含的意义。

Ⅲ 模块4:网络技术应用

网络技术应用模块介绍网络的基本功能和互联网的主要应用。通过本模块的学习,学生应掌握网络的基础知识和基本应用技能;掌握网站设计、制作的基本技术与评价方法;体验网络给人们的生活、学习带来的变化。

本模块由三个主题组成,结构如图5-5所示。

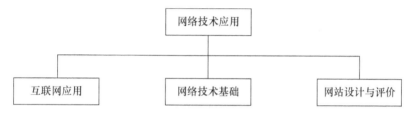

图 5-5 网络技术应用模块的主题

主题1:互联网应用。

① 通过使用互联网,了解互联网服务的基本类型、特点与应用领域;了解互联网服务组织的类型、提供的服务与服务特点。

② 通过尝试与分析,了解互联网信息检索工具的类型与特点;知道搜索引擎、元搜索引擎(又称集成搜索引擎)等互联网信息检索工具的产生背景、工作原理与发展趋势;掌握常用互联网信息检索工具的使用方法,能熟练使用检索工具获取所需信息。

③ 通过使用或演示,了解与人们学习、生活密切相关的互联网应用技术的基本使用方法,初步了解其基本工作思想。

④ 能够根据实际需求选择恰当的方式方法,利用互联网获取所需信息、实现信息交流;体验互联网在跨时空、跨文化交流中的优势,分析其局限性。

主题2:网络技术基础。

① 了解计算机网络的主要功能、分类与拓扑结构。

② 理解网络协议的基本概念,能描述网络的开放系统互联协议(OSI)分层模型的基本思想,能描述互联网 TCP/IP 协议的基本概念、思想与功能。

③ 能列举并解释网络通信中常用的信息交换技术及其用途。

④ 能描述浏览器/服务器(B/S)结构、客户机/服务器(C/S)结构的概念与特点。

⑤ 理解 IP 地址的格式与分类;知道域名的概念和域名解释的基本过程。

⑥ 知道互联网 IP 地址、域名的管理办法及相应的重要管理机构。

⑦ 通过实地考察,了解小型局域网的构建方法与使用方法;知道网络服务器的主要作用与基本原理;能说出代理服务器的概念并知道其作用。

主题3：网站设计与评价。
① 知道 www、网页、主页、网站的基本概念及其相互关系。
② 理解动态网页的概念，能解释其工作过程。
③ 能够根据表达任务的需求，使用常用的网页制作软件制作与发布动态网页。
④ 通过开发实践，学会规划、设计、制作、发布与管理简单网站的基本方法。
⑤ 能够根据网站主题要求设计评价指标，对常见网站的建设质量与运行状况进行评价。

Ⅳ 模块5：数据管理技术

通过本模块的学习，学生应该掌握数据管理的基础知识和数据库设计的一般方法，学会使用大型专业数据库，初步学会使用数据库技术管理信息，处理日常学习与生活中的问题，体验并认识数据管理技术对人类社会生活的重要影响。

本模块由三个主题组成，结构如图5-6所示。

图5-6 数据管理技术模块的主题

主题1：数据管理基本知识。
① 知道数据管理技术的基本概念，能说出数据管理技术的产生历史与发展趋势。
② 能够使用现有数据库辅助学习，开展专题研究。
③ 掌握关系数据库中的库、表、字段、记录等概念，理解"关系"所表达的含义。
④ 通过调查与实例分析，了解数据库在多媒体和网络方面的应用方法与应用价值。

主题2：数据库的建立、使用与维护。
① 通过实例分析，初步掌握数据搜集、数据分类和建立关系数据模型的基本方法；学会使用实体-关系图描述关系数据模型。
② 熟悉一个数据库管理系统软件；掌握建立数据库结构、添加数据和编辑数据库的常用方法。
③ 掌握数据检索及报告输出的基本方法；掌握常用的数据筛选、排序及统计的方法。
④ 掌握同类数据库之间的链接、数据导入导出的基本方法。
⑤ 了解结构化查询语言 SQL 的基本概念；掌握 SQL 的基本数据操作与数据查询语句的使用方法。

主题3：数据库应用系统。
① 理解层次和网状数据模型的基本概念。
② 通过案例分析，理解数据库、数据库管理系统、数据库应用系统的概念及相互关系。
③ 初步掌握设计和实现简单的数据库应用系统的基本方法。
④ 能描述数据库应用系统在信息资源管理中的作用。
⑤ 明确数据规范化的思想、意义，知道其在数据库应用系统建设和使用中的价值与作用。

Ⅴ 模块6:人工智能初步

通过人工智能初步模块的学习,学生应能描述人工智能的基本概念,会使用一种人工智能语言解决简单问题,把握其基本特点;能利用简易的专家系统外壳开发简单的专家系统;知道人工智能对人类学习、生活的影响;通过感受人工智能技术的丰富魅力,增强对信息技术发展前景的向往和对未来生活的追求。

本模块由三个主题组成,结构如图5-7所示。

图5-7 人工智能初步模块的主题

主题1:知识及其表达。

① 能描述人工智能的概念与基本特点;知道人工智能技术随着计算机硬、软件技术的进步和应用需求而发展的事实和客观规律。

② 列举人工智能的主要应用领域;通过演示或实际操作,体验人工智能的若干典型应用,知道其发展现状。

③ 掌握知识的概念;学会知识表达的基本方法。

主题2:推理与专家系统。

① 演示或使用简单的产生式专家系统软件,感受用专家系统解决问题的基本过程;了解专家系统的基本结构。

② 通过实例分析,知道专家系统正向、反向推理的基本原理;会描述一种常用的不精确推理的基本过程。

③ 了解专家系统解释机制的基本概念及其在专家系统中的重要作用。

④ 了解专家系统外壳的概念;学会使用一个简易的专家系统外壳,并能用它开发简单的专家系统。

主题3:人工智能语言与问题求解。

① 了解一种人工智能语言的基本数据结构和程序结构;掌握相关概念;知道人工智能语言的主要特征。

② 初步学会使用该语言设计程序求解简单问题,并能够上机调试、执行相应的程序。

③ 了解状态空间的概念与方法;学会用该方法描述待求解的问题。

④ 通过简单博弈问题的分析,了解用盲目搜索技术进行状态空间搜索的基本过程;知道启发式搜索的基本思想及其优点。

本章小结

1. 2000年教育部颁布的《关于中小学普及信息技术教育的通知》和《中小学信息技术课程指导纲要(试行)》两份文件,是我国信息技术教育改革正式开始的重要标志。自此,信息技术课程逐渐被看成当前阶段我国基础教育课程中不可或缺的部分。在高中课程框架中,信息技术课程首次被确立为技术领域的科目之一的地位。

2. 我国信息技术课程内容体系的发展是随着信息技术课程的发展过程而演变过来的,从内容体系的形式看,我国的信息技术发展经过教学大纲、指导纲要、课程标准的发展。从内容来看,它经历了以程序设计为主,到计算机作为基本工具,再到培养信息素养三个阶段。

3. 信息技术课程的设置要考虑学生心智发展水平和不同年龄阶段的知识、经验和情感需求。小学、初中和高中阶段的教学内容安排要有各自明确的目标,要体现出各阶段的侧重点,要注意培养学生利用信息技术对其他课程进行学习和探讨的能力。

4. 小学阶段的信息技术课程被安排在3~6年级,初中阶段的信息技术课程被安排在7~9年级。在《中小学信息技术课程指导纲要(试行)》和《普通高中信息技术课程标准》中对中小学和高中阶段的信息技术课程教学目标和教学内容都有了明确的说明。

5. 与2000年教育部颁发的《中小学信息技术课程指导纲要(试行)》相比,新课程标准具有如下几个特点:课程目标体系力求有新意;努力将教学起点从"零起点"改为"非零起点";强调"任务驱动"、"问题解决"教学策略的正确运用;课程内容有较大的拓展和深化,体现了社会需求的变化与信息技术的新发展;进一步强调了信息技术教育的人文性、文化性;信息技术课与语文、数学等科目并列;新课程标准不仅列出了内容的条目,而且明确提出了学习应达到的程度(标准)以及例子、建议等;突出信息技术内容学习的过程性评价等。

思考题

1. 我国信息技术课程体系的发展是怎样的?
2. 以信息素养培养为中心的阶段是从什么时候开始的?
3. 我国中小学信息技术课程的各阶段教学目标分别是什么?
4. 请阅读原纲要中对高中课程的教学目标和教学内容的制定,与《普通高中信息技术课程标准》比较,总结课程标准的一些特点。

实践者园地

1. 请通过书籍、相关资料及网络等,查找一下国外发达国家的信息技术课程体系内容,从教学目标、教学任务、教学内容等方面与我国的课程体系进行一个比较。
2. 目前,我国义务教育阶段信息技术课程标准还在制定与修改过程中,请通过网络查找一下有关义务教育阶段信息技术课程标准的内容。

第6章 信息技术课程的教学特点和原则

> 教育是知识创新、传播和应用的主要基地,也是培育创新精神和创新人才的摇篮。创新是一个民族进步的灵魂,是国家兴旺发达的不竭动力。
>
> ——江泽民

学习目标

1. 了解中小学信息技术课程的教学特点。
2. 理解中小学信息技术课程与其他学科课程不同的特点。
3. 掌握传统方式中信息技术课程教学原则。
4. 知道现代教学理论下的教学原则。
5. 能够根据本章的学习,在中小学信息技术课程教学中运用适当的教学原则,并完成教学任务。

6.1 信息技术课程的教学特点

核心术语

◆ 信息技术课程　　◆ 教学特点　　◆ 中小学信息技术

信息技术课程是教育部门有计划、有系统制定的教学内容,是信息技术教育、教育学、心理学等科目有机结合的统一体。作为一门独立的课程,信息技术既具有一般学科课程的共性,也具有其本身的特点。

信息技术学科的突出特点,就是知识性与技能性并重,科学性与艺术性、趣味性相结合。信息技术课程具有以下几个显著特点。

1. **信息技术课程具有发展性**

据统计,现代软件、硬件技术平均18个月就更新一代。为了达到教学要求,在中小学信息课程中的硬件、软件技术都必须随着时间不断地发展,以适应时代的需要,让学生掌握适当的知识和技能。

(1) 计算机硬件的发展性

中小学信息技术教学中主要使用的是计算机。最初主要以苹果机等为主,全国的计算机数量也非常有限。随着中小学信息技术教育的迅速发展和计算机硬件的不断升级,中小学信息技术教学用机不断更新,学生用机无论从数量上还是硬件配置上都有了很大发展。从 286 到 386、486,到奔腾Ⅲ,再到奔腾Ⅳ。在全国大城市的中小学校都已经配备了多媒体教室、计算机教室、网络教室。

2003 年,国务院下发了《国务院关于进一步加强农村教育工作的决定》,明确提出:"在 2003 年继续试点工作的基础上,争取用 5 年左右的时间,使农村初中基本具备计算机教室,农村小学基本具备卫星教学收视点,农村小学教学点具备教学光盘播放设备和成套教学光盘。"2005 年,全国农村中小学现代远程教育工程全面启动,全国有 3.75 万所农村初中配备计算机教室,使 3109 万农村初中在校生能够逐步与 3495 万城镇初中生一样,共享优质教育教学资源,接受信息技术教育。

(2)教学内容的发展性

我国中小学信息技术教学内容充分体现了计算机发展的成果。从一开始介绍 DOS 操作系统到基于窗口操作的 Windows 3.1,然后从 Windows 3.1 到 Windows 9X,再到 Windows 2000,而现在由于 Windows XP 的使用和普及,在教材和教师的教学中也随之而变化。

教学中的文字处理软件就经历了 Wordstar、WPS、Word 等三个大系列版本的变化,甚至在文字处理软件的版本上也在不断发展,例如从 Word 2000 到 Word 2003。数据库管理软件经历了 DbaseⅡ、FoxBase、FoxPro、Visual-FoxPro 等版本。

在教学内容的"必修模块"和"选修模块"也体现了教学内容的发展性特点。

2. 信息技术课程具有基础性

中小学开设信息技术课,主要是着眼于基础教育在培养人才方面的重要作用。在信息时代,信息技术已经和读、写、算等基本能力一样,成为现代社会每个公民必须具有的基本素质和基本能力。

现实表明,以计算机和网络为核心的信息技术的发展速度是当今任何其他一门学科都未曾有过的,计算机硬件技术的高速发展带来的是软件的不断更新换代。这样,信息技术学科将在很长一段时间里处于高速度与高淘汰并存的发展状态。那么,如何在中小学阶段为学生打好基础,使中小学生在有限的在校学习期间学到的信息技术知识和技能,不至于随着信息技术的发展而很快过时,是中小学信息技术课程面临的突出问题。

认知心理学认为,越是基础的东西越具有普遍性和可迁移性。因此,应该从培养学生的信息素养角度出发,选取信息技术学科中的基础知识和基本技能作为中小学信息技术课程的教学内容。

3. 信息技术课程具有实践性

信息技术课程本身是一门具有很强实践性的学科,需要在教学心智活动和操作活动中运用知识经验。而在信息技术课程中,强调在社会实践活动中运用这些知识经验,以培养学生具有顺利完成学习和其他活动的个性心理特征,也就是能力培养。

这里的实践性,一是指学习时间安排时强调实践环节,在《中小学信息技术指导纲要(试行)》中明确规定"上机课时不应少于总学时的 70%";二是指教学中要理论与实际相结合,不仅要切实掌握计算机的基本知识,而且应该掌握结论后的丰富事实,学会观察与分析,提高抽象概括能力,提高逻辑推理和计算机所特有的跳跃性思维的能力,这样才能真正学好信息技术课程和进一步学习研究计算机科学的能力。一般教学应采取边学边练的教学方式。

中小学信息技术学科的实践性特点具体表现在:
(1) 强调中小学信息技术学科教学应该"面向应用",以实践为主,精讲多练。
(2) 在教学要求中,要以计算机操作和应用为主,淡化计算机语言教学,加强计算机操作训练。
(3) 上机操作是实现中小学信息技术教学智力目标的基本手段,是培养学生操作技能的主要途径,是发展学生非智力因素的一个重要环节。

4. 信息技术课程具有应用性

中小学信息技术课程是一门应用性学科课程,培养学生应用信息技术解决实际问题的能力是课程的核心目标。在信息技术教育中,要特别重视应用信息技术方法解决问题的能力的培养。学生无需死记硬背一些信息技术方面的术语和概念,不需要面对一张张枯燥的试卷,他们要接受的是真正的生活对他们的考验,是身处信息社会中是否具有生存能力的挑战,他们需要的是如何对大千世界中浩如烟海的信息进行检索、筛选、鉴别、使用、表达和创新以及如何用所学的信息技术知识来解决学习和生活中的各种问题。所以,应用性是中小学信息技术课的显著特点。

在信息技术课程的学习中不仅要教会学生各种技术方法,还要重视他们使用这些技术方法在各个领域进行应用的能力培养,这些领域包括科学计算、数据处理、自动化控制、计算机辅助设计、计算机辅助教育和计算机通信等。

5. 信息技术课程具有整合性

中小学信息技术课与其他学科相比较,具有较强的整合性。课程整合将信息技术看做是各类学习的一个有机组成部分,它主要在已有课程(或其他学科)的学习活动中有机结合使用,以便更好地完成课程目标。但整合不等于混合,它强调在利用信息技术之前,教师要清楚信息技术的优势和不足,以及学科教学的需求,设法找出信息技术在哪些地方能提高学习效果,使学生完成那些用其他方法做不到或效果不好的事。对于学生来说,信息技术则是一种终生受用的知识和提高技能的认知工具。

课程整合的最基本特征,就是它的学科交叉性和立足于能力的培养。它承认事物联系的整体性和能力培养的重要性,并能以各种各样的主题任务进行驱动教学,这些任务可以是具体学科的任务,也可以是真实性的问题情境(学科任务包含其中),使学生置身于提出问题、思考问题、解决问题的动态过程中进行学习。通过一个或几个任务,把相关的各学科知识和能力要求作为一个整体,有机地结合在一起。学生在完成任务的同时,也就完成了所需要掌握的学习目标的学习。

 随堂讨论

- 你认为信息技术与课程整合有什么作用?
- 信息技术和课程的"整合"与"结合"有什么不同的意义?

在课程整合中要求,学生学习的重心不再仅仅放在学会知识上,而是转到学会学习、掌握方法和培养能力上,包括培养学生的信息素养。学生利用信息技术解决问题的过程,是一个充满想象、不断创新的过程,同时又是一个科学严谨、有计划地动手实践过程,它有助于培养学生的创新精神和实践能力,并且通过这种不断的训练,学生可以把这种解决问题的技能逐渐迁移到其他领域。

6. 信息技术课程具有趣味性

中小学信息技术课是一门趣味性很强的课程。这一阶段的学生正处于心智发展阶段,并对计算机有着强烈的爱好。针对这一点,兴趣越高,则学习的动力就越大,学习的效果也越好。而且培养广大学生对信息技术的兴趣,和教师有着重大的关系。因此,中小学信息技术课的教学要突出趣味性,无论是教学内容还是教学形式都应该体现趣味性,重视激发、培养和引导学生对信息技术的学习兴趣,让"趣味"贯穿整个教学过程。

例如,在介绍"鼠标的使用"单元,很多老师会让学生玩"扑克牌"或"扫雷"游戏,甚至有老师会专门制作或下载一些游戏,如"打老鼠"等游戏,让学生在游戏过程中掌握相关技能。这样趣味学习在其他单元中也多有使用。

随堂讨论

以下是小学信息技术课程趣味教学的几种方法,请你谈谈他们分别有什么教学特点。

1. 演示教学法

依据儿童的好奇特点,在展示学生所不知道的新奇事物时,采用演示的方法,激发学生的学习兴趣。如讲计算机的功能时,在教学过程中不断地通过演示,把计算机的优越功能介绍给同学们;举例说明计算机的科学计算、科学管理、自动控制、辅助教学等,还让计算机演奏音乐,绘制美丽的图案,猜谜语等。这样逐渐打破学生对计算机的神秘感,使学生好奇的心理转化为跃跃欲试、自愿学习的动力。

2. 游戏教学法

依据儿童好玩的特点,指导学生在学中玩,在玩中学,扩展学习计算机的兴趣。在教学过程中,为了避免枯燥、抽象的理论知识影响学生的兴趣,把要学的知识设计成游戏形式,让学生在玩中学到知识。如教 Logo 语言的绘图功能时,先绘了一些基本图形,然后让学生与计算机一起搭积木,用这些基本图形组成一些美丽的图案,让学生在玩中掌握知识的同时培养成就感和审美能力。

3. 竞赛教学法

依据学生好胜的特点,结合教学内容,组织小竞赛活动,巩固学习计算机的兴趣。例如,举行绘图比赛,计算比赛,网络知识大赛等。给学生讲当今世界软件奇才、微软公司总裁比尔·盖茨的"我要赢"的传奇故事来激励学生,使学生随着知识和能力的发展,始终保持高度兴趣。

4. 逆向教学法

事先展示教学的结果,也就是先让学生知其然,再向学生解释过程,使他们知其所以然。例如,在教学 Logo 语言基本命令时,可以首先告诉学生今天给同学们介绍一位新朋友——"小海龟",接下来让小海龟在老师的指挥下画出图形。孩子们看见漂亮的图形,兴趣被激发起来,这时,再教给学生 Logo 语言的用法。

5. 成立兴趣小组

通过成立兴趣小组的形式,可以把对计算机有共同兴趣的同学集中在一起,通过合作学习的方式共同学习,相互促进。比如,教师节前夕,计算机兴趣小组的学生用电脑绘制精美的贺卡赠给老师们。元旦来临之前,可以挑选出自己最满意的照片,用扫描仪制成"千禧纪念卡片"。计算机把孩子们带入了一种神秘的世界,进入知识的殿堂,使他们的思维插上想象的翅膀,焕发出创新精神和创造力。

(摘自:武晶晶.小学信息技术课程的特点分析及教学建议[J].课程.教材.教法,2002.4.)

6.2 信息技术课程的教学原则

核心术语

◆ 信息技术课程　　◆ 教学原则　　◆ 教学理论

教学原则是教师和学生在整个教学工作中，必须遵守的基本要求，是指导教学活动的一般原理。教学原则是教学过程客观规律的反映，是人们根据教育目的、教学的基本任务和教学规律，在总结广大老师长期以来的教学实践经验的基础上制定出来的。

教学原则对于全面完成教学目的，提高教学质量，确定教学内容，选择教学方法和教学形式，组织和实施教学过程，都起着重要的指导作用。

信息技术课程的教学原则是信息技术教学必须遵守的基本要求和指导原理。它是在基本的教学论原则的指导下，以中小学信息技术的教学目标、主要特点和学生认知发展的基本特点等为依据而确定的。

6.2.1 传统教育观下的信息技术课程的教学原则

根据传统的教学理论，结合信息技术课教学的特点，中小学信息技术课程的教学原则包括：科学性与思想性相统一原则，理论联系实际原则，直观性和抽象性相结合原则，发展性与巩固性相结合原则，高难度与量力性相结合原则，统一要求与因材施教相结合原则等。

1. 科学性与思想性相统一原则

科学性与思想性相统一原则，是社会主义学校教学的基本原则之一。它是根据我国的教育目的、教学目的以及教学永远具有教育性的规律制定的，这一原则要求解决科学文化知识传授与思想教育之间的矛盾。这个原则的基本精神是，要求教师向学生传播真正的反映客观事物实际的真理知识和实际有用的技能技巧，使教学具有严格的科学性；并在整个教学过程中结合知识技能的传授，对学生进行共产主义思想品德教育，体现无产阶级的立场、观点、方法，使教学具有科学性、思想性，并把两者结合起来。

贯彻这一原则的主要要求是：

（1）要向学生传授正确的、系统的科学知识。首先，要编写一套反映基础知识和最新科学成果的各门学科的教材，使教材内容符合科学性要求。教师在教学中，要以这些教材内容为依据，认真钻研，深刻领会知识的实质，做到讲授概念明确，论证原理充分，逻辑推理严密，列举事例真实，技能训练严格。同时还要逐步实现教学手段的科学化、现代化，创造条件把先进的教学技术、实验设备引进教学领域，提高教学效率。

（2）坚持以马克思主义的立场、观点、方法统帅教学，充分发掘教材内容的思想教育因素，对学生进行教育，做到管教管导，既教书又育人。各门学科都必须以马克思列宁主义、毛泽东思想、邓小平理论为指导，坚持四项基本原则的正确方向，切实从学科特点和学生思想实际出发，结合教材内容，有针对性地对学生进行教育。

（3）科学性和思想性要贯穿于教学的全过程，不仅在课堂讲授中要贯彻这一原则，而且在教学的每个环节都要认真贯彻。

（4）教师的言行要成为学生的楷模,既要反对不学无术,孤陋寡闻,上课只喊空洞的政治口号;又要反对只讲智育,不讲德育的忽视思想政治教育的倾向。

2. 理论联系实际原则

这一原则是指教学要以指导学生学习基础知识为主,把理论知识与实际经验结合起来,做到理性与感性的结合,知和行的统一,学以致用。

这个原则源于辩证唯物主义认识论的基本原理,是人类认识规律的反映,也基于教学中间接经验与直接经验相统一的规律。它要求正确解决和处理教学中间接知识和直接知识、科学理论与社会实践之间的对立统一关系。

教学中贯彻这个原则有利于加速学生知识的掌握;有利于学生将知识运用于实际;培养独立分析问题和解决问题的能力;有利于激发学习兴趣;也有利于把学校教学同社会实际联系起来,加强对学生的政治思想教育,培养学生热爱祖国、热爱科学、热爱生活和热爱劳动、热爱劳动人民的优秀品质。

贯彻这一原则的主要要求是:

（1）加强基础知识和基本技能的教学。中小学是基础教育,教师要引导学生认真学好教学计划、教学大纲、教科书中所规定的课程和教材,全面系统地掌握所学学科的基础知识和基本技能。

（2）根据教学大纲和教科书的要求以及学生的实际,有计划、有目的地联系实际。教学中联系实际的内容十分广泛,包括社会斗争实际、生产斗争实际、科学试验实际以及学生的思想、生活实际等。在每节课的教学中不可能面面俱到、全面联系,因此,联系实际要从学科特点、教材内容性质和学生知识水平出发。

（3）联系实际的方式方法要多样化。最经常的方法是:① 讲述举例,可以用学生熟悉的感性材料,帮助理解抽象理论;② 列举生产、生活中的事例说明理论;③ 引用一定的数据导出规律等。

在上一节中已经讲到,信息技术课程的实践性强,应用性是其突出特点。中小学信息技术学科教学应该"面向应用",以实践为主,精讲多练。"精讲"是指教师要讲出内容的基本知识点和精华,"多练"是指让学生有足够的时间进行有目标、有实际效果的操作,并培养其应用意识。

例如:讲解文字处理软件的基本理论知识,要求学生能学会使用文字处理软件完成电子作文,制作班级电子板报等,如"用 Word 制作电子贺卡"。在网络基础知识的教学中,要求学生能掌握基本的网络操作,并能上网搜集相关资源等。例如,在"获取网络信息的策略与技巧——搜索引擎"教学设计中,要求学生能利用本节课所学的网络信息搜索策略与技巧查找有关中秋节的来历、中秋节传说、中秋节习俗、中秋节诗词等相关内容。

3. 直观性与抽象性相结合原则

这个原则要求利用学生多种感官,通过各种途径和形式,直接感知教材,增强直接经验获得生动表象,并在此基础上,进行分析、综合、抽象、概括,形成科学概念,把生动的直观和抽象的思维结合起来,掌握知识的本质。

直观性与抽象性相结合原则是根据学生认识客观世界和学生思维发展的规律提出的,该原则主要是要处理好教学中词、概念和事物及其形象之间的关系,克服言词脱离事物,抽象脱离具体形象,理解脱离感知等等的矛盾。直观教学的巧妙实施能使抽象的概念具体化,深奥的道理形象化,枯燥的知识趣味化。

贯彻这个原则要求做到:

(1) 根据学科和学生特点选择教具。直观性原则不仅要贯彻在各门学科中,而且要贯彻教学过程的始终,教师不仅讲授新课而且在检查和巩固新教材时,也都可以演示直观教具,以加深学习理解,巩固学生记忆。但是不同学科、不同教材内容、不同年龄阶段的学生,运用这个原则应有所区别。例如,物理、化学、生物及地理课部分内容主要是实物直观,如实物、标本、实习、观察、参观等;历史、地理课程主要是象征性模像直观;语文、外语、政治课主要是图表直观和言语直观。

(2) 直观与讲解相结合。

使用直观教具进行演示能使学生获得感性认识,但讲解能够组织学生的注意力,指导学生对直观对象作定向理解,揭示事物的本质。因此,演示与讲解一般按照下列步骤进行:讲解——演示——讲解——演示——小结。在教学过程中,直观演示与讲解结合能指导学生进行分析、综合、抽象、概括和推理等思维活动,发展学生的抽象思维。

(3) 从运用直观形象过渡到摆脱具体形象。

直观只是手段,而不是目的。使用直观教具必须有意识地使学生以后不需借助教具也能再现有关表象,能摆脱具体形象而进行抽象思维活动。要克服盲目直观、追求形式主义而不讲究教学实效的倾向。

信息技术课程强调实践性,仅靠教师演示直观性教具(如电脑硬件、软件操作等),就不能让学生由"知其然"变成"知其所以然";仅靠教师进行抽象讲授,则不能让学生对所学知识产生更深刻的印象。因此,教师必须根据学生年龄、教学内容与直观材料的特点,合理、灵活地安排直观演示和抽象讲解。

信息技术课程的整个教学过程都要贯彻直观性原则,否则教学会变得非常枯燥。可以从以下方法进行:

(1) 从实例引入,引导学生对直观材料观察,启发学生思考,导出结论。

(2) 随着讲授的需要,提出直观材料,让学生观察,帮助学生理解教材中所说的内容。

(3) 讲完理论,再通过演示或者实验去验证理论,使学生得到较完整的认识。

例如:"信息与信息技术"是一节比较枯燥的理论课程,老师直接提出"信息是不能独立存在的,它需要依附于一定的载体,而且,同一个信息可以依附于不同的载体。"为了引发思考,老师给出一段材料:讲述了"朝鲜战争与兰德咨询公司的故事"。朝鲜战争前,兰德公司向美国国防部推销一份绝密报告,其内容只有7个英文字,要价150万美元。当时美国国防部的官员认为这是敲诈,欺骗,不予理睬,结果是美国"在错误的时间,在错误的地点,与错误的敌人进行了一场错误的战争"。战争结束之后,国防部才想起那份报告,要来一看,追悔莫及。问题:7个英文字是什么?学生热情地参与讨论,老师再根据学生的回答进行板书。这样一个过程,让学生对信息不再是枯燥的理论学习,而理解起来又更深刻、更容易。

4. 发展性与巩固性相结合原则

教学的巩固性原则要求教师在引导学生获取知识、技能的基础上,采用多种方法,使学生将所学的知识和技能持久地存贮在记忆中,当需要运用时,能准确无误地再现出来。

"为迁移而教"是当前教育界流行的口号,所谓"迁移"就是先前的学习对后继学习的影响。

学生学习新知识,解决新问题时,总离不开已有的知识经验。因此,在教学中必须利用这些知识和经验,使它起积极作用,产生举一反三、触类旁通的作用。

孔子说过"学而时习之",主张学与习并重。发展与巩固相结合,是科学的教学原则之一。巩固是为了发展知识,而发展了知识,反过来又可以促进旧知识的巩固。所以,教学中要善于应用迁移规律,促进学习能力的提高。

贯彻发展性和巩固性结合原则的要求是:

(1) 要引导学生清晰地感知教材,深刻地理解教材。学生对所学教材清晰地感知,深刻地理解,就容易巩固所学知识。为此教师要认真搞好课堂教学,讲授坚持少而精和启发式,加强直观教学,尽可能联系已学过的知识讲授新知识,加深学生对新知识的理解。

(2) 要及时组织学生进行系统的复习和练习,指导学生掌握科学的记忆方法,提高记忆效率。

例如:在"制作幻灯片"的教学过程中,老师布置了第一个任务:建立并保存一个演示文稿。在这个任务中要求学生根据以前学过的 Word 等软件,在自己的计算机上建立并保存了一个 Powerpoint 文件。在这个任务中,既是对前面新建 Word 文件操作技能的巩固,也对此操作技能在同类软件上进行了迁移,体现了发展性和巩固性相结合的原则。

5. 高难度与量力性相结合原则

高难度与量力性相结合原则,要求教学内容、教学方法和组织形式既要符合学生身心发展水平和认知能力,又要不断提高学生的知识水平和能力。

贯彻这一原则的要求:

(1) 正确认识和科学地估计学生的知识和智力水平,做好对学习对象的分析。

(2) 教学要按照学生学习能力可及的最高限度来组织。在教学中所选择的内容、所提出的要求都应当是学生付出一定的努力才能掌握和实现的,同时又不超过学生的学习能力。

例如:"利用电子小报 彰显班级个性"是 Word 2003 综合操作的内容,是对前面几节文字处理知识的综合运用和延伸。此部分介绍了电子小报设计综合技巧的应用,目的是通过制作小报,不仅让学生对前面所学的文字处理的基本知识和操作技能加深理解和掌握,也进一步提高学生的综合设计能力和动手实践能力,并利用电子小报来表达自己的思想感情。老师则根据学生的知识能力、认知水平、兴趣爱好、本班实际情况等特点,设计了主题班队活动,即"良好班风建设",让学生们在学习与实践的过程中,培养班级荣誉感,激发学生的学习热情。

6. 统一要求与因材施教相结合原则

因材施教原则要求教师从学生实际出发,使教学内容的深度、广度和进度适合学生知识水平与接受能力,同时考虑学生个性特点和个别差异,正确处理统一要求与发展学生个性等,促使全体学生都得到充分发展。

因材施教原则是社会主义教育目的的要求,也是学生年龄特点和个别差异在教学中的反映。"因材施教"一词,源于朱熹对孔子教学方法的概括。他说:"孔子教人,各因其材。""因"是根据、适应的意思,"材"指学生的个性特长。

在信息技术课程教学中,要做到全面发展与个性发展、统一要求与因材施教相结合原则。即做到"尊重人格,关注个体差异,满足不同学生的积极性,培养学生掌握和运用知识的态度和能力,使每个学生都能得到充分的发展"。具体包括:

（1）教学目标上，在达到课程标准基本要求的基础上设立多级学习目标。

（2）教学内容上，在保证课程标准基本要求能实现的基础上设计多种学习任务、使用不同的软件工具。

（3）教学策略上，在保证课程标准基本要求能实现的基础上根据学生的认知风格给予不同的教学指导。

（4）教学组织形式上，在保证课程标准基本要求能实现的基础上将集体教学、小组合作与个别指导有机结合。

例如：在"制作小报"教学中，老师让学生在几个小报主题中任选一个，根据需要，将邻近的学生4人分为一组，每组学生的计算机水平各不相同，设立组长一名，以便协助教师帮助其他学生，并起带头激励作用，老师让小组长根据具体情况合理地给组内成员分配不同的任务。学生通过小组合作完成作品初稿。

这个教学过程的设计意图为：由于学生的基础不同，学生掌握信息技术的程度参差不齐，这种问题在综合实践课上尤其突出，针对这一点，老师采取了分层次，多任务达到目标的方法来解决。教学中的重、难点也可以在生生、师生间的交流中找到解决的方法，体现出网络的优势。使学生在互动协作的交流方式中，养成一种互相支持、互相协作、互相补充的学习方式，从而培养学生的批判性思维能力，使课堂教学达到事半功倍的效果。

上述六条原则是我国多数教学论研究者所肯定的、适用于我国中小学教学的教学原则，其主要是传授和学习知识的教学原则，以及在教学中发展智力、培养非智力因素的规律。

随堂讨论

- 你对传统教育观是怎样理解的？
- 传统教育观对信息技术教育教学有何影响？谈谈自己的理解。

6.2.2 现代教学理论下信息技术课程的教学原则

上述教学原则是传统教学中使用的教学原则，而随着对建构主义教学理论的研究，出现了越来越多的教学和学习方法，如研究性学习、协作性学习、混合学习等。随着新理论的出现及时代的发展，信息技术课程的教学原则呈现出其独有特点，具体包括：

1. 学生主体原则

教学活动是教师引起、维持或者促进学生学习的所有行为，而这些活动都是以学生为主体而展开的。信息技术课程由于其实践性与工具性特点，更加应该具有学生主体的理念。学生既是教学的对象，又是学习活动的主体。在学习过程中，学生是学习的主人，总是在他原有经验的基础上建构其对新知识的理解并发展其认知结构的。

由于我国区域经济发展的不平衡，导致信息技术教育的发展在不同地区、不同学校存在严重的不平衡，即使对同一所学校来说，不同来源的学生的信息技术基础水平也有较大的差异。同时，不同学生对信息技术的不同方向有着不同的适应性。因此，信息技术课程的教学，应该充分关注并尊重个体差异，灵活设计与组织教学活动，满足不同学生的学习需求，使每个学生都得到发展。信息技术教师只有贯彻学生主体原则,对于学生的个体差异进行正确的分析,才能根据学生不同情况,采取最适合的教学策略。信息技术的教学环境也为学生为主体的自主学习、合作学习、探究学习提供了较好的环境。

学生主体原则要注意做到:

(1) 要注意激发与保持学生学习动机,建立学生感兴趣的情境。要注意指明学生应达到的目标和学习的内容,使学生产生积极学习的愿望,这是学生主体原则实现的前提。

(2) 要采取适合于学生发挥主体作用的方式与态度。一方面,通过分析学生的学习倾向与特点,在教学过程中关注学生基础水平的不同,尊重学生兴趣爱好的不同、学习倾向与特点的不同和解决问题思路的不同。为使基础较差的学生能够较快地进步,要多鼓励、多帮助,提供有针对性的辅导或采用异质分组的小组合作等方式组织教学。同时在保证基本教学目标实现的前提下,对于基础较好的学生,要少限制、多支持,设计分层次的学习目标,提供多样化的学习方式,鼓励自主探究,让不同发展水平和发展特点的学生,都能够作出符合自身实际的选择。另一方面,要根据学生的任务采取自主学习、合作学习与探究学习的不同方式,促进学生自己把自己作为主体来学习,决不要把课堂作为教师独自表演的地方。

案例6-1

授课教师: 曾林芬

课程名称: 计算机的组成

教学目的:

1. 学生了解计算机组成各部分的名称和作用。
2. 学生知道什么是计算机软件,了解计算机软件的作用。
3. 学生了解计算机处理信息的过程。
4. 通过介绍国产软件,对学生进行爱国主义教育。

教学过程:

一、质疑导入

我们知道计算机又叫信息处理机,因为它处理信息的能力很强。那么,同学们知道这样高性能的机器它究竟是由哪些部件组成的呢?

通过今天的学习,大家就一定能解决这个问题。

二、自主学习,探究新知

1. 先请同学们边看书、边思考:

① 计算机是由哪两部分组成?

② 计算机硬件是由哪几部分组成?

③ 计算机软件有哪几类?它们各有什么用途?

2. 学生回答问题①,教师补充说明并注意纠正。

学生答后,追问:谁来用自己的话说一说"什么是计算机的硬件和软件?"

教师说明：硬件是指看得见、摸得着的部件，像鼠标、显示器、打印机等；软件是用来指挥计算机工作的命令语言，它是看不见、摸不着的，但离开了软件，计算机就不能正常工作。若计算机只有硬件，就好比人有身体，却没有知识和思想，还不能为人们做事，要让它"活"起来，还要让它掌握"知识"、形成"思想"——这就是软件。

3. 学生回答问题②：

从外观上看，计算机硬件由主机、显示器、键盘、鼠标器和音箱等部件所组成。

从功能上看，计算机硬件主要包括中央处理器、存储器、输入设备、输出设备等。

5. 指名学生回答问题③：

教师简介常用的操作系统：DOS、Windows 系列、Linux 等的特点；向学生介绍一些常用的应用软件以及他们的作用。

三、学生模仿硬件作"自我介绍"

向学生提问：计算机的硬件各自有何神通？你认为谁最重要呢？

请学生扮演中央处理器、存储器、输入设备、输出设备这四部分中的一个，将学生分成四组，并向其他同学说明自己的作用以及重要性，让其他同学觉得计算机少了自己还真不行。学生可以自己选择角色。

学生可以先完整地读一下整段内容，再选择其中一个认真仔细地读，为发言作好充分准备，来说服其他同学。

四、学习计算机信息处理的过程

阅读课文内容，谁来用自己的话来说一说计算机处理信息的过程？

2. 信息技术与日常生活和学习相整合原则

信息技术课程是一门具有明显时代特色的工具性课程，同时也是一门基础性课程。作为一门工具性课程，只有将其应用于实践中，学生的学习才能有效提高。作为一门基础性课程，其教学中的技术训练并不以作用于学习者的未来职业发展为主要目标，而是定位于服务他们当前的学习和生活为宜。

实际上，大众信息技术的简单易学的特点决定了它本身就是指那些离我们自然经验不远的部分，如图形用户界面、"所见即所得"、"选择—操作"都是来源于生活、来源于学习经验。因此，信息技术课程的教学，更应该将学生对信息技术与其日常生活和学习有效结合，即一方面，信息技术的学习要贴近学生生活，另一方面，信息技术要整合到学生日常学习中去。

例如，完成如何在 Windows 的画笔里去玩飞机，掌握画笔的基本功能；学习如何使用多媒体计算机来听音乐和看影片。

本章小结

1. 作为一门独立的课程，信息技术课程既具有一般学科课程的共性，也具有其本身的特点。包括发展性、基础性、实践性、应用性、整合性和趣味性。掌握信息技术课程的特点，将有助于在教学中采用合理的教学策略和教学方法。

2. 教学原则是教学过程客观规律的反映，是人们根据教育目的、教学的基本任务和教学规律,在总结广大老师长期以来的教学实践经验的基础上制定出来的。教学原则对于全面完成教学目的,提高教学质量,确定教学内容,选择教学方法和教学形式,组织和实施教学过程,都起着重要的指导作用。

3. 信息技术课程的教学原则是在基本的教学论原则的指导下,以中小学信息技术的教学目标、主要特点和学生认识发展的基本特点等为依据而确定的。

4. 传统教育观下的信息技术课程教学基本原则包括科学性与思想性相统一原则,理论联系实际原则,直观性与抽象性相结合原则,发展性与巩固性相结合原则,高难度与量力性相结合原则,统一要求与因材施教相结合原则。

5. 随着现代教学理论的发展,在信息技术课程中包括学生主体原则、信息技术与日常生活和学习相整合原则。

思考题

1. 与其他学科相比,信息技术课程具有哪些独有的特点?
2. 什么是教学原则,它是如何形成的?
3. 你知道发展性和巩固性相结合原则指的是什么吗?
4. 结合自己的学习经验,举例说明统一要求与因材施教相结原则。
5. 请阅读《中小学信息技术指导纲要(试行)》,找出纲要中有关个性化发展部分的内容?
6. 要遵循学生主体性原则应从哪些方面做起?

实践者园地

1. 请通过相关资料及网络等,查找一些信息技术课程教学案例。对这些案例进行分析,总结一下这些案例中遵循了哪些教学原则。
2. 请阅读《普通高中信息技术课程标准》后面的案例,分析这些案例采用了哪些非传统教育观下的教学原则。

> 教　学　篇

第 7 章　信息技术课程的教学设计

> 教育中要防止两种不同的倾向：一种是将教与学的界限完全泯除，否定了教书主导作用的错误倾向；另一种是只管教，不问学生兴趣，不注重学生所提出问题的错误倾向。前一种倾向必然是无计划，随着生活打滚；后一种倾向必然把学生灌输成烧鸭。
>
> ——陶行知

学习目标

1. 了解教学设计的基本概念。
2. 理解教学设计对课程教学的重要性。
3. 知道教学设计的一般过程模式。
4. 掌握教学设计的基本过程。
5. 掌握教学设计方案的写作过程。
6. 能够根据本章的学习，运用教学设计知识，对一份教学设计方案进行评价，并能结合一个具体内容完成一份教学设计方案。

7.1　教学设计的内涵

核心术语

◆ 教学设计　　　◆ 教学系统　　　◆ 学科性质

教学是一项有明确目的的人类活动，是教师教、学生学的统一活动。在实际教学中影响教学活动的因素是多方面的，如何协调各因素之间的关系，达到最优化教学，这就需要进行科学的教学设计。教学设计是教学理论与教学实践之间沟通的桥梁，能在信息化环境中进行教学设计与有效的教学是信息时代教师必备的专业素质。

7.1.1　教学设计的概念和特点

教学设计(Instructional Design，简称 ID)也称作教学系统设计(Instructional System Design，简称 ISD)，是一种以传播理论、学习理论和教学理论为基础，运用系统论的观点和方法，分析教学中的问题和需求,从而找出最佳解决方案的理论和方法。教学设计的根本目的是通过对学习过程和学习资源所做的系统安排,创设各种有效的教学系统,以促进学习者的学习。

目前在我国有较大影响的定义主要以乌美娜教授为代表的"过程"说为主,其对教学设计的定义为:"教学设计是运用系统方法分析教学问题和确定教学目标、建立解决方案、评价试行结果和对方案进行修改的过程。"

教学设计既是教学中的一个重要环节,也是一项复杂的教学技术。搞好教学设计,有利于教学工作的科学化,有利于教学理论与教学实践的结合,有利于科学工作者思维习惯和能力的培养,有利于教学水平的提高和师资队伍的建设。

教学设计具有以下特征:

(1) 教学设计的研究对象是不同层次的学与教的系统。这一系统中包括了促进学生学习的内容、条件、资源、方法、活动等。创设教与学系统的根本目的是帮助学习者达到预期的目标。

(2) 教学设计的研究方法是应用系统方法研究、探索教与学系统中各个要素之间及要素与整体之间的本质联系,并在设计中综合考虑和协调它们的关系,使各要素有机结合起来以完成教学系统的功能。

(3) 教学设计的目的是将传播理论、学习理论和教学理论等基础理论,系统地应用于解决教学实际问题,形成经过验证、能实现预期功能的教与学系统。它们可以是直接使用于教学过程,完成一定教学目标的教学资源(如印刷教材、音像教材、学习指导手册、测试题和教师用书等);也可以是对一门课的大纲与实施方案或是对一个单元、一节课教学计划的详细说明。

7.1.2 教学设计的学科性质、应用范围和层次

1. 教学系统设计的学科性质

首先,在庞大的教育科学体系中,教学系统设计是一门应用学科、连接学科。

教育、教学理论和学习理论着重研究学生学习的内部因素。这两方面的基本理论为解决教育、教学问题,为制定和选择教学方案提供了关于教学机制和学习机制的科学依据。而教学设计为了追求教学效果的最优化,不仅关心如何教,更关心学生如何学,因此在系统分析、解决教学问题的过程中注意把人类对教与学的研究成果和理论综合应用于教学实践。教学设计起到连接学科的作用,一方面是把教学理论与学习理论在设计实践中的相连接,另一方面是把教与学的理论与教学实践活动紧密地连接起来。

其次,教学设计也是一门设计学科,它植根于教学的设计实践。

设计的本质在于决策、问题求解和创造。教学设计的实质就是教学问题求解,并侧重于问题求解中方案的寻找和决策过程。面向实际,正是教学系统设计的一个突出标志。

教学设计和所有的设计科学一样,虽然应用了大量的科学原理、科学知识,但其基本出发点是要告诉人们应当怎样做才能达到目的,应当如何行事才能更有效。

一切设计科学的强大生命力在于它抓住了设计活动最根本的因素——人类设计技能。教学系统设计也是从这种智慧和技能上去描述一般设计过程,提出了普遍适用的教学设计过程模式。这样,就为恰当应用已总结出来的现有设计方法和开发更加有效的设计方法提供了可靠依据。

2. 教学系统设计的应用范围

教学设计最早萌芽于军队和工业培训领域,到 20 世纪 60 年代才逐渐被引入学校教育当中,并作为一门独立的知识体系得到迅速发展。目前,教学设计在正规的学校教育、全民的社会教育和继续教育以及工业、农业、金融、军事、服务等各行业、各部门的职业教育和培训领域中都得到了广泛的应用。

国外(如美国、加拿大和澳大利亚)的职业培训,英国的开放大学以及美国、日本等国的中小学教育中均在课程设置、培训计划和教材资源等方面开展了教学设计,取得了许多成功的经验。我国在九年义务教育的文字教材与音像教材的编制中,在全国中小学计算机辅助教学软件的开发中,在职业高中、高等院校的部分课程设置和多媒体教材设计中,以及大、中、小学的课堂教学中,教学设计的理论和思想也在逐步被接受,教学设计的实践正愈来愈为人们所重视。

3. 教学设计不同层次的应用

教学设计是一个问题解决的过程,根据教学中问题范围、大小的不同,教学设计也相应地具有不同的层次,即教学设计的基本原理与方法可用于设计不同层次的教学系统。到目前为止,教学设计一般可归纳为三个层次:以"产品"为中心的层次,以"课堂"为中心的层次和以"系统"为中心的层次。

 资料卡片

教学系统设计的层次

教学系统设计的最初发展是从以"产品"为中心的层次开始的。它把教学中需要使用的媒体、材料、教学包等当做产品来进行设计。教学产品的类型、内容和教学功能常常由教学系统设计人员和教师、学科专家共同确定。有时还吸收媒体专家和媒体技术人员参加,对产品进行设计、开发和测试、评价。

以"课堂"为中心的层次的设计范围是课堂教学。它是根据教学大纲的要求,针对一个班级的学生,在固定的教学设施和教学资源的条件下进行教学系统设计。其设计工作的重点是充分利用已有的设施和选择或编辑现有的教学材料来完成目标,而不是开发新的教学材料(产品)。如果教师掌握教学系统设计的有关知识与技能,整个课堂层次的教学系统设计完全可由教师自己来完成。当然,在必要时,也可由教学系统设计人员辅助进行。

上面两个层次中的课堂教学和教学产品都可看做是教学系统,以"系统"为中心的层次的系统特指比较大、比较综合和复杂的教学系统。例如,一所学校或一门新专业的课程设置、某行业职业教育中的职工培训方案等。这一层次的设计通常包括系统目标的确定、实现目标方案的建立、试行和评价、修改等,涉及内容面广,设计难度较大。而且系统设计一旦完成就要投入范围很大的场合去使用和推广。因此这一层次的设计需要由教学系统设计人员、学科专家、教师、行政管理人员,甚至包括有关学生的设计小组来共同完成。

(摘自:迪克,凯里.教学系统化设计[M].汪琼,译.高等教育出版社,2004.)

以上三个层次是教学系统设计发展过程中逐渐形成的。当然,也可以把教学系统设计分为宏观和微观两个层次,规模大的项目(如课程开发、培训方案的制订等)都属于宏观层次的教学系统设计;而对一门具体课程、一个单元、一堂课甚至一个媒体材料的设计都属于微观层次的教学系统设计。产品、课堂、系统三个层次都有相应的教学系统设计模式,在具体设计实践中,可以按照自己所面临教学问题的层次,选用相应的设计模式.

7.2 教学设计过程模式

核心术语

◆ 教学设计　　　　◆ 过程模式　　　　◆ 基本要素

教学设计学科发展很快,近 30 年来在两个方面取得了进展,一个是教学设计过程模式,教学设计过程模式主要研究"怎么做"的问题;另一个是教学设计理论,重点研究"为什么"的问题。

1. 教学设计过程模式

教学设计过程模式是一套程序化的步骤,一个教学设计过程模式具有许多阶段。目前世界上教学设计过程模式种类繁多,不同的教学设计模式有各自不同的设计步骤。但是,一般教学设计模式都包含四个基本要素:学习者、目标、策略、评价。设计不同的教学系统需要不同的教学设计过程模式;在不同的教学条件下应该也有不同的教学设计过程模式。由于教学设计实践中所面对的教学系统范围和任务层次(一堂课、一门课、课程计划,甚至国家教育系统)有很大的差别,而且设计的具体情况和针对性也不一样,再加上设计人员教学工作环境(不同国家、不同教育层次)和个人专业背景(学科专家、教学系统设计专家、媒体专家、教师、评价专家等)的差异使他们对教学系统设计的理解和认识不尽相同,在设计中他们的关心点和自身的优势也不同,因而导致出现数百种不完全相同的教学系统设计过程模式。

 资料卡片

教学设计过程模式

模式是再现现实的一种理论性的简约形式,教学设计过程模式就是在教学设计的实践当中逐渐形成的、再现教学系统设计现实的一种理论性的简化形式。从定义可以看出,教学设计过程模式是可以反映出教学系统设计实践活动的现实;它是理论性的,代表着教学设计的理论内容;它是一种简化形式,是教学设计理论的精心简化;它具有可操作性,所以我们可以利用它去从事教学系统设计的创作活动。

(摘自:乌美娜.影响 ISD 模式演变的若干因素[J].电化教育研究,1998,2)

2. 教学设计的一般过程模式

教学设计的一般过程模式如图 7-1 所示。

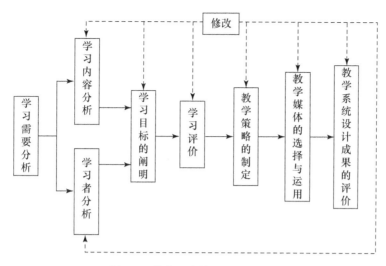

图 7-1 教学设计的一般过程模式

(1) 学习需要分析。学习需要分析是教学设计的前端分析中的一个重要组成部分，是系统思想运用于教学设计实践的结果。学习需要是指学生目前的学习状况与期望他们达到的学习状况之间的差距，如图 7-2 所示。

图 7-2 学习需要分析

在这里，"期望达到的学习状况"是指学生应当具备什么样的能力素质，包括社会、学校和家庭对学生以及学生自己的期望。"目前的学习状况"是指学生已经具备的能力素质。"学习需要"正是这二者之差。要找到学习需要，就必须分别了解期望学生达到的学习状况和他们目前的学习状况，这个分析过程就是学习需要分析。

学习需要分析主要是进行三方面的工作：一是深入调查研究，分析教学中需要解决的问题是什么；二是通过分析该问题产生的原因，以确定解决该问题的必要途径；三是分析现有的资源条件和制约因素，明确设计教学方案以解决该问题的可行性。

(2) 学习内容分析。学习内容分析就是在确定好总的教学目标的前提下，借助于归类分析法、图解分析法、层级分析法、信息加工分析法等方法，分析学习者要实现总的教学目标，需要掌握哪些知识、技能或形成什么态度。通过对学习内容的分析，可以确定出学习者所需学习内容的范围和深度，并能确定内容各组成部分之间的关系，为以后教学顺序的安排奠定好基础。

(3) 学习者分析。教学设计的一切活动都是为了促进学习者的学习，因此，要获得成功的教学设计，就需要对学习者进行很好的分析，以学习者的特征为教学设计的出发点。学习者特征是指影响学习过程有效性的学习者的经验背景。学习者特征分析就是要了解学习者的一般特征、学习风格，分析学习者学习教学内容之前所具有的初始能力，并确定教学的起点。其中学习者的一般特征分析就是要了解那些会对学习者学习有关内容产生影响的心理的和社会的特点，主要侧重于对学习者整体情况的分析。学习风格分析主要侧重于了解学习者之间的一些个体差异，要了解不同学习者在信息接受加工方面的不同方式；了解他们对学习环境和条件的不同需求；了解他们在认知方式方面的差异；了解他们的焦虑水平等某些个性意识的倾向性差异；了解他们的生理类型的差异,等等。

（4）学习目标的阐明。通过前期分析,教与学的内容已基本清楚。这样,我们就可以确定学习者通过教学活动所要达到的学习结果或标准。这种结果或标准的具体化、明确化就是学习目标的阐明。学习目标是制定教学策略、实施教学评价的依据。

（5）学习评价。对学习过程与结果的测量与评价是指以学习目标为依据,制定科学的标准,运用一切有效的技术手段,对学习者学习活动的过程及其结果进行测定、衡量,并给以价值判断的过程。对学习过程与结果测量与评价标准的制定是教学系统设计过程中不可或缺的重要内容之一。

（6）教学策略的制定。教学策略作为对完成特定的教学目标而采用的教学顺序、教学活动程序、教学方法、教学组织形式和教学媒体等因素的总体考虑,属于"如何教"的环节,是教学系统设计研究的重点。教学策略的制定是一项系统考虑诸多因素,总体上择优的富有创造性的决策工作。

（7）教学媒体的选择与运用。在教学设计中必须做出的一个重要决定,是应当采用什么样的媒体来传递教学信息和提供刺激。如果媒体选择与运用不得当,不仅达不到优化课堂教学的目的,反而会给人以画蛇添足之感,严重的甚至会干扰、影响课堂教学的效果。因而,教学媒体的选择与应用是教学设计过程中的一个重要内容。

（8）教学系统设计成果的评价。经过前三个阶段的工作,就形成了相应的教学方案和媒体教学材料,然后实施。最后要确定教学和学习是否合格,即进行教学评价,包括：确定判断质量的标准；搜集有关信息；使用标准来决定质量。具体在教学设计成果的评价阶段,就是要依据前面确定的教学目标,运用形成性评价和总结性评价等方法,分析学习者对预期学习目标的完成情况,对教学方案和教学材料的修改和完善提出建议,并以此为基础对教学设计的各个环节的工作进行相应的修改。评价是教学设计的一个重要组成部分。

上述这些共同特征要素构成了一般的教学设计过程模式。其中学习者、目标、策略和评价构成了教学设计的四大基本要素。

这里应强调说明的是,我们人为地把教学设计过程分成诸多要素,是为了更加深入地了解和分析并发展和掌握整个教学设计过程的技术。因此在实际设计工作中,要从教学系统的整体功能出发,保证"学习者、目标、策略、评价"四要素的一致性,使各要素间相辅相成,产生整体效应。

另外还要清醒地认识到我们设计的教学系统是开放的,教学过程是个动态过程,涉及的如环境、学习者、教师、信息、媒体等各个因素也都处于变化之中,因此教学设计工作具有灵活性的特点,我们应在学习借鉴别人模式的同时,充分掌握教学设计过程的要素,根据不同情形的要求,决定设计从何着手,重点解决哪些环节的问题,创造性地开发自己的模式,因地制宜地开展教学设计工作。

7.3 教学设计的基本过程

核心术语

◆ 教学设计过程　　　◆ 教学目标　　　◆ 教学设计方案

完整的教学设计过程一般包括以下部分：前期分析；教学目标的阐明；教学策略的制定；教学设计方案的编写；教学设计的评价与修改。各部分相互联系、相互制约，组成一个有机的教学系统，但并非是线性、直线式的关系。部分在上一节介绍过的内容在此不再详述。

1. 前期分析

前期分析主要包括学习需要分析、学习任务分析、学习者分析、学习背景分析。在信息技术课程教学中，对学习内容的分析主要是教材的分析，如学习内容的作用和地位，主要内容及重难点分析。下面分别给出一个对学习者分析和学习任务分析的实例。

学习者分析

学习者分析如下：

学生是教学活动的主体，充分了解学生，是取得良好教学效果的必要条件。通过对学生平时上机情况的观察以及课下和学生的谈话交流，我了解到学生的主要情况是：

1. 高一年级学生经过初中阶段的学习，能够较好地运用搜索引擎、Word、Powerpoint 等常用信息技术工具。
2. 具备了基本的网络水平。
3. 已具备了初步的小组协作探究能力。

（摘自："网站与网页"教学设计）

学习任务分析

一、教材分析

1. 本节的作用和地位

在信息社会，面对纷繁复杂的信息，高效地获取有用的信息来支撑自己的学习和工作，是新世纪青少年学生必须具备的信息素养之一。而信息社会的一个重要特征便是信息的数字化、网络化，从网络上快速高效地获取信息越来越成为人们学习工作和娱乐必备的技能之一。

本节旨在培养和提升学生获取网络信息的能力，使其成为每位学生在信息社会必须掌握的生存技能，并为学生学会有效组织和处理信息奠定基础，是学生继续学习和不断发展的不竭动力。

本节强调通过体验和感悟网络信息活动中的操作与应用，培养学生掌握利用网络获取信息的过程和方法，为学生的学习、生活和发展提供服务。

另外，本节还注意引导学生形成自主学习意识、与他人合作意识，也为必修模块的其他章节和各选修模块开展多元化交流与合作奠定基础。

2. 本节主要内容介绍

本节设置了两方面的内容：

常用网络信息搜索的方法。

利用搜索引擎获取网络信息检索的策略与技巧。

3. 重点、难点分析

★ 教学重点：

掌握搜索引擎的目录类搜索、全文搜索。搜索引擎的出现和应用，使得在网络中高效地获取信息成为可能，其搜索技巧的娴熟运用可以极大地提高信息获取的效率。

★ 教学难点：

掌握关键词搜索的技巧。

（摘自："获取网络信息的策略与技巧——搜索引擎"教学设计）

2. 教学目标的阐明

分析教学目标是为了确定学生学习的内容或主题，即与基本概念、基本原理、基本方法或基本过程有关的知识内容，对教学活动展开后需要达到的目标作出一个整体描述，包括学生通过本节课的学习将具备哪些知识和能力、会达到哪些学习结果、增强哪些方面的情感态度和价值观，包括知识目标、能力目标和情感目标。在分析和表达教学目标时，要抓住以下四个方面：① 阐明学习行为的主体——正确定位目标对象；② 要用行为动词和动宾结构表述教学目标；③ 要说明达到该目标的条件；④ 对于和目标相关的行为要有一定的判别标准。

在信息技术课程中要从课程特征角度出发设置教学目标。

下面给出一个实例。

实例 7-3

"网页制作"教学目标分析实例

1. 知识目标：了解万维网的基本架构，理解网页的作用，掌握网页元素和网页构件的使用，学会使用常用的网页制作工具。

2. 能力目标：通过网页作品的欣赏，培养学生搜索、下载、处理和应用信息的能力，培养学生对信息技术的实践应用能力、协作能力和创新能力。通过本课的学习可以培养学生的辩证思维能力、发散思维能力、逻辑思维能力及语言表达能力。

3. 德育目标：培养学生独立思考、自主学习、合作讨论的能力，通过自己探究问题，进一步树立学生学习信息技术的自信，提高学生学习网页制作的兴趣。

（摘自："网站与网页"教学设计）

3. 教学策略的制定

在此所说的教学策略是适合我国学校教育的教学策略体系，其主要包括以下要素：

（1）教学过程的确定。教学过程是为实现教学任务和达成教学目标，通过对话、沟通和合作，以动态生成的方式推进教学活动的进程。《基础教育课程改革纲要（试行）》对教学过程明确提出："教师在教学过程中应与学生积极互动、共同发展，要处理好传授知识与培养能力的关系，注重培养学生的独立性和自主性，引导学生质疑、调查、探究，在实践中学习，促进学生在教师指导下主动地、富有个性地学习。教师应尊重学生的人格，关注个体差异，满足不同学生的学习需要，创设能引导学生主动参与的教育环境，激发学生的学习积极性，培养学生掌握和运用知识的态度和能力，使每个学生都能得到充分的发展。"

（2）学习方式的设计。随着建构主义学习理论的发展，在学习方式上也不再只是单一的被动灌输式学习。基础教育课程改革提出了探究学习、合作学习、自主学习和情境学习等学习方式。在此不作具体介绍。

（3）教学方法的选择。教学方法是指教师在教学过程与教学活动中，为解决某个具体的教学问题和达到一定的教学效果，而采用的某种办法和技巧，既包括教师教的方法，也包括学生学的方法。常用的教学方法包括：呈现法、演示法、训练和实践法、个别指导法、合作学习法、游戏法、模拟法、发现法和问题解决法等。教学方法在后面的章节会有具体介绍。

（4）教学媒体。信息技术课程具有发展性和实践性的特点，它的教学离不开各种教学媒体，包括多媒体计算机及其他一些辅助的材料。

4. 教学设计方案的编写和成果评价

教学设计方案是实施教学的依据，也是教学设计工作的总结。教学设计方案的表现形式可以不同，如文本形式、文本和流程图相结合形式、文本和表格相结合的形式等。

在教学设计方案的具体实施过程中，需要认真处理好教学策略的预设性和教学实施的动态性之间的关系，它既与教师的理论水平有关，也与教师的实际工作经验有关。

此处的教学设计成果评价是指教学设计的形成性评价。

具体的方案在后面有专门一节进行介绍。

7.4 信息技术课程教学设计方案实例

核心术语

◆ 教学设计方案　　◆ 案例　　◆ 教学设计模板

前面对教学设计基本原理和过程都作了比较详细的介绍，在本节中，我们将给出高中、初中、小学阶段的不同教学设计方案实例，以便对教学设计方案有一个全面的了解。

7.4.1　高中信息技术课程教学设计案例

> **"获取网络信息的策略与技巧——搜索引擎"教学设计**
>
> 1. 所属模块：高中信息技术基础
> 2. 适用学段：高中一年级
> 3. 所用教材：广东教育出版社出版
> 4. 建立学时数：1学时
>
> 【对应的课标知识点】：获取网络信息的策略和技巧；目录搜索和全文搜索。
>
> 【知识点的互相衔接】：与初中"信息获取"的相关内容及"网络技术应用"模块衔接。
>
> 【本课教学法要点】：信息素养与技术素养有机结合；策略性、方法性内容的教学方法；灵活变通的教学处理策略。

一、教学目标

1. 认知目标

知道网络信息的特点以及检索的重要性，理解检索策略的意义。

2. 技能目标

(1) 知道网络检索的几种方法，了解各自的优缺点。

(2) 了解搜索引擎及其原理、工作过程。

(3) 掌握搜索引擎的分类、关键词查找方法和技艺。

3. 情感目标

(1) 体验通过检索工具软件有效获取信息的成就感，产生优化检索获取网络信息的意识。

(2) 关注互联网信息资源利用的价值和意义。

(3) 能对常用的搜索引擎进行比较和评价。

二、学习内容分析

课程内容标准：掌握网络信息检索的几种主要策略与技巧。

教材分析：

1. 本节的作用和地位

必修模块强调学生在经历信息获取的过程中，掌握信息获取的策略与方法。在网络成为人们获取信息主要渠道之一的今天，利用网络来有效地获取信息，是学生学习的重要内容。网络是信息的海洋，网络上的信息非常丰富，数量庞大，但主题分散，而且缺乏足够的加工深度。通过浏览网页寻找特定的信息无异于大海捞针。置身于网络环境中，掌握获取信息的策略是非常重要的。为了能够快速地从网络中获取有用的信息，我们应该懂得借助工具，根据需求有效地搜集信息。教材着重要求学生学习网络信息检索的一般方法，归纳网络搜索引擎的使用技巧。

2. 本节主要内容

本节学习内容分为两部分：第一部分是学习网络信息检索的策略和方法。首先是了解几种网络检索方法的特点及适用情况，通过比较这几种方法的差异性及各自的优缺点，总结出网络信息检索的策略，学会根据遇到的具体问题来选择合适的方法。运用不同的检索策略可以获得高效的检索结果，为今后的学习奠定基础。第二部分是学习常用的"目录检索"和"关键词"检索两类搜索引擎的特点以及这两类搜索引擎的使用和技巧。通过学习搜索引擎的简单工作原理,分析两类常用搜索引擎的特点,学会针对具体问题选择不同的搜索引擎。搜索引擎使用技巧的学习侧重于全文搜索关键词的使用。

3．重点、难点分析
（1）教学重点：
① 检索的策略和方法；
② "目录检索"和"关键词"检索两类搜索引擎的特点；
③ 搜索引擎关键词查找的技巧。
（2）教学难点：
① 检索方法的比较及选择检索策略；
② "关键词"搜索的搜索技巧。

三、学生分析

学生是教学活动的主体,充分了解学生,是取得良好教学效果的必要条件。通过对学生平时上机情况的观察以及课下和学生的谈话交流,老师了解到的学生主要情况有：大约有1/5的学生,上网非常熟练而且在平时上网时积累了很多的搜索技巧和经验；大部分（约4/5）学生都曾经上过网,并且对计算机的操作比较熟练,这些学生认为自己会上网,查找信息没什么难的。在观察中发现后一部分学生仅仅是掌握了最基本的搜索方法,却不熟悉不同搜索引擎的特点,没有很好地掌握搜索的技巧,不太清楚在什么情况下选择什么样的搜索引擎,搜索信息的过程中效率很低。所以在这节课的设计上,首先是要激发起学生的兴趣,认识到检索的重要性。然后通过有效任务驱动,使学生体验、分析和讨论。通过分组学习、小组竞赛,有效协作、共同学习。

四、教学策略设计

1．教学方法设计

这节课的主题是"网络信息检索的策略和方法"。主要是通过学习,掌握网络检索的策略和方法、两种不同类型搜索引擎的简单工作原理及使用方法,以及搜索引擎的使用技巧。首先确立了"学生主体,教师主导"的指导思想。在教学中采用上机操作、体验、分组合作、交流、讨论的教学方法,引导学生通过自己的体验、交流,逐步总结出网络检索的方法、搜索引擎的使用技巧。设计一些贴近生活的活动,增强学生解决实际问题的能力,从而更加突出学生在教学过程中的主体地位。教学中还安排大量的实践性、操作性的内容,使学生在具体活动中理解信息技术的基本知识,掌握信息处理的基本技能,并能够灵活应用到学习和生活中。

2．关于教学流程和教学活动的设计思路

在这节课中第一部分是"网络信息检索的方法",第二部分是"使用搜索引擎的技巧"。针对第一部分,设计了三个环节：（1）借助课本设计的"开心词典"情境,在学生"帮助朋友"的过程中,认识检索的重要性,提出检索策略的话题,导入新课。（2）采用任务驱动法。结合学生在"帮助朋友"检索过程中的操作,填写问卷调查。利用（自编）程序快速统计反馈的数据,组织学生对数据进行分析、讨论、总结出各种搜索引擎的使用方法及各自的优缺点。（3）设计一个生活中的实际例子：准备参加学校的辩论会,需要准备大量的资料,小组合作在网上搜索信息。侧重分工合作,如何根据不同的内容选择检索方法,制定检索方案。使学生能在实践中对前面所学的策略和方法有进一步的理解。

第二部分是关于搜索引擎的学习。学生已经在初中学习过搜索引擎的使用方法,但仅仅是掌握了搜索的最基本方法,并没有很好地理解不同搜索引擎的特点、掌握搜索的技巧,在实际应用中带有盲目性。因此,首先要引导学生分析、讨论、归纳常见的"目录类"、"全文类"搜索引擎的特点,再借助学生已有的搜索技能,设计一个搜索小竞赛;规定一个主题,准备几组问题(学生可以自编题目),把学生分成两个组,每组把自己认为难的题目给对方,在全体参与的基础上,由各组搜索速度最快的学生介绍搜索方法,然后教师对学生所使用的方法进行分析,师生共同总结搜索引擎的使用技巧。因为富有竞争性,能够引起学生的兴趣,提高学习效率。

3. 教师应注意哪些方面的巡视指导

学生上机操作主要是通过网络检索信息,教师应注意观察学生上机时所采用的方法,及时对学生上机时出现的问题给予指导。帮助学生灵活运用所学知识。

4. 计划使用哪些设备、软件、课件或资源

本节课的教学在多媒体网络机房进行,需要多媒体广播系统设备。

五、教学过程

教学环节	教师活动	学生活动	对学生学习过程的观察和考察	信息技术的应用
导入	情境导入:用"开心辞典"情境导入。提出问题:你能用网络给你的朋友帮忙吗?请同学们在上网查找信息之前考虑我们上网要做什么?讨论检索的重要性,提出检索策略的话题,导入新课	学生思考:用什么方法可以很快地获取到自己需要的信息?讨论检索的重要性	观察学生的反应,学生是否被情境所吸引,激发起学习兴趣	用视频导入,创设"开心辞典"现场的情境,激发学生的兴趣
新课学习	一、网络信息检索的方法			
	提出问题:"开心辞典"情境中朋友所遇到的难题:"2008年奥运会倒计时牌树立在什么地方?"请同学们试着用最快的方式查询	上网检索	组织学生积极检索,观察学生所采用的方法	利用网络检索
	请学生将检索过程使用的方法填写在调查表中	填写调查表	观察学生所采用的方法,对学生不明白的地方加以指导	教师利用Power-Builder编制调查表程序,用来搜集统计数据,及时得到学生的反馈
	分析调查表反馈的数据。组织学生分组交流讨论,通过对几种网络检索方法的比较,总结出网络信息检索的方法及各自适用的情况	分组合作,展开讨论,交流检索过程中使用的方法,及选择该方法的理由。通过交流对网络检索方法进行比较	参与学生的讨论中,听取学生的观点	
	创设一个生活中的情境:参加学校组织的辩论赛,在做准备时,我们需要搜集大量的资料,而网络是获取信息很重要的渠道	分组讨论,填写活动记录表。记录准备查找的内容及相应的方法	组织学生分组讨论	利用网络查找信息
	请学生总结几种网络检索方法的使用方法及适用情况	归纳几种检索方法的特点及各自使用方法	与教师共同总结	利用演示文稿呈现总结结果

续表

教学环节	教师活动	学生活动	对学生学习过程的观察和考察	信息技术的应用
	二、搜索引擎的分类及使用技巧			
新课学习	请学生谈自己熟悉的搜索引擎以及使用经验。总结出常用的"目录类搜索引擎"和"全文搜索引擎"的特点,以及如何选择、运用搜索引擎	交流各自使用搜索引擎的经验	考查学生对搜索引擎使用技巧的掌握情况	
	借助学生已有的搜索技能,组织一个搜索小竞赛。规定一个主题,准备几组问题(学生可以自编题目),把学生分成两大组,每组把自己认为难的题目给对方,在全体参与的基础上,由各组搜索速度最快的学生介绍搜索方法。然后教师分析学生使用的方法,总结出搜索引擎的使用技巧	上网搜索竞赛中的问题		上网搜索,提炼出搜索引擎的使用技巧
练习	上网搜索"信息"一词的出处	上网搜索,加深对"信息"的理解		利用网络加深对"信息"的理解
拓展	提供关于搜索技巧的网站"www.9238.net"	进一步探究学习		网络资源拓展学生学习

六、教学反思

对于高中生来说,应该侧重检索策略,而不仅仅是搜索引擎的使用技巧。教学过程中,采用"情境引入—学习过程—评测练习"的线索来组织教学。

7.4.2 初中信息技术课程教学设计案例

"利用电子小报 彰显班级个性"教学设计

1. 所属模块:初中信息技术基础
2. 适用学段:初中一年级;
3. 所用教材:江苏省中小学信息技术初中教材
4. 建立学时数:1学时

一、教材内容分析

"综合应用——班级电子小报"是江苏省中小学信息技术初中教材的第三章第六节的内容，本节是 Word 2003 综合操作的内容，是对前面几节文字处理知识的综合运用和延伸。教材中介绍电子小报设计综合技巧的应用，目的是通过制作电子小报，不仅让学生对前面所学的文字处理的基本知识和操作技能加深理解和掌握，也进一步提高学生的综合设计能力和动手实践能力，并利用电子小报来表达自己的思想感情。

二、教学目标

1. 知识与技能目标

学习班级电子小报的规划（设计文字或表格初稿）；掌握 Word 中艺术字、剪贴画、自选图形的插入和设置。通过本任务的练习使学生能体会到在综合任务中如何灵活运用所学知识解决实际问题。

2. 情感目标

通过对班级电子小报的编辑设计，更了解、关心班级集体，更加热情地投入学习，更积极地参与班集体活动。

3. 能力发展目标

着重于培养学生的协作能力，学会合理分工，初步培养探索和创新的思维方式，进行评价和自我评价。

4. 重点与难点

（1）重点：插入艺术字。

（2）难点：艺术字工具栏的使用。

三、学生（情）分析

学生已经掌握了文字处理的基本操作技能，并通过小学信息技术的学习已具备了网络浏览的一些基础技能，也就是有了获取信息的基本能力，在此基础上，通过情境创设为他们的能力实践和应用搭建平台。在本节教学中，根据学生的知识能力、认知水平、兴趣爱好、本班实际情况等特点，设计了主题班队活动——"良好班风建设"，让学生们在学习与实践的过程中，培养班级荣誉感，激发学生的学习热情。

四、教学策略设计

信息技术教学是师生之间、学生之间交往互动与共同发展的过程。信息技术教学要紧密联系学生的生活实际，采用"任务驱动式"教学法，利用网络为学生提供主题学习网页，成为学生学习的指导者，利用主题网页为学生提供丰富的信息，发展学生的发散性思维，培养学生的创新能力；在教师的帮助下，在小组合作交流中，动手操作探索，自主学习，创作极富个性的电子作品。

五、教学准备

网络机房，主题网页（网页图片略）。

六、教学过程

教学环节	教师活动	学生活动	设计意图
创设环境	以本班的特点及班主任的倡议为引子，呈现一份电子文稿形式的倡议书。 大屏幕展示主题网页中的倡议书。 对倡议书进行逐层分析。 强调：小报应该含有报名、刊号、出版单位或出版人、出版日期、导读栏、篇首语等要素。 下周的主题班会，主题将围绕电子小报内容展开	观察、分析，回答老师问题。 明确课程任务： 制作一份电子小报，小报应该具备基本要素，如刊号、出版单位、出版人等。 知道使用文字处理软件制作小报，电子小报是一种图文混排的文稿，而且小报是一份多媒体文档	通过情境学习，使学生产生思想上的共鸣，快速进入学习状态
呈现任务	为了在主题班会上宣传我们的班级风采、展示班级同学的个性，本节信息技术课我们要来制作一份班级电子小报，要求： 1. 主题自选，要用艺术字呈现； 2. 版面数，A2纸一个版面； 3. 有篇首语，必须是自己写的； 4. 可以插入各种图片，如画图、剪贴板图或来自文件的图片； 5. 主题分明，版面设计不拘一格		呈现任务对学生有导向、激励和控制作用，充分体现了教师的作用，引发学生的学习兴趣，帮助学生形成学习动机
确定主题与版面结构	利用主题网页展示部分获奖主题小报，培养学生的发散性思维，呼唤创新意识。 指导学生分组讨论。 分组方式：两人一组或学生自由组合 参与学生的讨论，并进行适当的指导	小组成员规划创作过程： 1. 确定小报主题； 2. 确定小报栏目和名称； 3. 设计小报结构； 4. 组内成员分工； 5. 对所掌握的知识技能进行分析，了解进行创作还有哪些新知识和技能。 将结构用简单的图形记录在课堂记录纸上	让学生对小报有个感性认识。 了解如何选择恰当的图片和艺术字来突出主题。 让学生在规划过程中找到主要矛盾与问题，为学生进行有效探究、创作提供保障
分组探究、学习新知识	三种求助方式： 1. 书 p.90； 2. 向主题网页求助； 3. 向老师与同学求助。 教师课堂巡视，个别辅导，调控课堂气氛	展开小组创作； 组间交流协作； 师生交流反馈	鼓励学生自主创作、开展小组协作
半成品展示交流评价	1. 指导学生在线上交作品； 2. 引导学生开展作品欣赏； 3. 引导学生围绕主题、色彩、构思三个方面进行综合评价，并提出修改意见。 （如果时间允许可以让学生代表在教师机上进行操作，在大屏幕上展示主要步骤）	学生网上在线提交作品； 欣赏作品； 填写作品建议	实施网上作品展示，让学生尽情欣赏同学们的作品，并对这些未完成的作品提出宝贵意见

七、教学反思

上完"综合应用——班级电子小报"这一课，总体感觉有欣慰、有遗憾。

欣慰：首先，本节课的设计抓住了学生的心理特征，利用贴近学生生活的倡议书创设情境，充分调动了学生的创作欲望，在老师的启发下，学生明白了作品的创作意图，从教学效果看，整堂课学生始终保持旺盛的创作热情。其次，在明确了创作任务后，我并没有放手让学生去摸索，而是引导学生讨论如何设计电子小报及构思，并用图示将电子小报结构记录在表格中，以此避免学生在操作中浪费时间，提高了课堂实效。

遗憾：由于对学生的了解不深入，教学目标设置较高，因此课堂中的学习任务与学习时间安排不尽如人意。在今后的教学实践中，如何进行有效的调控与教学任务的反馈，是需要认真考虑的。

7.4.3 小学信息技术课程教学设计案例

"打造我的作文集"教学设计

1. 所属模块：小学信息技术 Word 部分
2. 适用学段：小学
3. 所用教材：江苏省中小学信息技术小学教材
4. 建立学时数：1 学时

一、教材内容分析

已被广泛应用的以网络技术、多媒体技术为核心的信息技术日益深刻地影响着学科课程改革。信息技术与学科课程的整合也渐趋成熟，其多样性的前景为我们展现了无尽的魅力。在本方案的设计中，我们将 Word 部分的教学与五年级的作文教学结合起来，力图使学生学有任务，学有兴趣，学有动力，从而不仅提高了学生处理和应用信息能力，也提高他们的交流与合作能力。

在信息技术的教学中，一方面我们要让学生在积极参与教学活动中主动地得到发展，让学生学有动力，学有方法，学到真知，学有创见，感受成功。另一方面，《中小学信息技术课程指导纲要（试行）》指出，小学阶段的信息技术的运用，要让学生"了解信息技术在日常生活中的应用"，"开展直接和独立的学习，发展个人的爱好和兴趣"。因此我们应注意使信息技术与其他学科进行整合，使学生学有所得，学有所用。

二、教材分析及学情分析

Word 部分是《中小学信息技术课程指导纲要（试行）》课程教学内容安排小学部分的第四模块，也是苏教版信息技术教材下册的第一部分。该模块是在学生已初步掌握信息技术的基本知识，学会用画笔画图，以及认识多媒体的基础上的进一步学习。

Word 2003 是美国微软公司推出的办公自动化软件 Office 中的核心组件之一，是 Windows 平台上功能强大的文字处理软件。Word 2003 集文字录入、编辑、排版、存储、打印于一体，适合制作如书籍、信函、传真等各种文档，它还具有较强的图形和表格处理能力，制作出来的文档图文并茂，因而应用十分普遍。

现阶段小学生语文学习特别是写作的热情普遍不高，读写能力提高不快。作文教学有要求，无兴趣；信息技术教学有兴趣，无要求，如何使两者结合，做到既有要求，又有兴趣，是我们信息技术教师应积极参与解决的问题。我们试图通过本单元 Word 部分的学习,整合信息技术与小学作文教学活动,不仅能使学生熟练掌握 Word 这种文字处理工具,而且发挥文学的陶冶功能、审美功能,让学生通过合作、探究,在培养学生学习信息技术的兴趣,在提高学生信息素养和读写能力的同时,提高学生的读写能力和审美水平,增强其自治能力,陶冶学生道德情操。

基于以上分析,将本单元具体的教学目标、教学重点、教学难点分析处理如下:

1. 教学目标

【认知目标】

(1) 了解 Word 2003 窗口的功能、结构及其主要操作。
(2) 掌握智能 ABC 输入法。
(3) 能熟练地对文字、段落进行调整修饰。
(4) 能够设定、预览、打印 Word 文档。

【能力目标】

(1) 培养学生利用 Word 输入、美化、输出文档的能力。
(2) 通过开放式的实践活动,培养学生的动手能力、探知能力和自主探索的创新能力。
(3) 培养学生利用 Word 有目的地进行学科知识探究、学习以及在实际生活中应用的能力。
(4) 培养学生将已学会的软件的操作经验迁移到新软件学习中来的能力。

【情感目标】

(1) 培养学生主动探究知识和获取信息的兴趣。
(2) 培养学生良好的审美能力,并努力去创造美。
(3) 培养学生信息技术与其他学科整合的意识,养成利用 Word 工具探究其他学科问题的良好学习习惯。
(4) 培养学生良好的团队意识和合作能力。

2. 教学重点

(1) 能熟练地输入汉字,学会输入法状态的切换。
(2) 掌握段落的编辑和调整的基本方法。
(3) 掌握文字修饰的基本方法和插入艺术字。
(4) 使学生掌握在文档中插入图片的各种方法。
(5) 掌握打印预览的使用,并能进行纸张大小的调整和页边距的设置。

3. 教学难点

(1) 能熟练地输入汉字,并掌握"V"键和隔音符"'"的用法,学会输入法状态的切换。
(2) 掌握段落的复制、移动、删除、查找与替换等基本方法。
(3) 掌握段落的对齐、缩进和行距调整。
(4) 掌握打印预览的使用,并能进行纸张大小的调整和页边距的设置。

三、教材处理及教学策略

1. 激发兴趣,确定活动目标

兴趣是推动学生学习的一种最实际的内部驱动力,是学生学习积极性中最现实、最活跃的心理成分。学生一旦对学习发生了兴趣,就会在大脑中形成优势兴奋中心,促使各种感官、包括大脑处于最活跃状态,引起学习的高度注意,从而为参于学习提供最佳的心理准备。

在本单元学习的开始,我们组织了一个个人作品展,要求有文章在各种期刊上发表的学生将刊物带来向大家介绍。介绍者的自豪感溢于言表,其他的听众也跃跃欲试。这时,老师取出高一级学生打印的个人文集,指出这样的文集更能提高自己写作的信心,提高自己的写作水平,通过本单元的学习,我们每人都可以打造出属于自己的作文集。这种从实际出发,由情境入手的方法,不仅能使学生产生一种参与的需要,更能唤起学生对成功的渴望,而且避免使本模块的任务目标过于分散。

2. 联系实际,加强参与指导

良好的参与兴趣固然可以激发强烈求知欲,但兴趣只是学习的动力,要使这种动力持久,关键还是让学生掌握有效的参与方法。即让学生在知识的形成过程中掌握其规律、方法,逐步培养学生举一反三的能力,引导学生由"学会"向"会学"转变。

如在学习 Word 2003 窗口的功能、结构及其主要操作时,学生往往会感到知识点很零乱,不容易掌握。这时,我们可以安排学生动手操作,并启发学生总结出经验:

(1) 先选中(需处理的字、句或段);

(2) 工具栏(寻找相应功能的按钮);

(3) 不行再把菜单翻(找出相应的命令)。

在学习方法上,我们要求学生:

(1) 上机试一试(自己上机尝试);

(2) 同学问一问(不会的向同学询问);

(3) 帖子发一发(也可以到学校论坛上讨论一下);

(4) 老师提一提(实在不行向老师请教)。

这样做,学生不仅通过实践总结出规律和经验,更能够了解合作交流的学习方法,使信息技术由课内延伸到课外,更使信息技术本身也成为学习信息技术的工具,从而使学生真正成为学习的主人,在学习活动中不断丰富、提高、发展自己的认知结构,也能不断提高、发展自己的学习能力。

3. 开发潜力,提高创新能力

在信息技术的学习中,从没有唯一的方法。好比画一个半圆,一堂课中可以涌现出近十种方法,Word 部分的学习同样如此,正所谓"殊途同归"。我们始终认为,Word 是一个优秀的文字处理工具,但不是唯一的文字处理工具。我们不是仅仅要学会 Word 这个工具,更是要举一反三,熟悉写字板、WPS,甚至包括所见即所得的网页编辑器等一切"类 Word"工具。

在 Word 教学的最后,我们布置了一项任务,要求学生将一篇拼音读物打印成稿纸形式。使用 Word 的同学发现,他们的工作十分艰巨甚至变得不可能,而使用 WPS 的同学则十分轻松。通过这个任务我们告诉同学们:任何工具都不是万能的,Word 也是如此,我们要注意扬长避短,尤其是要关注在困境中顽强生存着的国产软件。

4. 交流合作,共同体验成功

竞争与合作,自主与交流,是我们学习过程中的主旋律。在本模块学习的不同阶段,我们进行了多次交流——"评评我们的作文集",从文字到段落,从形式到内容,让大家来讲解、评述,甚至发问。如此,学生的作品越做越好,学生的思维越来越活跃,且有一种被承认、肯定的满足感,甚至有"自家产品"的自豪感。这样创设竞争气氛,引导上进意识,使每个学生都积极参与学习,提高学习成绩。

四、教学过程及方案设计

1. 序曲：我们的作品展

活动目标：举行学生已发表刊物展，了解文章版面设计的要素，激发学习 Word 的兴趣。

活动形式：展览、介绍、评说。

活动准备：收集学生的优秀作品以及其所发表的刊物，准备好高一级学生制作的优秀个人文集。

活动流程：

（1）由学生上台介绍自己发表的作文及所登载的刊物，并指出该刊物的体系与特点。

（2）交流文章发表后的感受。

（3）以部分优秀的刊物为典型，细述版面设计上的几个要素。

（4）向同学们介绍几本个人文集并提出今后的活动目标："打造我的作文集"。

2. 第一乐章：变铅的艺术

活动目标：掌握智能 ABC 输入法，利用记事本将自选的文章录入并存盘。

活动形式：集中学习与分散练习相结合。

活动流程：

（1）回顾以前学过的英文打字的基本要领，注意学生的指法与姿势。

（2）讲解智能 ABC 使用的基本方法，尝试将草稿上的文字录入电脑。

（3）根据学生在录入中遇到的问题介绍删除、插入、查找以及复制与粘贴的操作方法。

（4）利用各种时间将自选的部分作文整理并录入电脑。

简评：有需求才有学习的动力，从凌乱的稿纸上灵动出的整洁的电脑文字使打字变得不再枯燥，加上记事本有限的功能保证学生不会在点击菜单的过程中迷失方向。

3. 第二乐章：从写字板到 Word

活动目标：从具有简单文字处理功能的写字板过渡到 Word 2003，熟悉 Word 2003 窗口的功能、结构及其主要操作。

活动形式：集中学习与分散练习相结合。

活动流程：

（1）利用写字板读入以前录入的文字，比较写字板与记事本的不同，熟练掌握按钮的使用。

（2）再用 Word 读入经写字板编辑过的文档，让学生比较 Word 与写字板异同。

（3）利用 Word 直接录入并编辑剩余的作文，熟悉 Word 2003 窗口的功能、结构及其主要操作。

简评：如今的软件功能越来越强大，但大而全的功能也是一把双刃剑，一方面可以实现我们所能够想到的各种功能，一方面又容易使用户在各种选项中迷失方向。记事本→写字板→Word，由简单到复杂，既使学生在学习的过程中有所侧重，也能使学生举一反三，了解文字处理类软件的共性。

4. 第三乐章：我是一个好编辑

活动目标：利用 Word 对自己输入的文字和段落进行编排和修饰，掌握文字的修饰、段落的调整以及图片的插入。

活动形式：自主探究、网上讨论、集中交流。

活动流程：

（1）向学生推荐几款美工较好的刊物,让他们与自己的作品比较,已经具有什么,还有什么不足,该如何修改。

（2）学生自主探究并在校园论坛上提出自己的问题或解决方案。

（3）交流已经完成的作品,并互相介绍自己的编排或处理过程。

（4）教师展示利用 WPS 完成文档并介绍其特殊功能,学生尝试。

5．第四乐章：打造我的作文集

活动目标：打印并装订出学生的个人文集,从而熟练掌握 Word 文档的设定、预览和打印。

活动形式：以小组为单位合作完成。

活动流程：

（1）学生自主选择与教师推荐相结合分成若干个小组,每组分配一台打印机和打印纸若干。

（2）合作完成文稿的打印任务,要求先设定,预览后再打印,注意节省纸张。

（3）交流在打印时遇到的问题及解决办法。

（4）课后利用各种途径完成作文集文稿的打印。

6．尾声

活动目标："评评我们的作文集",对本阶段的活动和知识点作总结。

活动形式：集体交流。

活动流程：

（1）展出全班同学的作文集。

（2）从文章质量,版面设计等不同角度集体评出一、二等奖若干。

（3）获奖的同学介绍使用 Word 的心得。

（4）教师总结。

注意：活动应力求得到语文学科教师的大力支持。

本章小结

1．教学设计是教学理论与教学实践之间沟通的桥梁,能在信息化环境中进行教学设计与有效教学是信息时代教师必备的专业素质。教学设计也称作教学系统设计,其根本目的是通过对学习过程和学习资源所做的系统安排,创设各种有效的教学系统,以促进学习者的学习。

2．教学设计是运用系统方法分析教学问题和确定教学目标、建立解决方案、评价试行结果和对方案进行修改的过程。

3．教学设计过程模式就是在教学设计的实践当中逐渐形成的、再现教学系统设计现实的一种理论性的简化形式。一般教学设计模式都包含四个基本要素：学习者、目标、策略、评价。

4．教学设计的一般过程模式包括：学习需要分析,学习内容分析,学习者分析,学习目标的阐明,学习评价,教学策略的制定,教学媒体的选择与运用,教学系统设计成果的评价。

5．教学设计的基本过程包括：前期分析,教学目标的阐明,教学策略的制定,教学设计方案的编写,教学设计的评价与修改。

6．教学设计方案是实施教学的依据,也是教学设计工作的总结。教学设计方案的表现形式可以不同,如文本形式、文本和流程图相结合形式、文本和表格相结合的形式等。

思考题

1. 什么是教学设计?
2. 教学设计过程模式是什么?它包括哪些要素?
3. 你认为教学设计的基本过程包括哪几个主要环节?
4. 教学设计前期分析主要分析什么?
5. 选择你所熟悉的教材中的一章或一节内容,制定该内容的教学目标?
6. 请查找或设计一份教学设计方案模板。

实践者园地

1. 请访问"ICT课程网"网站(http://www.ictedu.cn/),查找并阅读几个不同的教学设计方案,看看这些教学设计方案的基本内容是怎样的,并对这些教学设计方案进行总结与评价。你还能提供更完整的教学设计方案吗?

2. 请参考7.4.1的案例,以"获取网络信息的策略和技巧——搜索引擎"为主题,分小组完成一份自己的教学设计方案,并与全班分享你们的成果。

第8章　信息技术课程的教学模式与方法

> 教育中应该尽量鼓励个人发展的过程。应该引导儿童自己进行探讨，自己去推论。给他们讲的应该尽量少些，而引导他们去发现的应该尽量多些。
>
> ——斯宾塞

学习目标

1. 知道教学模式的含义以及信息化教学模式的结构和种类。
2. 了解信息技术课中常用的教学模式。
3. 了解教学模式与教学方法的联系与区别。
4. 掌握信息技术课程中基础知识课的教学方法。
5. 掌握信息技术课程中应用软件课的教学方法。
6. 掌握信息技术课程中程序设计课的教学方法。
7. 能熟练运用各种教学方法进行信息技术课程教学。

8.1　信息技术课程的教学模式

核心术语

◆ 教学模式　　◆ 信息化教学模式　　◆ 信息技术课程

中小学信息技术课作为一门新兴的学科，具有实践性强、富于创造性、注重技术应用、突出培养学生素质以及紧跟时代发展等特点。信息技术课程一直没有既定的教学模式，且传统的、灌输式的教学模式渐渐成为众矢之的，面对这种形式，教师要确保信息技术教育在培养新型人才方面发挥应有的作用，就必须自己设计教学模式，这对年轻的信息技术教师队伍来说是一个很大的挑战。

随堂讨论

- 其他老师是如何上信息技术课的？你有何感想？
- 你认为信息技术课就是计算机课吗？它们有什么区别？

8.1.1 教学模式概述

教学模式是一个古老而又现代的话题。它既是一个理论问题,又是操作问题。从孔子授课起,已有了教学模式的雏形。世界上第一个比较成型的教学模式是夸美纽斯教学模式,在我国影响深广的是凯洛夫教学模式。而其真正发展成为科学理论,大概只有 25 年的历史,一般从 1972 年美国的乔依斯与威尔发表了一本著名的经典性著作——《当代西方教学模式》算起。

关于教学模式的定义,较早的也是较有代表性的是美国学者乔依斯和威尔所给的定义:"教学模式是构成课程、选择教材、指导在教室和其他环境中教学活动的一种计划或范型。"还有一些国外研究者则认为教学模式指为完成特定的教学目标而设计的具有规定性的教学策略。苏联教育家巴班斯基则认为,教学模式是在"教学实践中基于教学形式和方法的系统结合而产生的一种综合性形式",他称之为"教学形式"。

我国对教学模式也有多种认识,如我国著名教育技术专家何克抗教授认为:"教学模式是指在一定的教学思想、教学理论、学习理论指导下的,在某种环境中展开的教学活动进程的稳定结构形式。"李如密教授认为,教学模式是指在一定教育思想指导下和丰富的教学经验基础上,为完成特定的教学目标和内容而围绕某一主题形成的、稳定且简明的教学结构理论框架及其具体可操作的实践活动方式。还有学者归纳了我国当代教学模式的一些特点,如强调掌握知识与发展心智相结合,重视学生自我探索和独立研究相结合,强调个别化教学与小组学习相结合等。

由此可见,教学模式应该具有以下主要特征:(1) 教学模式是在一定教学理论指导下形成的;(2) 教学模式是教学理论与教学实践的中介和桥梁;(3) 教学模式是一种稳定的教学活动程序;(4) 教学模式揭示了与某一教学活动相适应的教学策略和方法;(5) 教学模式的主要任务是形成一种学习环境,以最适宜的方式促进学习者的发展;(6) 没有一种教学模式是为完成所有类型的学习或者是为适用于所有学习风格而设计的。

随堂讨论

- 谈谈自己知道的一些教学模式,并讨论它们之间的区别。
- 一种新教学模式的出现总是与新的教学理论相适应的,请举例谈谈教学理论与教学模式之间的联系。

8.1.2 信息化教学模式

信息化教学模式可描述为:根据现代化教学环境中信息的传递方式和学生对知识信息加工的心理过程,运用信息技术调动多种教学媒体和信息资源,构建一个良好的学习环境,在教师的组织和指导下,学习者能充分发挥自身的主动性和积极性,对当前所学的知识进行意义建构并用其所学解决实际问题。在该新型的教学模式中,学生、教师、教学信息和信息化教学环境这四个要素相互作用、相互联系,构成一个稳定的现代教学系统。

传统的教学模式是以教师为中心的,教师根据教科书的内容,运用讲授、板书及其他的教学媒体作为教学手段与方法,向学生传授知识;学生则是被动地接受教师传授的知识。而在信息化教学模式中,教师虽然在教学活动中扮演着关键角色,但他并不是支配课堂教学活动的绝对权威,学生虽然是教育的对象,但他们却是学习的主体、主人。因此,教师必须了解学生的学习和发展规律,以此为依据来设计、组织学习者的学习活动,并为他们提供有效的学习支持。教师的任务也不单是知识的传授,更重要的是培养学生的综合能力,发展他们解决问题能力,培养终身学习的兴趣和能力,使他们能够不断获取新知识、探索新知识。以现代教学理论为基础的信息化教学模式还强调激发学生的求知欲,使他们主动地参与教学过程,强调学生的求知和探索过程,让他们对一定的问题展开探索和研究。评价体系则是学生的学习过程和学习结果并重。

图 8-1 描述了一种信息化教学模式。该教学模式是以教师来引导学生自主学习、自主探索、强化创新意识和培养创新能力为主要特征的课堂教学模式,其核心目标是在学生的自主探究活动中,以学生发展为本,凸显学生主动学习,充分展示学生思维过程和情感体验过程。

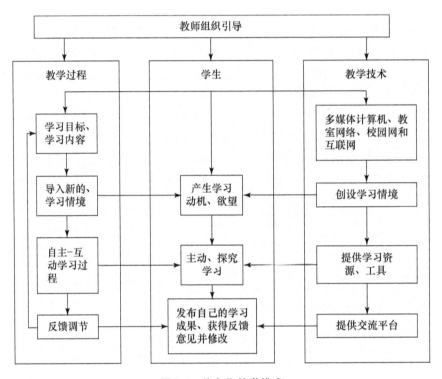

图 8-1　信息化教学模式

总之,信息化教学模式的特征可归结为以下六个方面:
(1) 强调以学生为中心,给学习者的主动发挥创设条件。
(2) 强调创设真实的情境,并引导学习者进入情境。
(3) 强调为学习者提供多种资源,让学生自主学习、自主进行问题研究。
(4) 强调组织学习者之间进行协商学习活动。
(5) 强调组织学生运用语言和文字进行表述。
(6) 强调学生进行主动的意义建构。

资料卡片

主要的信息化教学模式

当前的信息化教学模式主要是以建构主义理论为基础而形成的,有以下几种常见类型:

(1) 任务驱动式教学模式。教师将所要学习的新知识隐含在一个或几个任务之中。在信息化教学中就是指借助信息技术,让学生在一个典型的信息处理"任务"的驱动下展开教学活动,引导学生由简到繁、由易到难、循序渐进地完成一系列"任务",从而得到清晰的思路、方法和知识脉络,在完成"任务"的过程中,培养分析问题、解决问题的能力。

(2) 支架式教学模式。指根据学生的需要为他们提供帮助,并在他们能力增长时撤去帮助。其目的在于为学习者建构对知识的理解提供一种概念框架,这种框架中的概念是为发展学习者对问题的进一步理解所需要的,为此,教师事先要把复杂的学习任务加以分解,以便于把学习者的理解逐步引向深入。在采用支架式教学模式时,教师应根据学生的"最近发展区"搭建支架,不断向他们提供帮助,使学生容易接受,促使其理解,逐步深入,不断提高。

(3) 自主探究式教学模式。指教师根据学生已有的知识水平和生活经验设置一定的任务,学生以任务为目标,通过自主探究来解决遇到的问题,从而达到学习的目的。学生在教师的引导下可以从资源库中检索、加工、利用有用的信息,通过师生、生生间的讨论,可以实现教师和每位学生的思想和智慧为群体所共享,有利于整个讨论群体共同完成对问题的意义建构,从而符合学生的认知发展规律。

(4) 合作式教学模式。指教师通过计算机网络和多媒体等手段向学生提供不同序列的学习内容,多个学生对同一专题展开彼此交流、互动和协作,达到对教学内容的深刻理解和全面把握,从而使学生的智能得到发展。

8.1.3 信息技术课的常用教学模式

1. 关于信息技术基础知识的教学模式

信息技术课程中的基础知识主要指一些事实性的、陈述性的知识和一些基本概念。例如,计算机的基本组成,常用的技术软件有哪些?网络分为几种类型?硬件、软件、文件、文件夹等概念。

这些知识教学可以用传统的教学模式进行。而一些信息技术教师在先进教学思想的指导下,创造出一些信息技术课的常用教学模式,取得了很好的效果。

(1) 搜集-展示模式

这种教学模式,一般先由教师提出几个课题,学生组成若干小组,分别承担这些课题,然后学生们在教师帮助下,搜集、整理、加工有关信息,然后用演示文稿或其他展示手段,把信息组织好,在课内交流、展示和评价。

这种模式常用于事实性知识的教学。它不但避免了由教师讲述事实性知识时枯燥乏味的缺点,而且培养了学生的信息能力和表达能力。

案例 8-1

课程名称：我们生活的世界充满信息（武汉出版社版，信息技术，四年级上册）

授课教师：武汉市硚口区辛家地小学　袁晶

教学目标：了解什么是信息、信息技术在社会生活中的应用及武汉市在信息技术领域中的重大成就；学会搜集信息、分析信息、整理加工信息；培养协作学习的精神。

教学重难点：信息的搜集和信息价值的评价。

教学准备：学生分小组自己搜集信息，题目为：我们身边的信息技术、家乡的信息技术成就。

教学过程：

1. 我们身边的信息技术（见表8-1）。

表8-1　我们身边的信息技术

教师活动	学生活动	教学意图
选一组题目为"我们身边的信息技术"的学生代表发言。提出发言的要求	由一名学生向大家讲述： (1) 小组成员和分工。 (2) 资料来源，信息加工方式。 (3) 展示并陈述作品内容。 (4) 小组对作品自我评价。 其他同学观看和听讲	(1) 培养表达能力。 (2) 通过协作学习获取新知识
组织讨论	其他同学提出不懂的或有疑问的问题，展示小组的同学回答问题	(1) 学习评价。 (2) 学习交流和协作
小结	学生听讲和补充	归纳、提高获得的新知识

2. 家乡的信息技术成就。

教学过程与第1阶段类似。

3. 总结。

教师评价每个小组完成情况，针对部分同学提出的、尚未实现的想法，鼓励学生协作学习，大家共同寻求解决的办法。

(2) 直观-情境模式

信息技术中的很多概念是学生从未接触过的，有些还很难从生活中找到可借用的实例，如记事本等。但另一方面，计算机的图形操作界面，又提供了其他学科几乎没有的直观形象的环境和手段。教师们研究了这两方面的利弊，创造出一些新的教学模式，直观-情境教学模式是一种较好的模式。

这种模式不是从定义出发，而是在教学材料上选择了学生经常接触到的并且有较明显的不同视觉特征的实例，使学生在观察的同时对要学习的概念产生丰富的感知，并且这种感受"不是老师给他的结论或定义，而是从教师建构的认知环境中自我体验到的"。然后设置一定教学情境，自然地引入新的概念和知识。

案例 8-2

教学实例：初识"小管家"（武汉出版社版信息技术三年级上册）
授课教师：武汉市硚口区辛家地小学　袁晶
教学目标：通过启动计算机，初步认识操作系统软件的作用，初步认识"软件、桌面、程序任务栏、选项、按钮、菜单、窗口"的名称；掌握开机和启动画图程序的方法，进一步培养良好的上机行为习惯和爱护设备的意识。
教学重点与难点：初步认识操作系统软件的作用，初步认识"软件、桌面、程序、任务栏、选项、按钮、菜单、窗口"的名称。
教学过程：

1. 启动"小管家"（见表8-2）。

表 8-2　启动"小管家"

教师活动	学生活动	教学意图
(1) 谈话引入：前段时间我们对计算机这个"机器城堡"的组成有了一定认识，要想启动它的"小管家"，关键是要打开主机和显示器的电源开关。那启动计算机是按怎样的顺序呢？ (2) 肯定、纠正和补充学生的回答	听讲，回答问题	用谈话法引入课题
实际操作，进入系统界面	(1) 观看实物操作。 (2) 观看屏幕的演示	(1) 给学生实物感受。 (2) 实物提升到图形表示
巡视指导	实际操作	培养学生动手操作的能力

2. 了解"小管家"（见表8-3）。

表 8-3　了解"小管家"

教师活动	学生活动	教学意图
(1)"小管家"的工作界面有些什么内容呢？ (2) 肯定、纠正和补充学生的回答	(1) 观看计算机屏幕演示。 (2) 自己探索、讨论交流、回答问题	通过图标初步认识"软件、桌面、程序任务栏、选项、按钮、菜单、窗口"
(1) 在我们的学习生活中遇到什么开心或难忘的事都会把它写在我们日记本中，其实计算机也是可以记录下我们心中的小秘密的，你们知道它是什么吗？我们可以从哪里找到它呢？ (2) 肯定、纠正和补充学生的回答。 (3) 实际操作，打开"记事本"	(1) 自己探索、讨论交流、回答问题。 (2) 观看屏幕演示	(1) 通过谈话引入激起学生的学习兴趣。 (2) 了解操作过程
巡视指导	动手操作，并了解"记事本"相关的操作	培养学生动手操作的能力，加深对"记事本"的认识

3. 关闭"小管家"（见表8-4）。

表 8-4 关闭"小管家"

教师活动	学生活动	教学意图
演示关机步骤	观看演示	通过教师的演示了解关机步骤
巡视指导	动手操作,了解关机步骤	实际感知关机步骤

4. 总结。

学生根据自己本节课的学习情况,完成书本第18页的表格。

(3) 讲解-实践模式

信息技术一些软硬件知识,不上机实践是学不会的。但是一些硬件的操作和操作系统的部分实践有一定难度,甚至操作不当,会造成不可弥补的损失。因此这些实践活动必须在教师的指导下进行。讲解-实践模式就是这种教学内容较好的教学方式。这种教学模式的教学过程一般是边讲边动手实践,教师及时指导,在容易产生破坏的操作环节严格把关。

案例 8-3

教学实例:微型计算机硬件及其安装

教学目标:认识计算机主要硬件结构;学会拆卸和安装计算机主要部件;培养学生观察能力和动手实践能力;增强学生学习信息技术的自信心。

教学重点:微型计算机硬件系统的构成及其主要部件的安装。

教学准备:计算机的基本结构和组成;4~8套计算机部件和主机箱,每组学生一套部件。

教学过程:

1. 了解计算机的硬件结构(见表 8-5)。

表 8-5 了解计算机的硬件结构

教师活动	学生活动	教学意图
复习计算机的硬件结构	回答问题	回忆,引起兴趣
结合实物分析各部件作用	观看实物,听讲	获得感性认识和新知识
小结	讨论,回答问题	巩固新知识

2. 连接各部件(见表 8-6)。

表 8-6 连接各部件

教师活动	学生活动	教学意图
介绍主板的安装方法	观察教师的示范和自己动手操作	(1) 学会安装。 (2) 培养实践能力
讲解CPU的结构和安装方法	同上	
讲解存储器结构和安装方法	同上	
讲解输入设备的结构和安装方法	同上	
教师活动	学生活动	教学意图
讲解输出设备的结构和安装方法	观察教师的示范和自己动手操作	(1) 学会安装。 (2) 培养实践能力

3. 检验(见表8-7)。

表8-7 检验

教师活动	学生活动	教学意图
讲解测试方法和步骤	听讲	了解测试知识
检查学生连接的结果	将连接好的机器交教师复查,无误后通电测试	培养认真细致的工作作风

(4) 课前话题模式

对于一些较小较容易的事实性的知识,一些教师采取了"课前话题"、"今天我来说"的形式进行教学。即教师根据教学计划和内容确定几十个专题,分别指派给全班学生,让他们去搜集资料,准备讲演稿。然后每节课开始,让两名同学讲解他们准备好的内容和材料,时间一般控制在5～10分钟之内。

这种方式很好地解决了一些较零碎的知识教学问题,同时也调动了学生的积极性,培养了他们独立搜集、加工信息的能力和表达能力。由于是学生讲演,要比教师自己讲更能吸引学生的注意力。但是这种方式在科学性和系统性等方面不如教师。因此这种方式一般只适用那些非主要的和拓展性的教学内容。

案例8-4

1. 提出课题
(1) 关于电脑、网络或信息技术方面的新闻、趣闻。
(2) 关于黑客与计算机犯罪。
(3) MGP格式及其发展。
(4) 冯·诺伊曼到比尔·盖茨。
(5) CPU与MPU。

2. 分配任务
每个学生自报、教师协调,确定每个学生准备的课题。

3. 搜集整理信息
学生在教师帮助下,搜集和整理有关的信息。

4. 准备讲演稿
学生准备讲演稿和辅助材料,如实物、图像、软件、演示文稿等。教师进行检查,提出修改意见,学生加工修改。

5. 讲演
学生在课上,面对全体学生进行讲演。教师做肯定和鼓励性的小结。

2. 关于程序设计知识的教学模式

信息技术课程中大部分内容是信息技术的应用知识和程序设计知识。多年来,经过教师们的努力,总结出了一些好的教学模式。

(1) 模仿-提高模式

这种教学模式一般由两个阶段组成,第一阶段是模仿学习阶段,第二阶段是提高巩固阶段。

第一阶段教师提出一个示范性的任务,任务中包含了本课应掌握的知识和技能。教师与学生一起分析和完成任务,并作必要的讲解和演示。然后学生操作完成该任务,最后进行适当的交流和评价。

第二阶段教师提出一个开放性的任务,所涉及的知识和技能包含前面示范性的任务,并涉及一些以前学过的知识和技能。但任务的要求更具原则性,以便发挥学生的创造性。教师作必要的提示后,学生进行操作完成任务,最后进行学生的作品展示、交流和评价。

案例 8-5

教学实例:自画像——好朋友——我和我的好朋友

授课教师:北京市展览路一小　许颖

授课班级:小学四年级

教学目标:掌握"粘贴自"命令的使用方法,学会用"粘贴自"命令插入图像;了解构图的基本知识;培养团结友爱,热爱大自然的情感。

教学重点:学生会"粘贴自"命令插入图像。

教学准备:学生完成自画像的制作存盘。

教学过程:分为三大步13个小步骤。

1. 组织教学(见表8-8)。

表8-8　组织教学

教师活动	学生活动	教学意图
提问"有朋自远方来,不亦乐乎"一句的作者和含义	学生回答	为理解"自"字作铺垫
猜猜这是谁?,演示学生自画像		引起学生兴趣

2. 提出和完成任务"好朋友"(见表8-9)。

表8-9　提出并完成任务

教师活动	学生活动	教学意图
演示图画"好朋友",问同学是否也希望把自己的画和朋友的画放在一起		提出任务
讲解和示范操作打开"编辑"菜单,执行"粘贴自"命令		讲解主要操作方法
巡视、辅导、解决学生的问题,考查学生掌握情况	实践"粘贴自"方法,完成任务	学生亲身感受获得知识
展示学生作品并适当提问	讲解作品完成步骤	掌握"粘贴自"的操作方法
讨论"粘贴自"命令作用	学生讨论	
小结		

3. 完成作品"我和我的好朋友"(见表 8-10)。

表 8-10 完成作品

教师活动	学生活动	教学意图
演示好朋友照片： (1) 照片欣赏。 (2) 构图分析	学生讨论构图的要点	使学生理解构图的基本要求
教师作品展示： (1) 多个朋友。 (2) 插入动物。 (3) 插入植物	观看和听讲	给学生参考： 隐喻动物和植物都是人类好朋友
提出新作品要求		明确任务
巡视辅导	学生完成作品	巩固"粘贴自"操作， 发挥学生创造性
展示作品， 组织学生讨论	学生介绍， 讨论提出作品优点和改进处	培养审美能力， 培养协作精神
思考题：如何插入部分图像		为下节课作铺垫

这种教学模式的特点是：
(1) 激发学生学习积极性。
(2) 突出学生为学习主体的地位。
(3) 较好地处理了教师的主导作用。
(4) 注意综合素质的培养。

（2）展示-评价模式

这种模式是先由教师提出任务后，由学生个人或组织成小组完成该任务，在完成的中途，进行一次交流和评价，目的是引导和提高。然后学生继续完成作品，最后进行展示和评价。这种模式适用于较大的综合性任务教学。

案例 8-6

教学实例： 信息展示

授课教师： 北京市铁二中　李英杰

任务系列： 心向奥运、我与环保、美丽的大自然等。

授课班级： 初一

教学目标： 学生修饰演示文稿；学生搜集素材，综合应用图像处理、声音处理、动画效果等能力；培养协作精神和评价能力。

教学重点： 学会用 Powerpoint 展示多媒体信息。

教学准备： 一些作品样例。

教学过程：分为四个阶段。

1. 提出任务（见表 8-11）。

表 8-11 提出任务

教师活动	学生活动	教学意图
提出任务	讨论作品主题	明确学习任务
巡视辅导	搜集素材，制作作品	实践

2. 点评学生的作品（半成品，见表 8-12）。

表 8-12 点评学生的作品

教师活动	学生活动	教学意图
（1）组织展示、讨论。 （2）点评	（1）由 2~3 个小组推选出代表作品展示，并讲述创作意图，创作心得，包括最得意的和不满意的小组。 （2）学生互评，修改提出建议	（1）培养互相学习的气氛。 （2）通过交流学习新知识技能。 （3）解决学生制作中的问题
小结	听讲	提高

3. 制作完成作品（见表 8-13）。

表 8-13 制作完成作品

教师活动	学生活动	教学意图
进行个别指导，解答学生问题	学生上机实践，完成作品制作	巩固所学知识技能，培养探索能力

4. 点评学生完成的作品（见表 8-14）。

表 8-14 点评学生完成的作品

教师活动	学生活动	教学意图
组织学生自我展示，形成初步评价	展示作品，自评、互评	（1）培养评价能力。 （2）培养学生互帮互学精神
总结	讨论	培养归纳能力

3. 关于应用软件模块的教学模式

《中小学信息技术课程指导纲要（试行）》把信息技术课程的教学内容分为了若干个模块，应用软件模块的单元教学过程一般可以分为两个阶段：基本知识技能的学习阶段和综合任务设计阶段。

第一阶段：基本知识技能的学习阶段。

这个阶段主要是一个模块的基本知识和技能的学习。这一阶段一般由若干个较小的任务组成，每个任务的课堂教学过程如下：

(1) 教师提出任务,给出样板。
(2) 师生讨论、分析任务,发现新问题。
(3) 教师讲解任务中碰到的新问题。
(4) 学生上机实践,完成任务,教师随时解决学生碰到的问题。
(5) 教师检查学生所做的任务并作记录。
(6) 完成任务的学生在计算机上进行"自由创作活动"。

第二阶段:综合任务设计阶段。

学生通过第一阶段的学习,对一个软件能干什么有了一个基本了解之后,就可以进入第二阶段的学习,即综合任务制作阶段的学习。这个时候就要向学生提出一个大问题:你想用这个软件做什么?这一阶段应该是学生思维最为活跃的阶段,也是最能激发学生创作欲的时候。他们会展开自己想象的翅膀,去构思各自作品的蓝图,此时应该为学生提供大量的成型作品,即以前学生设计的作品,供他们参考。这一阶段的教学方法是以学生自主学习形式为主,其教学过程为:

(1) 浏览以往学生的作品,开阔思路,构思设计自己的作品。
(2) 搜集资料与素材。
(3) 开始设计和制作作品。
(4) 教师随时解答学生设计过程中的问题。
(5) 学生完成作品,进行展示和评价。

案例 8-7

教学实例:最有效的命令——正多边形的画法(武汉出版社版,《信息技术五年级上册》)
授课教师:武汉市硚口区辛家地小学　袁晶
教学目标:进一步了解重复命令,学会用重复命令画出更多的图形;相互交流,学会归纳,找出规律,能举一反三,灵活使用重复命令;开拓思维,提高学生逻辑综合能力。
教学重点:找准图形里重复的基本动作,每次旋转的角度和图形的边数的关系。
教学难点:找出图形的重复规律,以及小海龟要重复的动作。
教学准备:已认识重复命令的基本模式。
教学过程:

1. 提出任务

"画正多边形":
(1) 画一个边长为 80 mm 正方形;
(2) 画一个边长为 80 mm 正五边形;
(3) 画一个边长为 80 mm 正六边形;
(4) 画一个边长为 80 mm 正八边形。

2. 分析任务(见表 8-15)。

表 8-15 分析任务

教师活动	学生活动	教学意图
提出问题"前面我们已经学习了用重复的命令画正方形,怎样用重复的命令画一个边长为80的正方形?"	思考和回答:画正方形的命令:REPEAT 4[FD 80 RT 90]	复习
怎样画边长为80 mm的正五边形: (1) 找出正五边形的基本动作; (2) 写出正五边形的基本动作; (3) 写出正五边形的完整动作	小组探究发现:小海龟每次走一条边,需要向左边或是右边旋转一定的度数,通过量角器测量知道小海龟向右旋转的角度为72度。 基本动作命令:FD 80 RT 72。 完整动作命令:REPEAT 5[FD 80 RT 72]	为找规律作准备
(1) 怎样画边长为 80 mm 的正六边形? (2) 每次旋转的角度和图形的边数有什么关系? (3) 怎样画边长为 80 mm 的正八边形	思考和回答: REPEAT 5[FD 80 RT 60]。 每次旋转的角度与图形边数的乘积等于360度。 REPEAT 8[FD 80 RT 360/8]。	引导学生找到规律
能否用一个模式画出任意的正多边形	思考和回答: REPEAT 边数[FD 边长 RT 360/边数]	找到画正多边形的方法

3. 学生练习,教师巡视指导。
4. 评价学生练习。

8.2 信息技术课型与教学方法的选择

核心术语

◆ 教学方法　　　◆ 课型　　　◆ 教学模式

8.2.1 教学方法的含义

一谈到教学模式改革,就有很多教师或教育行政管理者,甚至是一些学者往往容易把它与我们通常所说的教学方法这个概念混为一谈,乃至许多的教学论著看似把教学模式与教学方法分为两章来叙述,仔细读来两章内容并无甚差异,反而使读者和听者产生误解。这不仅给教学理论造成了混乱,也给教育教学改革实践工作造成了误导。

通过上一节内容的介绍,我们对教学模式的概念已经有了清晰的认识。我们在本节将主要介绍教学方法的概念与特征。

1. 什么是教学方法

关于"教学方法"的概念在目前还没有形成一致的说法,但在总结国内外的相关研究后,可以认为教学方法就是教师和学生为了实现共同的教学目标,完成共同的教学任务,在教学过程中运用的方式与手段的总称。

首先它是指某种具体的教学方法。它从属于教学方法论,是教学方法论的一个层面。教学方法论由基本理论、基本方法、具体方法、教学方式四个层面组成。因此,教学方法体现了某种特定的教育教学的价值观念,它指向实现特定的教学目标要求。

其次,教学方法包括教师教的方法和学生学的方法两大方面,是教授方法与学习方法的统一。教学方法最主要的本质就是教师的教与学生的学之间的密切联系,这种密切联系表现为教与学的相互作用所导致的双边活动。

最后,教学方法包括了教师和学生在教学过程中活动的方式、程序、手段和技术等一系列行为动作的总和,表现出教师和学生动作的外部行为特点。教学方法是由多种教学方式组成的,能独立完成某项教学任务,并受到特定的教学内容、教学组织形式的制约。

2. 教学模式与教学方法的联系和区别

教学模式与教学方法都是师生为了某种教育教学目的,所采用的各种手段、方法的总和,都是教学论要研究的重要组成部分。教学模式和教学方法既有区别又有联系。

首先,教学模式和教学方法都反映了一定的教学思想和教育目的,是教育教学理论指导下的、对教学活动过程的描述。

其次,教学模式是对多种教学方法的提炼和组合,它描述了一种稳定的、系统的教学结构,是教师在具体的教学活动中所参考的标准样式。而教学方法常常表现为教学过程中的某一个侧面的一系列操作活动,如练习法、演示法、课堂提问法等。

再次,教学模式所体现的不仅仅是教学方法,还包括从教学原理、教学内容、教学目标、教学过程、教学组织形式的整体、系统的操作样式。教学方法只是教学模式的组成部分。但教学方法操作性和具体程度与教学模式相比更高。

随堂讨论

- 请根据教学方法的概念,讨论中小学课堂教学中常用的教学方法。
- 教学模式和教学方法既有区别又有联系,请你结合实例谈谈对两者的理解。

8.2.2 基础知识部分的教学方法

信息技术基础知识指的是利用计算机进行信息处理时所必须了解、掌握的一些基本概念、基本原理、基本方法和基本过程。这些基本理论的掌握可以有效地促进信息处理的实施,是学生进一步学习信息技术的基石。同时,"良好的开端是成功的一半",基本理论教学的成功与否,很大程度上影响着学生进一步学习、探求的兴趣和积极性,也就成了今后信息技术教学成功与否的关键所在。因此,围绕信息技术学科教学的总目标,选择合理的教学方法并付诸实施,就成了信息技术理论教学工作的首要问题。

基础知识的教学内容主要可以采用以下几种教学方法。

(1) 讲授法。讲授法是一种应用最广泛的教学方法,常用于以教师为中心的教学模式中。一般先由教师对教材、教学内容进行深加工,然后通过教师的讲解、传授,把知识概括地、系统地

"赋予"学生。

基础知识部分的知识点零散、系统性较强,且课时安排也不多,学生既有知识经验薄弱,所以,这部分的教学应以教师"讲授"为主。例如,"信息的基本知识"、"计算机中信息的表示"等。

(2)图解法。基础知识部分的内容多且系统性较强,不进行深入的教学设计,学生只能掌握一些零星的知识点,对知识的掌握也会缺乏系统性。教师可以利用图解的方法,把原本零星的、具有一定内在联系的知识通过"板书"、"幻灯演示"等手段,把相关知识点以"表格"、"结构图"、"流程图"的形式展现给学生,帮助学生从内在联系上去掌握知识点,培养学生归纳、分析的能力,同时也能使学生更好地掌握其中的各个知识点。例如,在讲授"计算机系统组成"、"文件系统的组织"时就比较适合用图解法。

(3)提问法。提问法指的是教师依据教学目标和学生心智特点,预先设计一些与教学内容相关的问题,然后在教学过程中进行设问,再由学生回答问题。一般这些问题之间存在一种逐层递进(或从粗到细,或从细到粗)的逻辑关系,用这种方法,学生通过回答一系列问题,被教师引导着一步一步走向预定目标,完成其行为的变化,最后到达预期的终点——教学目标。例如,在进行"认识电脑"的教学时,就可以采用提问法。教师可以事先让学生通过观察了解计算机配件的组成,然后在课堂中按从外到内、从简单到复杂的思路进行设问。设计的问题应该有简单的,以消除学生紧张心理、增强学生自信心;也应该有较复杂的,以促使学生进行主动思考,完成知识结构的"质变"。

当然,在关于基础知识的教学中,除了可用上面几种主要方法外,还可以结合使用"演示法"、"实验法"等教学方法。例如,在用图解法进行"计算机系统组成"的教学时,教师可以一边图解,一边进行讲解。在用"提问法"进行"认识计算机"的教学时,教师可以辅之以"演示法",一边提问,一边通过演示提示问题答案。如果条件允许,还可以让学生以小组为单位,通过实际组装"实验"来"认识电脑"。

案例8-8

课程名称: 中学信息技术课"触摸IT"

进程	教师活动	学生活动	教学意图	问题记录
导入	用课件展示本堂课的主题"触摸IT",并问学生"IT"是什么	通过回忆、思考,回答老师的问题	通过回答问题和主题过渡,使学生初步认识到信息技术和计算机之间的联系	估计用时3分钟
主题过渡	讲解"IT"的定义,引导学生认识电脑	1.学生听讲。2.根据教师的讲解进行积极的认知结构调整和补充	根据学生的回答把学生注意力自然地过渡到本节课的中心上来——认识计算机	估计用时1分钟

续表

进程	教师活动	学生活动	教学意图	问题记录
启发、唤醒学生已有的认知结构	1. 提问"你在现实中看到哪些地方在使用电脑（计算机），它主要在做什么工作？" 2. 教师分析"超市的收款机、银行存款机、全自动洗衣机等这些都用到了计算机，计算机其实就在我们身边。" 3. 教师提问"你认为计算机＝计算器吗？"	1. 学生通过回忆、联想，回答问题，自己会模糊意识到原来这些就是电脑（计算机）。 2. 学生讨论、回答第二个问题。	1. 通过第一个问题的回答，使学生认识到计算机的普遍性，从而消除对计算机的神秘感，意识到学习计算机的重要性。 2. 学生通过第二个问题的回答，会逐步明了计算机的概念、功能。 3. 学生可能不能准确说明两者之间的区别和联系，教师可以通过直接帮助分析或通过下面的功能演示之后再让学生自主分析	估计用时3分钟
激发动机	1. 教师提问"你认为计算机有什么样的功能？" 2. 教师引导"到底计算机能干什么呢？百闻不如一见，下面我们就一起来看看它能干什么"	1. 学生回答问题。 2. 通过问题思考、回答，把零散的、不全面的记忆进行整理，逐步内化	现代学习心理学要求在教学实施之前须进行"学习准备分析"。通过这个提问，使学生为即将进入的演示做好心理准备	估计用时2分钟
通过演示帮学生明了动机、激发动机	1. 教师用计算机演示播放电影、歌曲，玩游戏，网上看电影。 2. 教师操作不要太快，要一边讲如何在做，一边演示。 3. 教师最后分析"要想这样玩计算机其实也并不复杂，通过鼠标的点击就可以了。真想学，一节课就可以让你学会"	1. 学生观看教师的演示。 2. 学生会表现出跃跃欲试的神态，并想立即操作	从容的演示使学生一边领略计算机无穷的魅力，一边又能知道老师通过怎样的操作使计算机能这么做，让学生感觉自己要"玩"也并不复杂	估计用时10分钟
	1. 教师引导"不要认为计算机只能玩，它最大的功能是给我们的工作、学习生活带来帮助。" 2. 教师演示通过互联网查找资料、发电子邮件、即时聊天（聊天须另外一位场外的老师配合）。 3. 教师演示利用"运动会管理系统"输入比赛成绩，计算机自动算得分和各班总分（然后可以提问"计算要能计算各班总分，首先应做什么？"）。 4. 演示海报和合成相片，然后大致演示操作过程。 5. 演示FLASH动画	学生观看演示	1. 通过该部分的演示引导学生正确使用计算机的意识，避免"玩物丧志"。 2. 通过运动会管理系统的演示和提问使学生初步了解信息处理的步骤"输入—处理—输出"。 3. 通过相片的合成进一步明了信息处理的思想和步骤	估计用时20分钟

续表

进程	教师活动	学生活动	教学意图	问题记录
启发意义建构	1. 教师小结"前面我们看到的这些就是信息技术的一些具体表现,其实信息技术就是计算机技术和网络通信技术的结合,计算机在这里是一种信息处理的工具。在信息技术课中,今后会陆续教会大家这些本领。但学会并不是目的,关键要会用。有句话不是说……?" 2. 今天我们不是在看热闹,其实也在学,下面我们来用看。 3. 提问"知道大名鼎鼎的比尔·盖茨吗?他是谁?" 4. 提问"如果现在你计算机中有一张自己的照片,想做一张和盖茨的合影,怎么做(思路)?" 5. 教师讲解大致步骤:从网上查找盖茨的照片并放到自己的计算机上,用"我行我速"进行照片合成	1. 学生回答"学以致用"。 2. 学生回答"微软总裁"。 3. 学生讨论、回答	1. 通过小结,使学生初步了解信息技术的含义。 2. 通过照片合成的问题回答,使学生初步了解信息技术应用中解决问题的基本思路:提出方法——操作实施	估计用时5分钟
课堂小结前呼后应	教师小结"今天我们一起领略了利用计算机实现的很多丰富功能,实际就是信息技术的应用,或者说是IT的具体体现。今后我们会通过这门课的教学让大家学习、掌握这些现代信息技术,这是生活在现代信息社会必须掌握的基本本领,就像我们为了工作、学习、生活必须学会读、写、算一样。"	学生听讲	1. 通过小结使学生明白上课开始提出的问题"什么是IT"。 2. 使学生明白今后信息技术课的学习动机,为进一步的学习做好心理准备	估计用时1分钟
作业布置	把作业写在练习本上,有电子信箱的同学可以通过电子邮件交作业。 1. 通过本堂课的学习你认为你得到了什么?比如,你原先以为……可现在却发现…… 2. 通过本堂课你了解了信息技术(计算机)的一些应用功能,你最喜欢学哪些内容			

8.2.3 应用软件课部分的教学方法

应用软件教学是中小学信息技术课中的一个重要组成部分,可选用的教学方法既有传统、常用的教学方法,如,讲解法、演示法、实验法等,同时由于其教学内容、特点的特殊性,又有其特定的、有别于其他学科的教学方法。

（1）文化熏陶法。比如，在学习微软 Office 软件时，可以先讲讲微软公司的发家史、微软垄断案。在学习金山软件时，可以结合讲讲金山总裁求伯君的三次创业、中国软件业和印度软件业的比较。实践证明，这样的教学方法可以很好地激发和维持学生学习应用软件甚至是整个信息技术学科的兴趣。

（2）迁移法。在运用迁移法的教学活动中，教师要注意做好启发和引导工作，最终使学生由被动的迁移过渡到自觉的迁移。启发和引导主要通过对应用软件界面、菜单、工具栏布局以及应用软件操作思路上的比较，通过使这些内在规律的"外显化"来实现。

（3）任务驱动法。应用软件由于具备"实践性"的特点，适合用任务驱动法实施教学。学生通过利用应用软件完成典型任务，达到掌握应用软件使用、锻炼自主学习能力的目标。在进行任务驱动教学时，教师应精心设计任务，引导学生进行任务分析、方法分析，这样才能达到采用任务驱动法的初衷。

（4）案例教学法。在案例教学法中，"案例"的提出是为学生提供创造性地分析问题与解决问题的情境。采用这种教学方法，首要的问题是准备较好的、具有典型性的案例，其次是教师帮助、引导学生做好案例分析，再放手让其自主探索。

案例 8-9

这是一个运用 Powerpoint 应用软件进行信息处理的教学案例，案例中主要运用了 Powerpoint、Internet Explorer 两个应用软件进行信息处理，这两个软件应该说是比较简单的，选择简单的应用软件，主要是为了让学生把认知焦点集中到对信息处理过程、实质的把握上。

在本案例教学实施前，学生已掌握了 Windows、Office、网页浏览、网页图片保存这些操作知识，学生在掌握这些知识的基础上进行信息处理实践（教学时间为 2 课时）。

教学设计：

1. 教学设计的理论依据。

（1）建构主义认为知识是学习者在一定的情境下，借助他人的帮助，利用必要的信息源，通过意义建构的方式获得。体现在学生综合应用能力的培养上更是如此。

（2）价值引导体现教育的性质和目标，价值引导下的建构主义更能提高意义建构的效率。

（3）主体式教育要求教学活动应以学生为中心，教师通过创设情境、提供资料、给予指导，使学生在价值引导下通过主动探究、启发讨论，实现主动发展。

（4）研究性学生（project-based learning 或 project learning）中的"项目驱动"能使教育目标具体化，激发学生去努力完成"项目"。"小组协作"开发能为学生创设一个自由、民主、开放的活动情境，激发学生的"内驱力"，使学生的能力得到互补，开发效率得到提高。

（5）"最邻近发展区"指的是学生独立解决问题时的实际水平和教师指导下解决问题时的潜在发展水平之间的差距。科学定位当前学生的"最邻近发展区"，并通过"观察"、"启发讨论"、"小组指导"、"提供特定信息源"等手段引导、帮助学生进行主动探究。

2. 教学模式。启发→主动探究和价值引导→主动完善相结合。

3. 教学方法。观摩，启发讨论→实践探究，引导→实践完善，量化评价。

4. 教学流程：

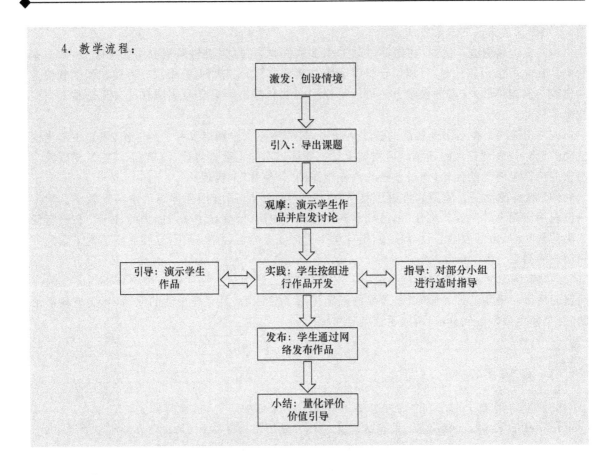

8.2.4 程序设计课部分的教学方法

20世纪80年代初,我国开展中小学计算机教育之初时,程序设计教学内容是计算机教育诞生的基础。程序设计教学是本学科中知识性较强的教学内容,相对于强调技能性的应用软件教学会更有生命力,也是信息技术教学的基本内容。

程序设计部分的教学强调不依靠其他应用软件,培养学生分析问题并使用计算机解决问题的能力,因此该课程的实践性特点非常明显。教练法、任务驱动法是经常使用的教学方法。同时,由于许多基本知识的逻辑性比较强,学生理解起来有一定的困难,可以采取案例分析方法进行教学。

案例 8-10

课程名称："循环结构"教学设计

1. 教学目标与任务

教学目标：让学生体会并理解循环结构解决问题的基本思想(什么时候需要使用循环结构,为什么使用循环结构可以提高效率等);并且知道如何用循环结构解决一些具体问题;掌握循环语句的用法,并且能够用循环语句实现循环结构。关键点是为什么要用循环结构和什么时候使用循环结构。

教学任务：循环结构的引入和表述、循环语句的使用、使用循环结构解决问题。重点在于循环结构的引入和表述。

2. 教学过程

（1）教师提出："我们已经学会了如何在屏幕的中央画一个圆，现在我们的任务是画一个箭靶。"并且可以演示所要求的结果。

（2）教师继续提出问题"大家分析讨论，这个任务的关键是什么？"引导学生分析讨论指出，该箭靶包括10个同心圆，并且填充不同的颜色。

（3）教师要求学生画10个同心圆，并且观察学生活动情况，可能情况：一部分学生直接写出10条语句；一部分学生写出1条语句，利用复制命令复制9次；一部分学生感觉很烦琐，不愿做。教师归纳指出10个同心圆的方法虽然简单，但用已有知识解决该问题很烦琐，可操作性差。

（4）教师引导学生分析比较10条画圆语句，它们有什么共同特点和彼此差异？让学生总结出：（以下以QBASIC语言为例）

Circle(320,240),R,I

其中R代表半径。

（5）教师继续引导学生讨论，让学生提出"通过改变R的值，重复执行一条语句，画出100个同心圆"，这正是循环结构程序的思想。

（6）教师引出循环语句、循环结构程序的概念与功能，写出：

FOR　R=20　TO　200　STEP　20
Circle(320,240),R,I
NEXT　R

（7）同类迁移：要求每个学生使用PAINT语句和循环结构完成画箭靶的任务，达到巩固与强化的目的。

（8）学生独立完成全部程序，并且进行调试。教师进行个别教练，如果碰到问题，要教学生首先查找问题出在什么地方，找到后将它修改，再重新执行程序，如此反复直到程序执行结果正确，这一过程就是调试过程。

（9）总结：归纳循环结构，并且指出循环结构的流程图表述方法。

（10）教师布置作业，要求学生写出另外一个问题的流程图。并且提出思考问题：循环结构程序与其他结构程序有什么关系？能不能用一个实例将它们综合起来？

本章小结

1. 教学模式是指在一定的教学思想、教学理论、学习理论指导下的、在某种环境中展开的教学活动进程的稳定结构形式。它在教学理论与教学实践之间架起了一座桥梁。作为一个优秀教师，不能只会运用一种教学模式而应从初衷出发，灵活运用多种教学模式，才会取得较好的教学效果。

2. 常用的教学模式有：搜集-展示模式、直观-情境模式、讲解-实践模式、课前话题模式、模仿-提高模式、展示-评价模式。教师在教学时要根据不同的课程运用不同的教学模式进行教学。

3. 教学方法是指教师和学生在教学过程中为达到一定的教学目的，根据特定的教学内容，双方共同进行并相互作用的具体的活动方式、步骤、手段和技术的总和。教学模式是对多种教学方法的提炼和组合,而教学方法常常表现为教学过程中的某一个侧面的一系列操作活动。

4. 常用的教学方法有:讲授法、图解法、提问法、演示法、文化熏陶法、迁移法、任务驱动法、案例教学法、教练法。

思考题

1. 教学模式和教学方法的特征有哪些?请谈谈两者之间的区别和联系。
2. 不同的教学模式在教学过程中发挥着不同的作用。请你选择一种比较熟悉的教学模式,谈谈该教学模式对教学实践的指导意义。
3. 本章针对不同的信息技术课程介绍了不同的教学方法,请你任选一种课程,尝试用多种教学方法完成一个教学案例。

实践者园地

1. 试一试:以下三个教学情境在课堂教学时应采用什么教学方法比较好呢?尝试用本章介绍的教学模式与教学方法写出完整的教案。

情境一:电脑里的"纸牌"游戏挺好玩的,你们想试一试吗?学生利用鼠标这个"指挥棒"玩纸牌游戏。(基本知识学习)

情境二:地球是我们共同的家园,我们应该共同来保护它。请你为宣传环保出一份力。学生利用图文混排的方法制作一份有关环保的电脑小报。(软件学习)

情境三:池塘里的荷花开得真漂亮,你能命令小海龟画出一朵漂亮的荷花吗?学生利用重复命令画出荷花。(程序学习)

2. 以下是一位教师的教学实录,请分析该教师用到的教学方法。

教学内容:武汉出版社版,《信息技术三年级上册》第7课"画画我喜爱的小动物"

教学目标:

  知识目标:1. 掌握启动和退出画图的方法。
      2. 让学生认识画图的界面。
      3. 让学生认识各工具的作用。
  能力目标:1. 培养学生灵活运用知识的能力。
      2. 培养学生自主学习的能力。
  情感目标:培养学生学习计算机的兴趣。

教学重点:怎样进入和退出画图。

教学难点:如何根据需要设定画纸的大小。

教学准备:优秀绘画作品的展示课件。

教学过程:

1. 激发兴趣引入,出示课题。

同学们,你们喜欢画画吗?(喜欢)平常同学们都是把画画在什么地方?(纸上)同学们想不想知道计算机画出来的画是什么样的呢?让我们一起来欣赏一下。出示课件。(优秀的绘画作

品)

师:今天我们就一起来认识"画图"。

2. 启动"画图"。

师:同学们,以前我们学了"记事本",现在请一位同学上来演示一下启动"记事本"的方法。

学生演示。

师:我们能不能用刚才这位同学的方法,启动"画图"工具?请同学们在自己的计算机上试一试。

学生操作。

师:请一位同学说出自己的方法,并演示给全班同学看。教师强调:和实际生活一样,我们要使用计算机学习或娱乐,都要先选择一款对应的工具软件。比如打字,就要进入写字板、Word或WPS;想要画画就要启动"画图"或者其他绘图软件。绝大多数计算机软件的进入方法都可以遵循这样的方法:单击"开始"——"(所有)程序"——"软件名称"。(教师板书)

3. 认识"画图"的界面。

师:在同学们上美术课的时候,老师都会让你们准备些什么?

生:颜料、铅笔、橡皮、绘画纸、调色板等。

师:那么用"画图"来画画,是否也需要准备呢?

教师介绍窗口各部分的名称:

工具箱:好比我们的文具盒,里面有橡皮、铅笔等我们所需要的工具。

颜料盒:好比我们自己的颜料,可以在里面选择自己所需的颜色。

画布:好比我们的绘画纸。我们可以在上面画出非常精美的图画。

还有前景色和背景色、滚动条、提示栏等。

师:相邻的两个同学相互说一说"画图"各部分的名称。

4. 调整画布大小。

师:刚才我们认识了"画图"的界面,它想得真周到,把我们所需的工具都准备好了。只不过有一样需要我们自己来准备,那就是准备自己需要的画纸(画布大小的设置)。

教师演示。(画纸:宽733像素,长450像素)

学生练习。

5. 退出"画图"。

师:请一个同学用关闭"记事本"的方法来关闭"画图"。(如果需要保存就按"是",不需要保存就按"否")

6. 学生巩固练习。

重新打开"画图",并设置画布的大小,然后关闭窗口。

7. 教师总结。

教师和学生一起小结:进入计算机软件的一般方法。

第 9 章 教学媒体和教学手段

> 最好的一种教学：牢牢记住学校教材和实际经验两者相互联系的必要性，使学生养成一种态度，习惯于寻找这两方面的接触点和相互的关系。
>
> ——杜威

学习目标

1. 了解各种媒体形式的特点。
2. 掌握各类媒体在教学中的应用。
3. 知道各种教学手段及其在教学中的应用。

9.1 教学媒体的选择

核心术语

◆ 教学媒体　　　◆ 媒体选择　　　◆ 媒体运用

9.1.1 教学媒体的分类

1. 媒体和教学媒体

媒体，又称为媒介、传播媒体，是指信息传播过程中，从信息源到接受者之间携带和传递信息的任何物质工具。

教学媒体是指在传播知识、技能和情感的过程中，储存和传递教学信息的载体。教学媒体按照媒体作用的感官可分为视觉媒体、听觉媒体、视听觉媒体、交互媒体以及多媒体系统。

2. 视觉媒体

视觉媒体指发出的信息主要作用于人的视觉器官的媒体。它主要包括文本信息、图形图像、动画等。

视觉媒体的主要特征就是其直观性。视觉材料的直观性越强，也就越接近它所代表的事物或概念，就越能防止传播的失真。但是教学媒体的视觉材料的逼真程度与学习量并不是成正比的。有研究表明，一般情况下，逼真程度与学习量的关系是一条抛物线的关系，如图 9-1 所示。

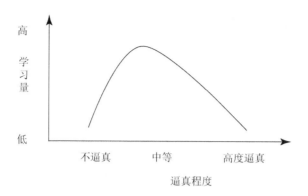

图 9-1 逼真程度与学习量的关系

从图 9-1 可以看出,高度逼真和不逼真都不利于学习,只能获得较低的学习量;而中等程度的逼真是最佳的,能获得较高的学习量。其主要原因是:一幅过于逼真的视觉材料中可能包含了大量与传递信息无关的因素,因而可能会造成干扰,如果学习者不能区分相关和无关信息,就会增加学习的难度。而这种信息区分能力与学习者的本身差异有关(知识经验、年龄等)。

(1) 文本信息。文本是指以文字和各种专用符号表达的信息形式。在众多的教学媒体中,文字一直被认为是最基本、最重要的成分。例如,印刷的教材。文字教材是教学信息的重要载体,是进行学校教学的重要媒体形式之一。

文本信息具有呈现的教学信息稳定、持久、价廉易得,承载的教学信息系统性、逻辑性较强等优点。但是文本信息要求使用者必须具备基本的读写能力和阅读技能,否则无法有效地利用教材进行学习。此外,文字教材主要是利用语言文字符号传递信息,提供的是抽象的经验。为了提高学习效果,最好与其他媒体配合使用。

文本信息的呈现方式有板书、印刷教材和电子教材及多媒体课件等形式。

(2) 图形图像。图形是指由外部轮廓线条构成的矢量图,包括直线、圆、矩形、曲线、图表等。

在计算机中,则是用一组指令集合来描述图形的内容,如描述构成该图的各种图元位置维数、形状等。图形描述对象可任意缩放,不会失真。在显示方面,图形使用专门软件将描述图形的指令转换成屏幕上的形状和颜色。这适用于描述轮廓不很复杂,色彩不是很丰富的对象,如几何图形、工程图纸、CAD、3D 造型软件等。

图像指的是一些表示人、物和地点的照片或与照片类似的图片。

在计算机中,图像是由一些排列的像素组成的,其存储格式有 BMP、PCX、TIF、GIF 等,一般数据量比较大。它除了可以表达真实的照片外,也可以表现复杂绘画的某些细节,并具有灵活和富有创造力等特点。

图形和图像可以把抽象的思想转化为更现实的形式,使学生更易于理解。但是,图形和图像是平面的、静止的,不具有三维性,不能表现运动。

(3) 动画。动画就是运动的画面,即利用人眼的视觉暂留功能,快速连续播放而获得运动画面的效果,也包括画面的缩放、旋转、切换等特殊效果。

动画和图像一样，是强有力的表现形式。动画在描述运动时更为有效。动画可按表现形式分为二维动画和三维动画。

动画按生成的方法可以分为以下三类：

① 逐帧动画。逐帧动画是由一幅幅内容相关的位图组成的连续画面，就像电影胶片或卡通画面一样，要分别设计每屏要显示的帧画面。

② 关键帧动画。所谓关键帧动画，就是给出需要动画效果的属性，准备一组与时间相关的值，这些值都是在动画序列中比较关键的帧中提取出来的，而其他时间帧中的值，可以用这些关键值，采用特定的插值方法计算得到，从而达到比较流畅的动画效果。

③ 造型动画。造型动画是基于物理模型的计算机动画，单独设计图像中的运动物体，为每个动元设计其位置、形状、大小及颜色等，然后由动元构成一张完整的画面。控制动元表演和行为的脚本叫制作表，动元要根据制作表中的规定扮演自己的角色。

利用动画进行教学，能够动态地表现事物的变化，使教学内容丰富多彩，形象直观；能够使那些原本枯燥无味的知识变得富有趣味性，使学生产生极大的好奇心，激发学生学习的兴趣。但是动画的制作较为麻烦，对开发人员有较高的要求。

(4) 实物教具和模型。实物教具和模型都是一种与直接的、有目的的学习经验联系最密切的视觉媒体。实物教具包括真实的物体和标本。实物对学习者新知识的获取可说是最基本、最理想的媒介，特别是为那些纯粹的抽象概念提供了具体的形象表达。由于其直观、具体、真实、形象，便于学生观察、理解，同时学生可以动手操作，这样更容易引起学生的学习兴趣。模型是实物的一种替代，用以表达具体实物的三维特征，它既可比实物大，也可比实物小或者相同，也可根据教学需要而保留必要的细节或进行简化，因此，模型可以提供实物教具所不能提供的学习经验。虽然实物教具比模型真实，但相比较而言，模型作为一种有针对性的设计物品更能适合教学的需要。

3. 音频信息

即声音信息。声音是多媒体中最容易被人感知到的部分，是人们用于传递信息最方便、最熟悉的方式，主要包括人的语音、音乐、自然界的各种声音、人工合成声音等。

人对于音频信息的感应包含生理、心理两个过程。进入耳道的声波导致耳膜振动让人感到"听"见声音，而这种振动通过神经脉冲传到大脑则使人"觉"到声音。前者为生理过程，后者为心理过程，生理过程是"感"到声音，心理过程是通过对这种"感"的信号的辨别和认识所产生的"觉"，进而去理解它。

声音信号作为一种波，有两个基本参数：振幅和频率。声音的响度由振幅决定，而音高由声波频率决定。

响度，又称为声强或音量，它表示的是声音能量的强弱程度，主要取决于声波振幅的大小。响度是听觉的基础。正常人听觉的强度范围为 0~140dB。

音高，又称为音调，表示人耳对声音调子高低的主观感受。客观上音高大小主要取决于声波频率的高低，频率高则音调高，反之则低，单位用 Hz 表示。人们通常把频率小于 20Hz 的信号称为亚音信号，频率范围为 20~20 000Hz 的信号称为音频信号，高于 20kHz 的信号称为超声波信号。人的听觉器官能感知的声音频率大约在 20~20 000Hz 之间。

通常在计算机内的音频信息可分为以下几种：

(1) 波形声音 WAV。波形声音是经过 A/D(数字/模拟)转换,以数值的方式来表示声波的音高、音长等基本参数的。PCM 编码的 WAV 文件是音质最好的格式,在 Windows 平台下,所有音频软件都能够提供对它的支持,通常用于多媒体开发、保存音乐和音效素材。

(2) MP3。MP3 是利用 MPEG Audio Layer 3 的技术,将音乐以 1∶10 甚至 1∶12 的压缩率,压缩成容量较小的文件,而且还非常好地保持了原来的音质,也就是能够在音质丢失很小的情况下把文件压缩到更小的程度。几乎所有著名的音频编辑软件都提供了对 MP3 的支持,可以将 MP3 像 WAV 一样使用,但由于 MP3 编码是有损的,因此多次编辑后,音质会急剧下降,MP3 并不适合保存素材。MP3 也具有流媒体的基本特征,可以做到在线播放。

(3) WMA。WMA 的全称是 Windows Media Audio,是微软推出的一种音频格式。WMA 格式以减少数据流量但保持音质的方法来达到更高的压缩率目的,其压缩率一般可以达到 1∶18,生成的文件大小只有相应 MP3 文件的一半。在低码率下,音质比 MP3 更好。

(4) 乐器数字接口(Musical Instrument Digital Interface,MIDI)。MIDI 文件是一种描述性的"音乐语言",它将所要演奏的乐曲信息用字节进行描述。比如在某一时刻,使用什么乐器,以什么音符开始,以什么音调结束,加以什么伴奏等,也就是说 MIDI 文件本身并不包含波形数据,所以 MIDI 文件非常小巧。MIDI 传输的不是声音信号,而是音符、控制参数等指令,它指示 MIDI 设备要做什么,怎么做,如演奏哪个音符、多大音量等。MIDI 文件就像乐谱一样,它以某一种乐器的发声为其数据记录的基础,因而重放时也必须要有相应的设备,否则声音效果就会大打折扣。MIDI 音频的缺点是它的设备相关性和它不适合表达语音声。

声音包括语言、音乐以及能代表特定意义的音响等,由它们构成的有声语言较之文字语言而言,表现力更强、更直接、更传神,更能引发学生的情绪反应和情感参与,因而具有极强的感染力。

4. 视听媒体

人的学习是一种特别的认知形式,即通过各种感官把外界的信息传递到大脑,由它分析、综合而获取知识。其中视觉获得的知识占 83%,听觉获得的知识占 11%,视听觉并用将获得更多的教学信息量,更长的记忆保持和最佳的学习效率。将视、听结合的媒体,称为视听媒体。视听媒体由于同时作用于人的视觉、听觉两种感官,它将直观、鲜明的图像与生动的语言、语音、语调有机结合,不仅能够充分表达所需传递的教学信息,而且有利于学习者处于积极的学习状态,促进对信息的理解和接受。

连续的随时间变化的图像称为视频,也叫运动图像。视频具有直观和生动的特点,能够将学习者带入真实的世界当中。视频包括电影、电视和计算机的视频。我们这里着重介绍计算机的视频。在计算机中的视频都是数字化了的视频,根据编码方式的不同,常用的视频格式有以下几种:

(1) AVI(Audio Video Interleaved,音频视频交错)格式。所谓音频视频交错,就是可以将视频和音频交织在一起进行同步播放。这种视频格式的优点是图像质量好,可以跨多个平台使用,其缺点是体积过于庞大,而且压缩标准不统一,从而造成 AVI 格式的视频播放时常会出现由于视频编码问题而不能播放,或即使能够播放,但存在不能调节播放,进度和播放时只有声音没有图像等一些莫名其妙的问题。

(2) MPEG(Moving Picture Expert Group,运动图像专家组)格式。例如,VCD、SVCD、DVD 就是这种格式。MPEG 格式是运动图像压缩算法的国际标准,它采用了有损压缩方法减少运动图像中的冗余信息。目前 MPEG 格式有五个技术标准,分别是 MPEG-1、MPEG-2、MPEG-4、MPEG-7 与 MPEG-21。

(3) MOV 格式。美国 Apple 公司开发的一种视频格式,默认的播放器为 Quick Time Player。具有较高的压缩比率和较完美的视频清晰度等特点,但是其最大的特点还是跨平台性,即不仅能支持 MacOS,同样也能支持 Windows 系列。

(4) ASF 格式。它的全称为 Advanced Streaming Format,它是微软为了和现在的 Real Player 竞争而推出的一种视频格式,用户可以直接使用 Windows 自带的 Windows Media Player 对其进行播放。ASF 文件的压缩率和图像的质量都很不错。

(5) WMV 格式。它的全称为 Windows Media Video,也是微软推出的一种采用独立编码方式并且可以直接在网上实时观看视频节目的文件压缩格式。WMV 格式的主要优点包括:本地或网络回放、可扩充的媒体类型、部件下载、可伸缩的媒体类型、流的优先级化、多语言支持、环境独立性、丰富的流间关系以及扩展性等。

(6) RM 格式。Real Networks 公司所制定的音频、视频压缩规范,全称为 Real Media,用户可以使用 RealPlayer 或 RealOne Player 对符合 RM 技术规范的网络音频/视频资源进行实况转播,并且 RM 可以根据不同的网络传输速率制定出不同的压缩比率,从而实现在低速率的网络上进行影像数据实时传送和播放。这类文件可以实现即时播放,即先从服务器上下载一部分视频文件,形成视频流缓冲区后实时播放,同时继续下载,为接下来的播放做好准备。这种"边传边播"的方法避免了用户必须等待整个文件从 Internet 上全部下载完毕才能观看的缺点。

(7) RMVB 格式。这是一种由 RM 格式升级延伸出的新视频格式,它的先进之处在于 RMVB 格式打破了原先 RM 格式那种平均压缩采样的方式,在保证平均压缩比的基础上合理利用比特率资源,就是说静止和动作场面少的画面场景采用较低的编码速率,这样可以留出更多的带宽空间,而这些带宽会在出现快速运动的画面场景时被利用。这样在保证了静止画面质量的前提下,大幅地提高了运动图像的画面质量,从而图像质量和文件大小之间就达到了微妙的平衡。要想播放这种视频格式,可以使用 RealOne Player 2.0 或 RealPlayer 8.0 加 RealVideo 9.0 以上版本的解码器形式进行播放。

9.1.2 如何选择教学媒体

1. 教学媒体的选择依据

(1) 依据教学目标。教学目标是教学活动的出发点,是教学过程的指导,同时它也是评价教学效果的依据。教学目标具有较强的针对性,为达到不同的教学目标常需要使用不同的媒体去传输教学信息。教学目标可分为言语信息、智力技能、认知策略、动作技能和情感这几类。言语信息是一种学习结果,是指学习者通过学习以后,能记忆并表达如事物的名称、符号、定义等具体的事实。智力技能是指学生通过学习获得了使用符号与环境的相互作用能力。言语信息与知道"是什么"有关,而智力技能则与"怎么办"有关。例如,在程序设计的学习中,对语法规则的学习是言语信息的学习,而学习如何编写程序则是属于智力技能的范畴。认知策略是指学生控制和调节自己的注意、学习、记忆和思维等内部过程的技能。动作技能的学习是指学习协调自身肌肉活动的能力,如学生学习英文打字。情感的学习是指学习获得决定个人行为选择的内部状态,如对网瘾的正确认识。表 9-1 为常用媒体对教学目标的支持程度。

表 9-1　常用媒体对教学目标的支持程度

教学媒体种类	学习目标					
	学习真实信息	学习视觉鉴别	学习原理、概念和规律	学习过程、程序	完成熟练的知觉运动、动作	发展所期望的态度、观念和动机
静止图片	中	高	中	中	低	低
动画片	中	高	高	高	中	中
电视	中	中	高	中	低	中
三维物体	低	高	低	低	低	低
自动录音	中	低	低	中	低	中
程序教学	中	中	中	高	低	中
演示	低	中	低	高	中	中
印刷课本	中	低	中	中	低	中
口语表述	中	低	中	中	低	中

（2）依据教学对象。不同年龄阶段的学习者对事物的接受能力不一样，他们的原有知识结构也不一样，选用教学媒体时必须考虑其年龄和心理特征及知识背景。例如，小学生的认知特点是直观形象的思维和记忆比逻辑抽象的思维和记忆发达，且在其知识结构中，所认识的文字符号有限，所以对他们可更多地使用文字以外的其他媒体形式。

（3）依据教学条件。教学中能否选用某种媒体，还要看当时、当地的具体条件，其中包括资源状况、经济能力、师生技能、使用环境、管理水平等因素。

（4）依据媒体的教学功能。各种教学媒体都有其各自的特点和独特的功能，在教学中它们是相互补充、取长补短的关系。表9-2是由加涅提出的常用媒体教学功能表。

表 9-2　常用媒体教学功能表

功能＼种类	实物演示	口头传播	印刷媒体	静止图像	活动图像	有声电影	教学机器
呈现刺激	Y	Li	Li	Y	Y	Y	Y
引导注意和其他活动	N	Y	Y	N	N	Y	Y
提供所期望行为的规范	Li	Y	Y	Li	Li	Y	Y
提供外部刺激	Li	Y	Y	Li	Li	Y	Y
指导思维	N	Y	Y	N	N	Y	Y
产生迁移	Li	Y	Li	Li	Li	Li	Li
评定成绩	N	Y	Y	N	N	Y	Y
提供反馈	Li	Y	Y	Y	Y	Y	Y

注：Y—有功能；N—没有功能；Li—功能有限

2. 教学媒体的选择方法

如前所述，不同的媒体在应用到具体的教学活动中时有其特殊功能和效果。没有一种媒体对任何一种教学情境、任何特征的学习者都相当适合，都能发挥最优的教学功能与效果。只有选择那些能够充分发挥其优越、特殊的教学功能的媒体，才能提高教学效率。常见的教学媒体的选择方法有问题表法、流程图法、表格式程序法等。

问题表实际上是列出一系列要求媒体选择者回答的问题，通过对这些问题的逐一回答，来比较清楚地发现适用于一定教学情境的媒体。

流程图建立在问题表模型的基础上。它将选择过程分解成一套按序排列的步骤,每一步骤都设有一个问题,由选择者回答"是"或"否",然后按逻辑被引入不同的分支。回答完最后一个问题,就会有一种或一组媒体被认为是最适合于特定教学情境的媒体。

下面,我们详细介绍媒体选择程序。

(1) 确定目标,对教学目标进行分类。即把教学目标具体化,最好具体到每一堂课。对一堂课的主要学习目标进行划分,明确目标类型。

(2) 列出教学活动。即列出一节课中师生的全部活动情况。一般是学生年龄越小,课堂教学中就越重视对教学活动的计划。

(3) 选择刺激种类。根据教学目标、教学活动计划、学生的认知发展水平和学习能力等决定每个教学活动中使用的刺激的种类。在选择刺激种类时可参考表 9-3。

表 9-3 教学活动与刺激种类参考表

	教学活动	刺激种类
a	引起注意	声音、图像、视频、实物
b	关于目标的信息	语言、实物
c	指导学习	语言、板书、录像、教师示范
d	提供反馈	语言、板书
e	促进记忆和迁移	声音、视频、实物

(4) 列出备选媒体。选定教学活动的刺激类型后,就可列出许多可用来实现要求的媒体,给出一个媒体选择范围。表 9-4 是教学活动与媒体选择的参考表。

表 9-4 教学活动与媒体选择参考表

	教学活动	媒体选择
a	引起注意	口语表述、电视、动画片
b	关于目标的信息	口语表述、静止图片、三维物体
c	指导学习	口语表述、教学机器、有声电影、黑板
d	提供反馈	口语表述、音频、视频、黑板
e	促进记忆和迁移	三维物体、演示、问题情境

(5) 理论上选择的最佳媒体。教师不考虑实际情况,只根据媒体选择的基本原理,判断哪种媒体是最佳媒体,这是选择媒体的关键。

(6) 最终的媒体选择。根据实际情况,结合以上各种分析,教师进一步明确最理想的教学媒体。

(7) 对媒体制作者的指示。如果选定的媒体需要制作的话,还要为其制作写下若干规定、注意事项和文字稿本。

9.1.3 媒体在教学中的运用

1. 文字

文字是最常见的一种教学媒体形式,它经常出现在教材、板书和各类课件中。在课件中使用

文字要注意以下几点:

(1) 字体(字的形状)、字色(字体的颜色)、式样(字的变化)的设置。选择恰当的字体、字色与式样的组合能使文本看起来更美观,容易吸引学生的注意力,可以通过设置不同的字色、字体和式样(加粗、斜体等)等方式突出显示重点内容。如果课件是用于课堂教学的大屏幕投影,要注意显示的文字要足够大,以避免学生看不清楚的情况发生,此外,文字与背景的配色也很重要。

(2) 文字格式应该按照分类设置。例如,所有的帮助信息采用相同的风格,所有的图片说明采用另一种风格,便于学生区分不同类型的文字信息。

(3) 此外,要注意在一个画面上不要显示太多的文字。如果文字比较多,可以分页显示。

(4) 如果教学对象是较小的学生,所使用的文字应在其能够识别和理解的范围内。

2. 实物教具和模型

实物教具和模型是一种与直接的、有目的的学习经验联系最密切的视觉媒体,它们几乎能对所有的感官都有所刺激。在教学中使用实物教具和模型时,要注意以下几个问题:

(1) 模型中与实物不一致的内容要及时予以指出,以避免使学生形成错误的认识。例如,大小比例的差别、颜色的差别等一定要事先说明。

(2) 在不使用时,不要让学生看到实物或模型教具,以免分散学生的注意力。

(3) 可使用实物投影仪展示教具,它不仅能把需要展示的实物或模型加以放大,还可以满足更多的人更仔细地观察。

(4) 如果条件允许,教师应当尽可能地让学生接触实物或模型。如果这个教具是可拆解或可操作的,让学生亲自动手操作有助于强化学生的认识和动作技能。

模型还可以被拆解或打开一部分显示内部结构,有的也可以让学生自己操作。重要部位还可涂上颜色加以强调,这些都是实物难以做到的。

3. 图形和图像

图形和图像是常见的一种教学媒体形式,它所包含的信息量非常丰富。通过画面可以生动、形象、直观地表达出大量的信息,将抽象的内容转化为较直观的形式,有助于说明教材内容的意义,增进学生的了解,启发学生的想象。在教学中使用的图形和图像在构图、色彩搭配、画面组织等方面要符合心理学、教育学、美学、教育技术学的基本原则,应注意以下问题:

(1) 图形和图像的设计要注意突出主体,符合学生的色彩感知规律与视觉习惯。在进行画面设计时,可适当在亮度、色彩、色调等方面加大主体与背景的反差或通过简化背景、虚化背景等方法来突出主体。主体内容在画面上所占的面积、位置、色度等应明显突出,以引起注意。在同一画面上不要出现两个以上的兴趣点,否则可能会分散学生的注意力。色彩除了可以用来描绘实际物体,提高图像的真实感外,还可以用来指出相似点,区别并突出重点,也会引起特殊的情绪反应。

(2) 图像素材的逼真度应适中。图像素材的逼真度是影响学生学习效果的一个重要因素,如本章第一节所述,中等程序的逼真度才是佳的。因为高度逼真的图像素材中包含了过多的细节,而许多无关的信息分散了学生的注意力,干扰了对有关信息的正常加工。

(3) 在使用图形和图像时,一定要让所有学生都能看清楚。

(4) 不宜频繁地使用图片。

(5) 除了要作比较和对照之外,同一个时刻尽可能使用一幅画面。

(6) 通过设置一些与图片直接有关的问题来帮助学生从图片中学习。

(7) 用于自学的一些图片,则应写一些提示,帮助强调图中包含的重要信息。

4. 声音

声音教学媒体包括语音、音乐和效果声。语音常用于说明事物和现象,并进行概括和总结,对学生给予指导、引导或启发,补充图像或文本的不足等;音乐则用于烘托特定的内容情节,对学习的节奏和氛围给予一定程度的调节;而效果声主要用于丰富教学内容所涉及的事物和现象,增强内容的表现力。在使用声音教学媒体时,要注意以下几个问题:

(1) 在使用语音时,要注意语言的可懂度和明确性,避免发生歧义和晦涩的语词,且要尽量选用朗朗上口的响亮字眼等。要注意所用的词汇水平和描述方法与学生的年龄和心理特征及知识背景相符。

(2) 充分发挥声音直观功能。声音中用以表意的语言、用以表情的音乐和用以表真的音响,其内涵是十分丰富的,在教学过程中要注意声音的强弱、语调的高低和节奏的快慢,对画面的介绍要及时、准确、恰到好处,对效果声音要力求逼真,对平时难以听到的声响要进行放大或模拟来渲染效果,以烘托气氛,渲染情绪,调节教学节奏。

(3) 在使用语音时,通过适当的停顿给学生提供思考的余地。

(4) 声音质量的选择。声音的数字化质量是通过采样频率、样本精度和通道数来反映的。一般上述三项指标越高,声音失真越小,声音越真实,但用于存储声音的数据量和所占存储空间也越大。由于在教学中受环境及设备的影响,用 22.05kHz 的采样频率录制音乐,用 11.025kHz 的频率录制语音就足以满足需要,过高的精度并没有实际意义。

5. 视听觉媒体

视听觉媒体是动态的视觉与听觉的结合物,能够提供丰富多彩、生动形象的感性材料,使课堂更具趣味性;能够充分表现宏观、微观、瞬间和漫长的过程与事物,不受时空条件限制,有利于激发学生的学习兴趣,调动学生的学习积极性,发展学生的观察力、想象力和思维能力。在使用视听觉媒体时,要注意以下几个问题:

(1) 选择适合的教学片。在选择教学片时要考虑该片是否适合学生的现有水平,能否促进对教学内容的理解。

(2) 教师要做好课前的准备工作。对于要播放的视音频信息,教师应着重考虑哪些部分学生不易理解,甚至会产生误解,需要教师加以讲解。

(3) 播放前要引导学生明确观看视音频信息的目的,教师可在播放之前给学生提一些问题,让学生带着问题去学习,这样会取得较好的效果。

(4) 学生观看完毕后应对所看的内容进行讨论和总结,以巩固和加深对所学知识的理解。

9.2 教学手段的选择

核心术语

◆ 教学手段   ◆ 多媒体教室   ◆ 信息技术课程

9.2.1 教学手段

教学手段是直接影响教学方法的一个重要的、可变的因素,也是关系到教学质量和教学效率的重要因素之一,它包括物质性和技术性的层面。教学手段随着科技在教育中的应用而不断发展,一般认为,教学手段的发展经历了两个阶段:以文字教科书、粉笔、黑板、挂图、标本、模型等为主的传统教学手段阶段;以及在此基础上增加的基于各种电教设备的录音、幻灯、电影、电视、广播、录像、投影、计算器、语言实验室、电教教材和以计算机及网络技术为中心的现代教学手段阶段。在我国,计算机工业始于 20 世纪 50 年代,计算机教育也同时出现。在信息技术教育教学尤其是中小学信息技术教育中,最常用、最直接、最有效的教学手段当属以计算机为核心的各种现代教学手段,主要指计算机辅助教学、交互式多媒体教学、远程教学等。因此,我们将着重研究与计算机多媒体技术密切相关的现代教学手段。

现代教学手段采用的设备具有较强的记录、存储、传输、重放、再现的功能,突破了文字的静止描述而以音、像形式呈现教学信息,图文并茂,形、声、色、意、情俱全,更广泛地作用于人的感官,还能使教学信息超越时空的限制,更生动、直观甚至化虚为实,增强学习者的体验和感受,大大地提高了教学效果和质量。基于网络的教育扩大了受教育面,节省了师资和设备,使教学规模进一步扩大。现代教学手段的运用,还引发了教学资源、教学方法、教学组织及设计的变革,从学习过程、学习环境等方面引发了课堂教学的巨大变化。多种媒体的组合,使教学信息的传递量更大、节奏更快。

9.2.2 教材

教科书是根据教学大纲编写的,是教和学的主要依据,也是运用语言做媒体的教学手段的蓝本。现有的中小学计算机教材基本上均符合新课标规定的目标和要求,即能够体现知识的结构,形成一定的学科体系;科学性、思想性正确;理论联系实际,难度适宜,负担合理;图表简明,叙述精练,便于教和学。

教师为了上好课,必须认真钻研教材,要深入地分析它的内容、特点和编写意图。为了充分发挥教材的作用,教师要根据计算机学科的特点,有计划地对学生进行阅读教科书的指导和培养学生的自学能力。为此,中小学计算机教师可从下面两方面来进行指导。

(1) 要抓好各教学阶段的阅读指导。

① 预习性阅读。教师可提出一些思考题,让学生边读、边思考,以使学生胸有成竹地参与新课的教学过程。

② 配合新课教学的阅读。教师上课时可以留出适当时间让学生阅读,比如一些例题、程序,在学生阅读之后,教师就可以少讲、精讲。

③ 巩固复习性阅读。当堂巩固性阅读,可要求学生理解教材,并能用自己的语言正确复述概念的定义和计算机程序的算法,对新课能作概括性的表述。对单元或全章复习性阅读,要求通过阅读,理出知识系统、知识之间的纵横联系,形成有机的整体,并精练成简明的纲要或用类似于计算机流程图的方式进行表述。

(2) 要根据学生的特点有层次地提出不同的要求。阅读能力的培养与其他能力的培养一样,需要有一个逐步提高的过程。比如说,要求学生花多少时间作预习性阅读,要不要写读书笔记,有何具体要求,均要看学生的实际水平和能力。对于高中学生和初中学生的要求更是应当有所区别。开始阶段,可以做些提示或示范,后面逐步要求学生独立地完成不同阶段的阅读要求。

经过如此长期的阅读训练,持之以恒,就会有助于培养学生自己阅读教材和参考书的能力。

9.2.3 板书

板书是一种常用的教学手段,好的板书有助于将教学内容分清段落,表明主次,便于学生掌握教学内容的体系、重点。板书的基本要求是布局合理、提纲挈领、层次清楚、端庄大方。如图 9-2 为"网页设计"的教学板书设计。

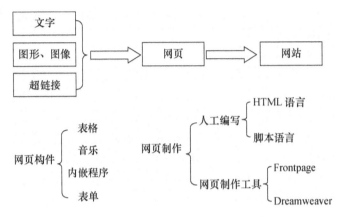

图 9-2 "网页设计"的教学板书设计

多数教师的板书是配合教学过程,边教学、边进行,实践证明,这个办法好。倘若一开始就把一堂课的纲要全都写在黑板上,容易分散学生注意力。有的教师上课时,善于通过多种方式由已有知识自然地过渡到新课内容,往往一节课进行过半,才画龙点睛式地在众多的板书之上冠以标题;有的教师在研究两个相关部件时,先将这两个相关部件写在相距适当的位置上,当分析得出两者之间的某种关系时,才将相应的符号或文字填入其间,把两者联系起来以形成完整的板书。这样两种板书使用得当,未尝不可,但不要作为一种模式来学。若生硬牵强,会弄巧成拙。特别是这种板书方法,往往会给学生记笔记带来一定的困难。

教师在书写板书时速度要快,还要尽量让全班学生都看得清楚,要考虑到合理地使用版面,不可为了强调某个概念或它的某个特征,重复在一些字句下面加点、加固、加波纹线,致使版面很不整洁。此外,板书难免有错漏,因此教师在板书之后,要复看或默念一遍,以免让学生记下错误的板书,造成意想不到的不良后果。

9.2.4 多媒体教室

多媒体教学是近年来一个非常热门的话题,那么什么是多媒体教学呢?实际上这里所指的多媒体教学有两种含义:一是运用多种媒体(如幻灯、投影、电影、电视、录音等电教设备)组合的多种媒体组合教学;另一种则是以多媒体计算机为核心媒体的教学方式,这也是人们通常所理解的多媒体教学。但这本身实际上是一个非常含糊的概念,因为以多媒体计算机为核心媒体的教学有许多模式,如课堂教学模式、个人自学模式、协作学习模式以及网络教学模式等。这些模式之间的差别不仅是方式不同,更重要的是指导思想也不同。

多媒体教室基本组成主要有多媒体计算机、大屏幕投影仪、实物展示台、投影屏幕、录音机等设备。多媒体教室设备连接如图 9-3 所示。

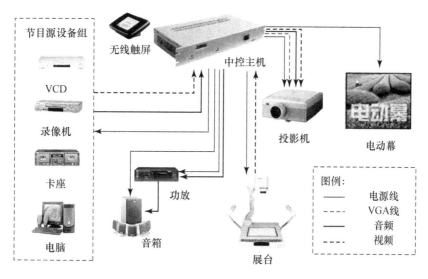

图 9-3　多媒体教室设备连接图

多媒体投影教室是指将传统教学媒体(如黑板或白板、挂图和模型等)、视听媒体(如电视机、录像机、录音机、CD 唱机、影碟机、功放机、扬声器、话筒、幻灯投影机及视频展示台等)和计算机媒体等按一定教学功能进行整合、集成,并以某种方式接入网络(广播电视网或计算机网),能实现文字、图形、图像、视频、音频、动画和课件等多种媒体的播放与控制,以及网络资源调用、转播的教学系统。

1. 多媒体投影教室的类型及其结构

多媒体投影教室根据媒体配置和教学功能差异,又可分为以下几类:

(1) 简易型。仅装配多媒体计算机和多媒体投影机,利用多媒体计算机开展文字、图片、动画、视频和音频等多种媒体的教学。简易型多媒体投影教室投资较少,但同样能获得多媒体教学效果,是一种实用型多媒体投影教室。

(2) 标准型。标准型多媒体投影教室由多媒体计算机、多媒体投影机、集控系统、视频展示台、录像机、影碟机、话筒及扩音机等组成,其主要设备通过集成控制系统控制,由控制面板统一操控并可接入校园有线电视网和校园计算机网。为了方便对多媒体教室内多种设备和设施(如银幕、灯光及窗帘等)的操作与控制,集成控制系统把操作与控制的功能键集中放置于操作台的一块面板上(称为控制面板),使用控制面板实施各种操作与控制。常用的控制方式有以下几种:

① 按键开关式。用线路连接各种媒体设备的控制信号,用手动按键开关操作。特点是简单可靠、价格低廉等。

② 电脑触摸屏式。通过电脑触摸屏去控制电脑主控机的输出,从而实现对各种设备与设施的操作与控制。这一方式技术先进、使用方便,但价格较高。

③ 电脑软件控制方式。通过运行在多媒体电脑上的软件进行控制,软件界面也非常直观,使用方便。

④ 网络控制方式。基于网络播控的多媒体投影教室的系统配置中,多媒体计算机和网络中央控制器均具备联网功能,可以独立设置或结合设置,并配置管理软件,构成多媒体教室的集成控制系统,可通过网络对多媒体教室的设备、设施进行远程控制和管理。监控学生的情况,更有针对性地进行教学活动。

(3) 学科专业型。该类型是在简易型或标准型配置的基础上,增加一些针对某种学科教学的特殊需要的设备,如生物课教学需要的彩色显微摄影装置和音乐教学需要的 MIDI 等,以构成某一学科专用的多媒体投影教室。

2. 多媒体投影教室的教学功能

(1) 控制和管理功能。

① 基本功能。使用者可以通过控制台和控制面板很方便地操作教室的设备和设施,实现各种媒体的演播和切换功能。

② 远程控制功能。使用者可在教室通过网络电子举手向管理终端的管理人员提出帮助请求,进行双向对讲;管理人员利用管理终端通过校园网对教室的集成中央控制系统及其接入设备进行远程监测、控制、管理和维护。

③ 智能管理功能。利用管理软件系统可以根据课表对教室进行自动控制,如某教室有课,管理系统可以自动在上课前打开该教室的中央控制系统,使教室设备处于预备状态;若下一节没有课,管理系统可以在下课后关闭中央控制系统和投影机。

④ 安全防盗功能。教室端实现"插卡即用"、"拔卡即走"功能;系统对控制讲台的使用门、维修门进行布点防盗;对投影机进行红外线式的防盗,防盗信息通过网络送到远程管理终端,并实时地进行声光报警。

(2) 多媒体教学和录播、转播功能。多媒体投影教室具备的基本教学功能有:实物投影教学、电视录像教学、广播录音教学和多媒体计算机教学等。对基于网络播控的多媒体教室,还可将课堂教学实况和教师用的电子讲稿或播放的课件进行实时压缩,通过校园网络直播系统直播给其他教室和网上其他用户,存储于流媒体服务器中,支持基于校园网的 VOD 和 AOD 点播,实现异步授课,开展实时远程教学、示范教学,实现同步听课。

3. 多媒体投影教室的教学应用

多媒体投影教学系统由于具有强大的多种媒体演播功能、集成控制功能和网络接入功能,目前广泛应用于课堂演播教学、培训、远程网络教学、会议报告和各种演示等方面。多媒体投影教学系统用于课堂教学,可通过文字、图形、图像、实物、电视、录像和动画等多媒体信息的演播来展示事实、模拟过程、创设情境,开展多种教学模式。例如,以教师讲授为主,辅以媒体演播的讲授式教学模式;运用媒体演播,提供示范,然后让学生模仿练习的示范式教学模式;运用媒体创设情境,引起学生联想,激发学生兴趣的情境式教学模式;运用媒体设疑思辨,引导学生探究的引探式教学模式等。由于这类多媒体教室的规模较大(可达两三百人,甚至更多),投资相对较少,但收益面广,又能与传统的课堂教学相衔接,因此是学校开展多媒体教学的重要设施。

9.2.5 多媒体网络教室

1. 多媒体网络型教室的结构

多媒体网络型教室,是指分布在一个教室范围内的用于课堂教学的计算机局域网络。网络教室的组成比较简单,当计算机数量较少时,由集线器(Hub)和双绞线连成共享式局域网。计算机数量较多的网络教室,则需要交换机或交换式 Hub 组成局部交换式的网络,如图 9-4 所示。

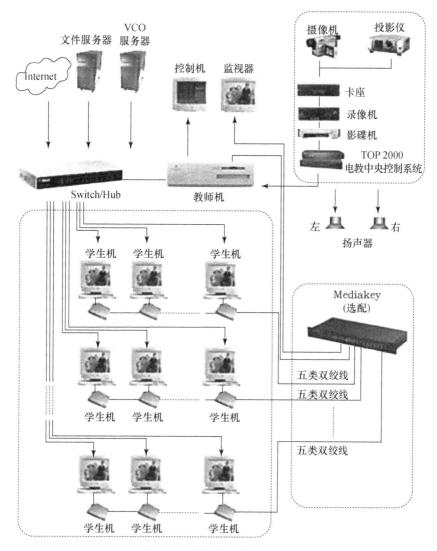

图 9-4　多媒体网络教室拓扑图

多媒体网络教室一般配置如下:

(1) 与互联网连接。为便于存取校园网和互联网上的教学资源及开展网上交流,网络教室应通过校园网或 ADSL 与互联网连接。

(2) 配置多媒体设备。学生机应配置网卡、声卡、CD 及 TV 卡等部件。

(3) 安装控制系统及耳机等部件,教师机加配采集卡、投影仪、扫描仪。控制系统是以计算机网络系统为基础,在教师机和学生机上加相应的硬件或软件,对教室的设备进行控制和信息资源的传输与共享,使计算机网络的功能得以实现。多媒体网络型教室的这种控制系统大致分为纯硬件型、纯软件型和软硬结合型。纯硬件型控制系统的教学信息和控制信号通过教师机控制面板、视频音频传输卡、传输线和学生套件进行传输。在纯软件型控制系统中,所有的数据和控制信号都是通过网络进行传输的,不需要额外的硬件,但对软件和网速有比较高的要求。软硬结合型介于两者之间,既有硬件部分,也有软件部分,其特点是把教学内容信号和控制信号分开进行传输。

(4) 配置教学信息资源。教学信息资源是多媒体网络型教室最重要的组成部分,没有教学信息资源,它就没有应用价值。教师机通常存放本地教学资源库,如辅助备课资源库、学习资源库、资源开发与搜索工具等。

2. 多媒体网络型教室的主要功能

(1) 实时广播教学。教师可以将屏幕内容或讲话声音传递给全体学生、部分学生或单个学生。实时广播包括屏幕广播和声音广播。屏幕广播不仅在一定程度上发挥黑板的作用,还可以插入各种精美图片、音频视频动画或图像,丰富了黑板的功能,提高了课堂教学效果。声音广播使网络教室具备语音室的功能。

(2) 远程控制。教师可根据教学活动的实际需要,要求学生机远程执行某种命令,达到相应的控制效果。比如,对学生机器进行锁定或解锁、关机或启动、全体黑屏和个别辅导等。

(3) 学习监督。通过学习监督功能,教师可以在自己机器上观看和检查网络上全体学生、某个小组学生或个别学生的屏幕信息。这样教师不用离开自己的位置就可以了解学生的活动情况,及时进行指导或教学活动控制。

(4) 实时分组。实时分组是指教师在教学过程中可以对全班学生按机号进行分组,组成学习小组开展学习或竞赛活动。

(5) 在线交流。通过在线交流功能,师生之间、生生之间可以相互交流信息。交流的方式可以是语音交流,不少产品集语言实验室、多媒体网络型教室和计算机实验室等多种功能于一体,可开展多学科教学,具有广泛的适用性。从媒体配置及教学功能来看,语言实验室可分为听音型(AP 型)、听说型(AA 型)、听说对比型(AAC 型)、视听说对比型(AACV 型)和多媒体学习型(ML 型)等五种类型。前两种为普通型,现在已经很少使用。听说对比型和视听说对比型目前在各级各类学校里应用比较普遍。近年来,多媒体学习型语言实验室已成为各级各类学校重点建设的方向。

9.2.6 PGP 课堂教学平台

PGP 课堂教学平台是由华中师范大学国家数字化学习工程技术研究中心重点研究开发的一个新型教学平台,也称盘古课堂教学平台(PanGu Presentation,简称 PGP)。PGP 课堂教学平台是在交互式电子白板基础上研发形成的,首创了单机双定位技术,采用了电子双板的交互联动及遥指技术,配合互动短焦投影机的动作捕捉和投射,两块白板可以分别显示不同的内容,也可以显示相同的内容,两块白板之间还可以互动,即当在一块白板上操作的时候,另一块白板上的内容会随之而变动。由于其突出的功能是通过电子双板来体现的,所以该平台被称作"PGP 电子双板教学平台"或"PGP 电子双板"。

PGP 电子双板教学平台由硬件系统和软件系统两大部分构成。硬件系统主要包括电子双板、短焦投影机、计算机等,其中电子双板是采用两块交互式电子白板替代一般的单块交互式电子白板,可以提供更大的教学内容展示区域;软件系统有 PGP 电子双板平台系统软件、PGP 课件展示工具、PGP课件制作工具等。在PGP电子双板平台系统软件的控制作用下,可以控制电子双板的连接与通信;PGP课件展示工具可方便教师展示已设计的教学流程或随机打开教学资料进行展示、标注;PGP课件制作工具能够方便教师设计基于PGP展示平台下的教学活动组织。

1. 基本型PGP电子双板教学平台的配置

基本型PGP电子双板教学平台由2块电子交互式电子白板、1台教师端计算机、PGP平台系统软件等组成。基本型PGP电子双板教学平台的配置示意图如图9-5所示。

图9-5 基本型PGP电子双板教学平台的配置示意图

基本型PGP电子双板教学平台的配置完全可以取代目前的"黑板＋粉笔"、"黑板＋投影"、"黑板＋白板"教学环境。而且还具有以下一些突出的优点：

(1) 可以实现双轨展示,有效地解决PPT教学中存在的顺序播放、无法前后对照、缺乏意义关联、学生来不及做笔记等弊端。

(2) 教学方式的多样化,可以实现手写板书教学、基于PPT的教学、PPT＋板书教学、活动教学等方式。

(3) 对传统教学模式的优势进行了汲取与创新,实现了传统黑板与电子白板的完美融合,将板书、演算、推理、标注等传统课堂活动回归现代课堂,达到了"随处可写,随时可写"的效果。

另外,可以为每位学生配上计算机后形成基于PGP电子双板的网络教室,支持对学生应答的即时反馈、跟踪、统计等。也可以为学生配置学生应答器后,在学生应答系统(PGP-Clicker Student Response System,简称PGP-Clicker SRS)的支持下,采用无线应答器与计算机服务器终端进行通信,支持对学习者反馈的及时统计与反馈。

2. 扩展型PGP电子双板教学平台

在基本型PGP电子双板教学平台的配置基础上,该平台还可以根据需要进行灵活的扩展,如:在PGP电子双板的基础上,在教室的侧面可以增加若干块电子白板,形成PGP电子双板＋2块学生端电子白板、PGP电子双板＋4块学生端电子白板、PGP电子双板＋6块学生端电子白板等扩展型的PGP电子双板教学平台。PGP电子双板＋4块学生端电子白板的教室配置示意图如图9-6所示。

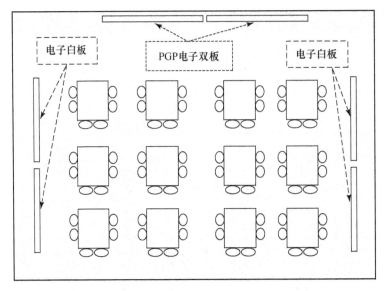

图9-6　PGP电子双板＋4块学生端电子白板的教室配置示意图

扩展型的PGP电子双板教学平台配置除了具有基本型PGP电子双板教学平台的全部功能外,学生还可以方便地通过学生端的电子白板来与教师端的电子双板进行信息的交互,如标注、发送、共享软件等;可以进行多种形式的探究式、小组合作式等课堂教学的开展,这都深度体现了课堂教学的信息化特征。

PGP电子双板教学平台实现了以下几个方面的技术和理念创新:

(1)实现展示技术的原始创新和集成创新,将引发课堂教学的教学内容呈现与展示手段的变革。

(2)实现教学内容之间的关联与参照,结束当前教学内容孤立呈现的现状。

(3)开创丰富多样的教学模式,有别于"教师讲,学生听"的以讲授贯穿课堂的传统教学。

(4)重视以课堂演示和解说为基础的讲授,汲取传统课堂教学优势,将板书、演算、推理等传统课堂活动回归现代课堂。

(5)提供独特新颖的教学活动设计,提供多种课堂互动方法,以弥补传统的以问答为主、缺乏互动的教学过程。

(6)自动记录和保存教学过程,完整记录并保存课堂中教师的板书、批注、演算、推理等手写痕迹。

(7)支持各种类型资源,包括Microsoft Office文档、WPS Office文档、Adobe PDF文档,各

种音、视频文档,Flash 动画文档,常用的图像格式文档等,这些资源不用任何修改就可以在 PGP 平台上使用。

本章小结

1. 教学中常见的教学媒体形式有视觉媒体、听觉媒体、视听觉媒体等,在教学中选择媒体要考虑教学目标,教学对象的特点,教学条件以及教学媒体的功能。

2. 常见的教学手段有传统的教材、板书,也有现代的多媒体教室及多媒体网络教室等。我们不能一味追求现代化,而忽视了传统教学手段的优势,在教学过程中,要根据教学需要来选择合适的教学手段。

3. 盘古电子双板平台是一种新型的教学媒体和手段,具有双轨展示、多种教学资源同时呈现、教学方式灵活多变、"随处可写,随时可写"、课堂书写痕迹可以按需保存、随时调阅等功能。PGP 电子双板的出现使得集丰富的教学资源和交互合作的教学平台为一体的课堂教学环境成为现实,为课堂教学改革提供了广阔的发展空间。

思考题

1. 教学媒体有哪些表现形式?
2. 教学媒体的选择依据是什么?
3. 多媒体网络教室的教学功能有哪些?

实践者园地

1. 以下是一个在教学中常用的媒体分析表,请你以本书 8.2.2 小节中的教学案例为主要内容,填写下表。

知识点	学习目标	媒体类型	媒体内容要点	教学作用	使用方式	所得结论	占用时间	媒体来源
一、激趣导入								
二、主题过渡								
三、启发联想								
四、激发动机								
五、意义建构								
六、联系生活、总结全文								

① 媒体在教学中的作用分为:A. 提供事实,建立经验;B. 创设情境,引发动机;C. 举例验证,建立概念;D. 提供示范,正确操作;E. 呈现过程,形成表象;F. 演绎原理,启发思维;G. 设难置疑,引起思辨;H. 展示事例,开阔视野;I. 欣赏审美,陶冶情操;J. 归纳总结,复习巩固;K. 其他。

② 媒体的使用方式包括:A. 设疑—播放—讲解;B. 设疑—播放—讨论;C. 讲解—播放—概括;D. 讲解—播放—举例;E. 播放—提问—讲解;F. 播放—讨论—总结;G. 边播放、边讲解;H. 其他。

2. 在新课程改革的背景下,信息技术课程中的教学手段都发生了哪些变化?请你根据提出教学目标、设计学习任务、创设学习情境、选择教学方法、开展教学评价等几个关键教学环节谈谈自己的理解。

3. 基于"盘古电子双板平台"的信息化教学环境和普通的多媒体教学环境有何不同,它们对于教学实践的作用有何区别。

第 10 章　信息技术课程的教学评价

> 夫子循循然、善诱人,博我以文,约我以礼,欲罢不能。
>
> ——孔子

学习目标

1. 了解教学评价的概念及分类。
2. 了解教学评价的功能。
3. 了解信息技术教学评价的特点。
4. 了解信息技术评价的原则。
5. 掌握常用的教学评价功能和方法。
6. 能根据各种评价工具的特点在信息技术课堂中开展教学评价。

10.1　教学评价概述

核心术语

◆ 教学评价　　　◆ 评价原则　　　◆ 评价功能

10.1.1　教学评价的类型

教学评价是指以教学目标为依据,制定科学的标准,运用一切有效的技术手段,对教学活动过程及其结果进行测定、衡量,并给以价值判断。教学设计成果的评价属于教学评价范畴,它是教学设计成果趋向完善的重要环节。始于 20 世纪 30 年代的现代教学评价的理论和技术对教学设计成果的评价具有直接指导作用。

按照不同的划分标准,教学评价可以划分成不同的类型。例如,根据评价功能的不同,可分为诊断性评价、形成性评价和总结性评价;根据评价参照标准的不同,可分为相对评价、绝对评价和自身评价;根据评价分析方法的不同,可分为定性评价和定量评价。此外,还有面向学习过程的评价和面向学习资源的评价等。

1. 诊断性评价、形成性评价和终结性评价

(1) 诊断性评价。又称为安置性评价或者前置评价,是为了确定学习者已有的学习准备程度或者教学设计基础而进行的评价活动。诊断性评价一般在教学或设计活动开始之前进行,如

入学时的摸底测验、分班测验就属于诊断性评价,它实质上是一种查明存在的问题进而分析问题的活动。

(2) 形成性评价。形成性评价是在教学过程或者教学设计和产品开发过程中,为使教学设计、教学过程更为完善而进行的对学生学习结果的评价。课堂上的提问可以看成是最简单的形成性评价。通过形成性评价,教师和研究人员就可以有效地把握每一个阶段的学习成效或者研究成果,了解存在的问题和不足,以便能够及时地调整和改进教学。因此,形成性评价可以说是一个有效反馈机制,能够使教学过程、教学设计等沿着预定的目标进行,并且也可以让教师和研究人员能够及时修改不当的目标。形成性评价一般采用绝对评价的方式进行,以评定教学或计划、产品在进行过程中是否达到了预期的效果。这种评价方式实际上也是对学习过程和研究过程的评价,在建构主义理论中受到特别的重视,对提高教学质量或改善计划、产品具有更大的作用和价值。

(3) 终结性评价。终结性评价是在教学活动或某个计划、产品设计完成之后对其最终的活动成果进行的评价,如期末考试、毕业会考、产品鉴定会就是这种评价。由于终结性评价总是在活动完成之后进行的,所以也常常被称为事后评价。

2. 相对评价、绝对评价和自身评价

(1) 相对评价。相对评价是在被评价对象的集合中选取一个或若干个个体为基准,然后把各个评价对象与基准进行比较,确定每个评价对象在集合中所处的相对位置。为相对评价而进行的测验一般称为常模参照测验。它的试题取样范围广泛,测验成绩表明了学生学习的相对等级。由于所谓的常模实际上近似学生群体的平均水平,所以这种测验的成绩分布符合正态分布规律。

利用相对评价来了解学生的总体表现和学生之间的差异或比较不同群体间学习成绩的优劣是相当不错的。它的缺点是基准会随着群体的不同而发生变化,因而易使评价标准偏离教学目标,不能充分反映教学上的优缺点,为改进教学提供依据。

(2) 绝对评价。绝对评价是在被评价对象的集合之外确定一个标准,这个标准被称为客观标准。评价时把评价对象与客观标准进行比较,从而判断其优劣。评价标准一般是教学大纲以及由此确定的评判细则。

为绝对评价而进行的测验一般称为标准参照测验。它的试题取样就是预先规定的教学目标,测验成绩主要表明教学目标的达到程度,所以这种测验的成绩分布通常是偏态的。低分多、高分少,为正偏态;低分少、高分多,为负偏态。

绝对评价的标准比较客观。如果评价是准确的,那么评价之后每个被评价者都可以明确自己与客观标准的差距,从而可以激励被评价者积极上进。但是绝对评价也有缺点,最主要的缺点是客观标准很难做到客观,容易受评价者的原有经验和主观意愿的影响。

(3) 自身评价。自身评价既不是在被评价群体之内确立基准,也不是在群体之外确立基准,而是对被评价的个体的过去和现在相比较,或者是对其若干侧面进行比较。

自身评价尊重个性特点,照顾个别差异,通过对个体内部的各个方面进行纵横比较,判断其学习的现状和趋势。但在实践中,自身评价很少单独使用,常将其与相对评价结合使用。因为被评价者没有经过与具有相同条件的其他学生作比较,难以判定他的实际水平和差距,激励效果不明显。

3. 定性评价和定量评价

（1）定性评价。定性评价是对评价资料作"质"的分析，是运用分析和综合、比较与分类、归纳和演绎等逻辑分析的方法，对评价所获得的数据、资料进行思维加工。分析的结果有两种：一是描述性材料，数量化水平较低甚至毫无数量概念；另一种是与定量分析相结合而产生的，包含数量化但以描述性为主的材料。一般情况下定性评价不仅用于对成果或产品的检验分析，更重视对过程和要素间的相互关系的动态分析。

（2）定量评价。定量评价则是从"量"的角度，运用统计分析、多元分析等数学方法，在复杂纷乱的评价数据中总结出规律性的结论。由于教学涉及人的因素，各种变量及其相互作用关系是比较复杂的，因此为了提示数据的特征和规律性，定量评价的方向、范围必须由定性评价来规定。

可以说，定性评价和定量评价是密不可分的，两者互为补充，相得益彰，不可片面强调一方面而忽视了另一方面。

4. 面向学习过程的评价与面向学习资源的评价

教学过程与教学结果、教学设计过程与教学产品都是密切联系在一起的。传统上来说，教育评价大多与最终的结果判断相关，但从教育的本质来看，学生的学习过程也许更为主要，一切教育活动和教学产品的使用，最终的目的必然落实到学生的发展上。因此必须重视学生学习过程的评价，也许这种评价更为重要，也更为本质。

面向学习过程的评价又称为过程评价，它着重于测量和评价学生的学习情况，采用特定的测量程序和方法对学生的学习过程、使用的学习策略以及学习各阶段的成效所进行的描述和判断的过程。将过程评价用于教学设计和教学产品开发上则可以看成是设计者和开发者为控制产品质量和分析设计开发过程而进行的评价活动。过程评价常常可以由实施者自己来进行，它经常表现为一种自我评价和自我反馈的活动。

学习资源是指那些学生能够与之发生有意义联系的人、材料、工具、设施、活动等。这些资源来自两个方面，一方面是现实世界中原有的可利用的资源，另一方面是专门为了学习目的而设计出来的资源。我们在这里讨论的学习资源主要是指后一种，如各种教学产品（在信息化教育中，尤其是指教学软件和网上资源）等。面向学习资源的评价主要是根据教学目标，测量和检验学习资源所具有的教育价值。

10.1.2 信息技术课教学评价的特点

1. 教学评价的特点

（1）定性与定量相结合。教学评价首先要仿照物理或化学等物质的计量，将教学中师生活动的许多属性（学业成就、智力、可造就性、创造能力、兴趣、人格等）予以量化，因而有智商、学科测验分数等建立在量化的基础上。但是与物质的计量相比，教学活动所表现的一些现象，如责任感、态度等，则很难予以量化，所以，同一般教育评价相似，定性的评价也不可少。

（2）测量单位与意义的一致性。学业成就、能力发展等教学活动结果的量化，很难取得与数量一致的意义。例如，数学测验90分与80分、100分之间，虽然在数量上相差均为10分，但与体重为80、90、100斤的学生所揭示的差异相比，其意义显然不完全相同。尽管如此，教学评价仍要竭力求得数量差异和意义差异之间的一致，但由于不可能达到数量单位和意义之间的完全一致，在解释测量结果时应特别谨慎。

(3) 近似性。由于影响教学活动的内在及外在因素很难做到绝对的控制,所以,教学评价的结果往往仅能代表在某特定条件下、某特定时间内、某特定行为的具体表现,而且总是近似地表现。认识到教学评价过程的这一特点,可使教师或其他评价者在对测量结果进行解释时,避免以一个或几个测验的分数对学生进行划分。

(4) 间接性。教学评价过程中的测量,不能直接反映教学所带来的心理变化,它只能通过测量题目,间接地反映教学活动所带来的真正变化。不论是学业成就,还是智力、潜在的能力、创造力、兴趣或人格等项目测验均不可能直接观察大脑而得到个人属性或观念,只得间接地从测量个人的具体行为表现入手,然后推论个人的属性或观念的真正变化。因此,间接观察无法完全确定行为的代表性和真实性。

(5) 相对性。对物质属性的测量,常显示其意义的绝对性,如 100 千克为 50 千克的两倍。然而,教学评价的结果,其意义多为相对性。例如,我们只能说学业成绩测验得到 100 分的学生可能比得 50 分的学生掌握了较多的知识或技能,但不能说后者掌握知识或技能的量为前者的一半,更不能指测验分数为 0 分的学生一无所获。

2. 信息技术课教学评价的特点

(1) 理论与实践相结合。信息技术课程是一门知识性与技能性相结合的基础学科,在学习基础知识的同时,应注重操作实践。所以,在教学评价过程中,考查学生对基础知识的理解和掌握,一般采用选择题、填空题、判断题等形式,比较容易作出定量分析。但对于操作题的评价,要注意理论与实践相结合的方法,评价的方法和技术,不只是单纯的定量分析,而要采用定量分析和定性分析相结合的方法。

(2) 评价内容多元化。信息技术课程的教学评价,应注意内容多元化的特点,要注重学生信息素养的评价。不仅关心学生的考试成绩,更要关注学生创新精神和实践能力的发展。也就是说要重视学生的个性发展,发展他们多方面的潜能。因此,要采用先进的评价方法,不仅要评价"知识"或"概念"等认知层面,而且要重视"实践"等操作层面的评价。从某种意义上讲,如果评价的结果是学生取得了进步,说明教学取得了成效;反之,教师应该调整教学思想和改进教学方法,不断提高教学质量。

(3) 评价环境差异性。信息技术教学需要硬件和软件的支持,教学的实施和教学的效果很大程度上与硬件和软件息息相关。我国地域广阔,各地区经济文化水平不平衡,所以在师资力量、计算机机房配置等方面有着很大的差异。教师在教学过程中应根据本地区的实际情况,选定合适的教材,确定评价目标,制订出较为合理的评价方案,促进信息技术教学的健康发展。

(4) 利用信息技术进行教学评价。利用计算机进行信息技术课教学评价,是教育改革的一项重要课题。我们可以利用学科本身的优势,利用网络技术进行教学评价。

10.1.3 信息技术课教学评价的原则

全新的教学思想、教育目标、教学结构与教学方法必然导致对传统评价方法的变革,从重视学习结果的"终结性评价"向重视学习过程的"形成性评价"和"终结性评价"并重转变;弱化评价的选拔与甄别功能,弱化评价对学生造成的压力;强调对学生学习方法的诊断与分析功能;强调激励学生学习热情和内在学习动力。

信息技术课教学评价应遵循以下几项原则：

1. 关注学生个性是评价的出发点

在当今的社会中，只有具备创新、有个性特色、适应社会发展的人才，才能在日益竞争激烈的社会中取得一席之地。因此要求学校教育要适应社会发展的需求，培养出具有竞争力的人才。这就需要我们的教育必须注重学生的个性特点，从学生本体出发进行因材施教。同样当我们评价信息技术与课程整合的教学过程时，要重点评价整个教学过程是否从学生个性出发，是否在整个的教学过程中充分考虑了学生的需求、学生的积极性和学生主体性的充分发挥。

评价是为了督促教师谨记：教育不仅仅是为了弥补学生的不足，更主要的是为了使学生在掌握原有知识的基础上，掌握更多的知识，使适应能力更进一步提高，以达到教育的目的。

2. 明确师生角色的定位是评价的基础

明确教师的主导作用和学生的主体地位是评价的基础。在进行信息技术与课程整合的教学过程评价中时刻想到教师只是学习过程的组织者、辅助者、帮助者、教学环境的创设者和学生思路的引导者。但是，教师不能代替学生学习知识、思考问题；教学过程中教师的一切行为都要给学生创造良好的学习环境，让学生有足够的空间发挥自己的学习积极性、主动性特点，创建一个活跃、生动的课堂。

3. 学生能力的培养是教学过程评价关注的主要内容

随着社会的不断发展，对人才的知识能力结构提出了新的要求，对于人才培养的目标也提出了新的要求，注重能力的培养已经成为一个关注的热点。因此在对教学过程进行评价时，教师对学生能力培养的关注与否是我们评价的一个主要内容。

在对培养能力评价的关注中主要从这样几个方面出发：

（1）对于培养学生搜集、加工信息能力的关注。教师在课堂中不能单纯灌输、死扣书本上的内容，应该通过课堂的引导培养学生自主学习的能力。学生应该努力承担起学习的责任，充分发挥学习的积极性、主动性；学会运用各种学习策略来提高自己的学习水平和学习效果；同时要不断地对自己的学习过程和学习结果进行反思。

（2）对于培养学生分析解决问题能力的关注。要充分利用有限的课堂学习时间让学生学会扩充并整合知识，能把不同学科的知识联系起来；运用已有的知识获得新知识，发展新技能，并加深对已掌握知识的理解；综合运用多学科的知识和技能解决新的问题，完成学习任务，进一步提高知识水平。

（3）对于培养学生交流合作表达能力的关注。这方面的评价可以从以下几个方面入手：能够思路清晰地、有目的地与听众交流，并理解对方的思想；能够综合地运用各种交流和沟通的方法达到交流的目的；能够认识、分析和评价各种交流方式。

合作技能培养的目标：在各种环境中，能与他人一起确立目标并实现目标；能把自己当做集体中的一员，评价和管理自己的行为，发挥自己的主观能动性；发挥自己的协调能力，解决由于看问题和解决问题的方式方法、观念、信仰不同而造成的分歧和冲突。

（4）对于培养学生创新意识能力的关注。大力推进教育创新，树立新的教育教学思想和教育目标，对于进一步深化教育改革，全面提高教育质量，建设有中国特色的社会主义教育新体制，造就大批具有丰富创新能力的高素质人才，具有非常重要的理论和实践意义。教师要有意识地培养学生对已掌握的信息不断地进行组织和归类，支持和评论适合某一环境或听众的推断和结论的能力;对解决问题的策略或方法加以有效的评价、改造和利用的能力;通过考虑各种环境中的不确定因素,产生富有创造性的思想的能力。同时也可以对某些特别的事件进行个例分析,并加以总结,从中吸取经验。

4. 关注信息技术的作用是特色所在

信息技术与课程的整合就是期望通过信息技术的介入,能够有效地改进现有的教学方式;通过发挥计算机网络资源丰富、交互便捷的特点,发掘学生最大的学习潜能,最大限度地提高教育质量。实现电化教育,可以实现资源共享,充分发挥名师作用。因此,信息技术的利用也是信息技术与课程整合中开展评价时的一个主要关注点。信息技术使用的形式、效能将是我们评价信息技术使用的主要指标。

10.1.4 教学评价的功能

教育心理学和教学论的研究指出,教学评价对提高教学效果具有明显的促进作用,这些作用可以概括为以下六个方面:

(1) 反馈调节功能。通过教学评价可以提供有关教学活动的反馈信息,以便师生调节教和学的活动,使教学能够始终有效地进行。这种信息反馈包括两类:一是以指导教学为目的的对教师教学工作的评价,通过这种评价可以调节教师的教学工作,也间接提高了学生的学习效果;二是以自我调控为目的的自我评价,即学生通过自我评价加深对自我的了解,以便调整学习策略,改进学习方法,增强学习的自觉性。

(2) 诊断指导功能。评价是对教学效果及其成因的分析过程,借此可以了解到教学各个方面的情况,以此判断它的成效和缺陷、矛盾和问题。全面的评价工作,不仅可以估计学生的成绩和成就在多大程度上实现了教学目标,而且可以解释为什么成绩不理想:是由于教学方法不合适、教师无能,还是由于学生的精神、动机不适当或他们的学习准备不充分和能力不够。教学评价如同体格检查,是对教学现状进行一次严格的科学诊断,以便为教学的决策或改进指明方向。

(3) 强化激励功能。科学的、合理的教学评价可以调动教师教学工作的积极性,激起学生进行学习的内部动机,使教师和学生都把注意力集中在教学任务的某些重要部分。对于教师来说,适时的、客观的教学评价,可以使教师明确教学工作中需努力的方向;对于学生来说,教师的表扬和奖励、学习成绩测验等,可以提高学习的积极性和学习效果。

(4) 教学提高功能。评价本身也是一种教学活动。在这种活动中,学生的知识、技能将获得长进,甚至飞跃。考试本身就是一种重要的学习经验,它要求学生在测验前对教学内容进行复习、巩固和综合;在测验过程中对材料进行比较和分析;而通过考试的反馈,可以确证、澄清和校正一些观念,并清楚地认识到要进一步思考和研究的领域。另外,教师可以在估计学生水平的前提下,将有关学习内容用测试题的形式呈现,使题目包含某些有意义的启示,让学生自己探索、领悟,获得新的学习经验或达到更高的学习目标。

(5) 心理调节功能。教学评价的心理功能不只是表现在激发学生和教师的动机方面,它对学生和教师的自我意识,对情绪和意志也有影响。例如,肯定的评价容易使师生从肯定的方向看待自己,自信心开始增强,而否定的评价则可能导致师生产生自卑感;肯定的评价可能使师生的情绪趋于安静,而否定的评价可能使师生的不安上升,以致产生严重的忧虑甚至负疚感;肯定的评价可能提高师生的积极性，有时也会使积极性下降；而有时即使是否定的评价，只要指导适当，反而会提高积极性。最后，教学评价还会以自己特有的形式对师生的人格形成发生影响。比如，成绩通知单上的成绩评价，以及伴随评价的学年末和毕业时的表彰、奖励等，都可能对学生人格形成好的或者不良的影响。有时候某种形式的教学评价，虽然对当前的教学活动有利，但从长远的观点看，则可能带来不良的心理影响。所有这些，都是评价者必须予以认真考虑并慎重对待的。

（6）目标导向功能。如果在进行教学评价之前，将评价的依据或条目公布给被评价者（教师或学生），将对被评价者下一步的教学或学习目标起到导向作用。在教育信息化的进程中，评价的这项功能将越来越为人们所重视。原因在于，在信息化的教学设计中强调以学为中心，学生将被赋予较高的主动性和独立性，这样一来，教师将更为关注学生是否能够在学习过程中按照既定的教学目标努力。为此，事先将评价的标准交给学生，使他们知道教师或其他学生将如何评价他们完成的学习任务，将有助于学生自己调节努力方向，从而达到教师预想的教学目标。

10.2　教学评价的工具和方法

核心术语

- ◆ 评价工具　　　◆ 学习契约　　　◆ 档案袋评价

教学评价工具是指对被评价者进行测定时所采取的方式和手段。教学评价的工具很多，如考试和测验、问卷、座谈、学习契约和档案袋等。

10.2.1　考试

考试，过去一直被认为是检查学生学习质量的一种方法。但是，从教学评价角度看，它只是进行教学评价时应该借用的一种重要工具。因为学生的学习质量应该包括对知识的理解、掌握、记忆和应用，同时还应包括能力的发展水平以及科学态度的形成等。考试充其量只能检查学生对学过知识的理解、掌握、记忆和应用。至于态度、兴趣、能力的发展水平是考不出来的，何况教学评价又不仅仅限于对学生学习质量的考查和评定。

在信息技术课中，考试的形式有口试、笔试和上机考试三种。口试题的覆盖面大，当面问答可以了解被试者的真实水平，也有利于培养被试者的表述能力。但是口试题的编选比较难（量太大），评分也较难。特别是在考试时间方面，当被考者太多时几乎无法安排。笔试恰可克服口试之不足，但笔试题目量小，一般来说覆盖面不如口试面大，借助于笔纸考查不如面对面来得深刻。上机考试题目量小，一般分为单一项目测验和综合项目测验。信息技术课程具有丰富的实践性，所以信息技术课的考试应注重上机考试的考核。

在信息技术教学评价时，应当努力改善考试和测验的途径，优化考试和测验的各个环节，保证考试和测验的有效性和科学性。为此，在编制试题时要加强计划性，明确编题计划，构建考试和测验的双向纲目表。为了克服考试和测验中的缺点，需要采用多种命题形式，保证评分的客观性，积极组织标准化考试和测验。标准化考试和测验的特点是：试题取样范围大、效度高，试题答法简单、明确,评分客观、准确,从命题到施测直到评分,各个环节都努力排除了无关因素的影响。

10.2.2 问卷

问卷是评价主持者为了了解教学中的某些情况、事实或意见,向学生、教师及有关人员分发印好问题的卷子,要求评定者用自己的话就自己的观察和理解来回答有关问题。这是用书面或通信形式来搜集教学评价资料的一种极为方便的手段。问卷形式很多,在教学评价中,主要采用自由记述的形式、排序的形式和成对比较的形式。

(1) 自由记述的形式。例如,对中学生网络学习的调查(如实填写下列问题),问卷如下:

① 你上网的主要目的是(多项选择):□ 了解新闻 □ 为学习服务 □ 聊天交流 □ 休闲娱乐 □ 阅览书刊 □ 查找资料 □ 对外通信 □ 追崇时尚 □ 满足个人爱好 □ 其他

② 你经常使用的网络服务有(多项选择):□ 电子邮箱 □ 网上聊天 □ 搜索引擎 □ 短信服务 □ BBS电子公告栏 □ 信息查询 □ 软件下载 □ 网上游戏 □ 建设个人主页 □ 网上教育 □ 网上购物和电子商务 □ 网络电话 □ 多媒体娱乐 □ 网络新闻

(2) 排序的形式。例如,CCNA网络学习资源对学习效果影响程度的调查,问卷如下:

请您将在CCNA学习中的受益程度按从大到小排序(　　　) ① E-learning ② 英语教材 ③ 动手实验 ④ 教材更新迅速 ⑤ 可以获得CCNA证书并终身受用 ⑥ 其他。

问卷简单易行,可以在较短的时间内,对教学中的重要问题或广泛问题向大量的人搜集资料,而且所得资料比较容易整理。它能让回答者按他们喜欢的方式详细地答问并给予说明和论证,使回答者有更多的机会发挥主动性和自我表现,使回答比较自然,而没有谈话时的那种约束感。主持者可以期望看到回答者自认为合适的各种可能的答案,甚至可能得到意料之外的发现。如果用匿名的方式还可以获得采用面对面的手段所不容易获得的某些资料。

但是问卷也会搜集到一些不相关的和无价值的资料,且所得资料常常不标准,使进行比较和统计分析十分困难,也难于列表显示。此外,回答者很可能不采用严肃的态度来回答问题,或者不负责任、马虎、应付了事,或者捏造事实、随便填写。而回答是否真实可靠,往往无法证实,以致影响结论的科学性。

由于问卷有很多的局限性,因此它的应用范围是有限制的。但如果运用得当得法,这种方法在教学评价中仍有其地位,因为它毕竟是一种很方便的搜集资料的手段。

为了发挥问卷在教学评价中的作用,主要应在问卷的设计上下工夫。

首先,应对回答者澄清、解释问卷的目的,说明其重要性和正当性,并把这一点作为主要内容写明在问卷的前言上。

其次,问卷所包括的内容必须是富有意义的,否则回答者不愿在上面花费自己的时间。问题不宜太多,要避免一切无关的问题。

最后,问题的提问要清晰易懂,避免产生歧义。

10.2.3 量规

1. 量规的定义

量规(Rubric)是一种结构化的定量评价标准,往往是从与评价目标相关的多个方面详细规定评级指标,具有操作性好、准确性高的特点。在信息技术与课程整合中,学习过程往往是以学生为中心的,而学习活动往往是任务驱动式的,最后的学习结果则往往是电子作品、调查报告、观察心得等。这就要求相应的评价工具不但要关注学习过程,还要具有操作性好、准确性高的特点。量规是从与评价目标相关的多个方面的详细规定评级指标,只要设计者掌握一些设计要旨,设计出来的量规完全可以胜任此类评价。表 10-1 为研究型学习的量规。

表 10-1 研究型学习的量规

分数	问题	信息收集	分类	分析	最终产品
4	学生围绕一个主题,自己确定问题	从多种电子和非电子的渠道搜集信息,并正确地标明了出处	学生为给信息分类,自己开发了基于计算机的结构,如数据库	学生分析了信息,并得出他们自己的结论	学生有效地使用综合媒体以多种方式展示了自己的发现并发布到网上
3	给出主题后,学生自己确定问题	从多种电子和非电子的渠道搜集信息	师生为基于计算机的分类结构共同想办法,学生自己创建了分类结构	学生分析了信息,并在教师的指导下得出他们自己的结论	学生有效地使用综合媒体,以多种方式展示了自己的发现
2	学生在教师的帮助下确定问题	从多种电子和非电子的渠道搜集信息	师生共同开发基于计算机的分类结构	学生在教师指导下分析了信息,并得出了结论	学生有效地使用综合媒体展示了自己的发现
1	教师给出问题	只是从非电子的渠道搜集信息	学生使用教师开发的基于计算机的分类结构	学生复述了所搜集的信息	学生使用了有限的媒体展示了自己的发现,如书面报告

2. 量规的特点

量规是基于绩效的评价,它与课程或学习标准紧密结合,充分运用特定的标准形成多主体、多维度评价,适用于多样化学习活动效果的评价。在日常教学中,设计一个量规并不难,难的是量规设计的效用性问题,亦即所设计的量规是否最适合当前教学评价需求,是否有实际价值或操作性。根据相关研究,我们认为,一个高效用的量规具有如下系列特点:

(1) 量规应当包含影响评价绩效的所有重要元素,并具有"约定性"。一般来说,对教学绩效产生重要或关键影响的元素,都要列为量规的评价元素。量规是一种评价标准,是教师和学生之间的某种合约或契约,在实际的评价中,不能评价量规中并不包含的元素,要按照预先的"约定"进行评价。

(2) 量规的评价元素应当根据教学目标需求、学生认知水平和学习环境特点进行合理设置。教学目标的不同决定量规评价元素的差异。例如,在评价学生的电子作品时,通常要考虑的是作品选题、内容、组织、技术、资源利用等方面;在评价学生的课堂参与性时,要考虑学生的出勤率、回答问题情况、作业完成情况、小组合作情况等方面。此外,量规评价元素的设定必须与学生认知水平和学习环境特点密切关联,不符合学生的认知水平和逾越了实际学习条件的评价元素是没有意义的。

(3) 量规评价元素的权重设定,应当根据教学目标的侧重点或重要性而有所区别。合理设定各评价元素的权重,不但能进行有效的评价,还能更好地引导学生把握学习重点。以电子作品评价为例,如果教师的主要目的是教会学生学习制作电子作品的有关技术,那么给技术、资源利用的权重就应该高一些;如果教师的主要目的是为了让学生通过电子作品展示自己的调查报告,那么选题、内容、组织等元素的权重就应该高一些。

(4) 量规中的评价等级应当是明显的、全面的和描述性的,描述的语言是具体的和可操作的。等级的确定应当能准确涵盖或反映预期教学绩效的范围。有些绩效元素的衡量可以用一种简单的两级指标——"是"或"否"来评价,而有一些绩效元素则可能需要用多种独立的或明显的等级来衡量。值得注意的是,在量规设计中,通常存在的一个不足就是在确定元素评价等级时模棱两可,等级之间的差异不明显。表面上看,各个评价元素的衡量似乎很清晰,但不能真正体现评价等级的差异,这将直接影响评价的可信度。

此外,在描述量规评价标准时,应当使用具体的、可操作的描述语言,避免使用抽象的和概念性的语言。例如,在评价学生的信息搜集能力时,如果标准的描述是"学生具有很好的信息搜集能力",那么这一标准则显得非常空泛,无法操作;而如果标准的描述是"能从多种电子和非电子的渠道搜集信息,并正确地标明了出处",则就要明确具体得多,而且有可操作性,这是量规最为重要的特质之一。

(5) 量规中的每个元素都是不可再分的。比如"英语能力"这个元素就太笼统了,因为英语能力又可分为口语、听力、阅读等方面的能力,所以仅凭英语能力这个元素,很难划定评价等级,也很难获取具体的改善教学绩效的反馈。

(6) 量规能作为教师与学习者有效交流的媒介。量规的根本目的是要改善或促进学习者的学习绩效,而学习者的学习绩效会受到教师和其他学习者的影响。一个高效用的量规可以充当学习者和教师沟通的桥梁,使各方之间的力量形成有效的合力,促进学习者的学习绩效。一个高效用的量规蕴涵着清晰的预期学习目标,能准确反映有关实现预期目标进程的重要信息,及时提供各种反馈信息,促使学习者和教育者进行学与教的反思。因此,量规应当为相关人员所熟知和共享,要确保所有使用量规的人充分理解量规的内容,从而实现清晰有效的交流。

3. 量规的使用

在使用量规时,应当考虑和掌握如下几方面:

(1) 合作开发量规。教师与学习者合作开发量规,不仅有利于充分调动学习者的积极参与,提高学习责任感,学会自我评价乃至学会学习,而且是让学习者体验或思考优秀学习绩效标准的极好机会。

(2) 事先公布量规。在学习活动开始之前就向全体学生公布量规,鼓励学习者使用量规,有助于引导学习者按照量规标准来指导他们的学习过程,提高学习的目的性和针对性。

(3) 提供优秀范例。在呈现量规的同时,最好给学生提供一个或多个优秀的学习范例,为学生的学习提供模仿的榜样或思维的线索,并在适当的时候与其他评价工具配合使用。

(4) 提醒量规要求。在学习过程中,必要时随时提醒学生注意量规的要求,使学生按照量规标准有意识地计划、实施和反思自己的学习进程。

（5）运用量规反思。量规是教师和学习者计划学习进程、选择学习策略、反思学习结果等活动的重要依据。实施量规评价，并非是对学习者简单地贴标签、分类或分等级，而是要揭示学习者的学习现状与学习期望之间的差距，反思问题所在，寻找有效对策。同时，教师也可以通过量规评价反思自己的教学效果，及时调控教学进程。

（6）促进专业成长。设计、开发和使用量规是促进教师专业发展的一种有力工具。比如，教师可以和同事一起开发一个有关"成为促进有意义学习的、更为高效的教师量规"，并且经常自觉地用于评估自己的进步。这种评价工具的开发和使用，有助于促进教师自身成为实干型或创新型教师，推动教师朝"专家型教师"方向发展。

10.2.4　学习契约

1. 学习契约的定义

学习契约（Learning Contract）又称为学习合同，是学习者与帮促者（专家、教师或学友）之间的书面协议或者保证书。这种评价方法来源于真正意义上的契约或合同。由于学习契约允许学习者控制自己的学习进程，从而在最大限度上满足了学习者的个别化需要，又由于学生自己参与了保证书的签订，了解预期的工作任务，因而有助于学生在较长的时间内根据契约的内容来评价自己的学习，保持积极的自律，反过来也能激发学生的学习动机与学习热情。当然，学习契约也不一定总是给学生很大的自由度，教师完全可以根据需要制定相对客观的学习指标。如图10-1和图10-2所示。

```
                    同伴辅导学习契约
被辅导者姓名：_____    辅导者姓名：_____
辅导专题：_____
辅导：
你希望通过这次辅导学到什么？打算通过什么方式来学习？
你想学习什么技能？怎样培养这些技能？
你在怎样的环境下学习最有效？
辅导者：
你打算何时开始辅导，如何辅导？
日期/时间/地点：_____
你打算何时评价被辅导者的作业，如何评价？
日期/时间/地点：_____
你打算何时检查被辅导者的学习状况，如何检查？
日期/时间/地点：_____
签名　被辅导者：_____    日期_____
辅导者：_____            日期_____
```

图 10-1　同伴辅导学习契约

```
┌─────────────────────────────────────────────────────────────────┐
│                          学习契约                                │
│                                                                 │
│   学生姓名：_____    学号：_____       │
│   日期：_____                                      │
│   学习主题：                                                     │
│   _____│
│   学习目标：                                                     │
│   ……                                                            │
│   学习活动：                                                     │
│   ……                                                            │
│   学习者签名：                                                   │
└─────────────────────────────────────────────────────────────────┘
```

图 10-2　自学式学习契约

2．学习契约的要素

一份学习契约通常包括以下要素：

(1) 契约的有效期限。

(2) 订出契约的格式和内容。

(3) 订出契约所要求学习者搜寻的信息和资料。

(4) 订出契约期间师生回馈的时间与方式。

(5) 评价的方式。

(6) 由个别学生推广至全体。

3．学习契约的制订与实施原则

在远程学习中，远程学习者与指导者可遵循以下一些基本原则来制订和实施学习契约：

(1) 在确定目标的过程中，学习者有权利、有责任发表自己的见解。

(2) 目标的设定应当能使学习者在完成任务时获得成就感或自豪感。

(3) 学习者可以选择适合自己特点的目标达成方式。

(4) 在达成个人学习目标的过程中，应给予学习者承担学习责任的机会。

(5) 在个别化和独立学习的活动中，应强化学习者的个人意识。

(6) 指导教师应避免给予过多的指导。

(7) 在提供学习途径时，应考虑学习者不同的学习风格。

(8) 注重在团队合作中开展学习。

(9) 遇到失败时，不应给学习者造成压力。

(10) 对学习者来说，学习任务的设定应具有一定的挑战性。

(11) 应给予学习者总结学习经验的机会。

(12) 课程目标或教学预期中应包含所要完成某项任务的行为动词（如掌握、了解、判断等）。

(13) 学习者能通过自我反思工具获得学习过程的反馈。

4．学习契约的设计步骤

学习契约的设计步骤如下：

(1) 确定学习的需要：需要是你目前所处的状况和你的期望之间的差距。
(2) 确立学习的目标：从结果的角度，详细说明要学习的内容。
(3) 寻找资源：这是你达到目标所需要的一切因素，包括书本、人、调查访问、时间等。
(4) 制订学习计划：你如何实现既定目标；如果遇到困难或者障碍，你将采取什么其他可供选择的计划或方案。
(5) 规定进程标准：制订具体详细的标记，让自己知道你在不断地朝着努力的目标接近。
(6) 教师与学生共同规划，如期评估学习进展。

10.2.5 档案袋

档案袋(Portfolio)是按一定目的搜集的反映学生学习过程以及最终产品的一整套材料，这些材料借助信息技术得以很好的组织与管理。这种档案袋在客观上可有助于促进个人的成长，而学生也能在自我评价中逐渐变得积极起来。档案袋中可包含各种形式的学习材料，如录像带、书面文章、图画、计算机编程等。档案袋使学生能在一段时间后检查自己的成长，从而成为自身努力的更有见识、更善思索和善于反思的评估者。档案袋提供具体的参考资料，凭借这些资料，教师能辅导和支持学习者达到自己的目的。

在网络化教育系统中，档案袋的建立和维持可以自动进行，成为电子学档，其中不但保持学生的学习踪迹，还搜集学生的电子作品。

1. 档案袋的特点及作用

(1) 评价方式自主化，提高学生主体意识。自主学习是当今社会的一个主题，也是教育改革的一个重点。档案袋评价模式的一个理念核心就是"学生是成长记录的主要记录者"。档案袋在制作过程中，从内容选择、组织，到反省、评价等都是由学生自主完成的。学生自己选择最好的或最喜欢的一份或几份作品，个性化地对自己的档案袋进行外观的设计，对内容进行自主判断、分析、评价，使主体地位得到充分发挥。在这样一个自主参与和实践过程中，学生的创造力和想象力、实践能力、自我意识能力等各种素质，都获得了较好的发展。

(2) 评价内容多元化，更全面地关注每一个学生的成长。学生的发展是课程的出发点和归宿。以往的评价过分注重学生对知识和技能的掌握，而事实上，根据加德纳的多元智能理论，每个人至少有语言、视觉-空间等多种智能，而且每一种智能在每个人身上的组合是不同的，即使个体本身，智能结构的排列也是不同的。因此，对不同的个体应该有不同的评价方式，对同一个人也应该从更开放、更多维的角度去评价。档案袋在很大程度上就可以关注每个学生的个体成长。它的内容相当广泛，主要搜集的是学生成长过程中各种作品，可以是一种成就或进步，如一次听写或抄写、一次测试或一个设计、一篇文章、一次调查、一段录音、录像材料，也可以是一种情感体验，如对同学或老师的一个看法、学习英语的一种心得或窍门等。它不仅关注语言知识和技能本身，更关注学生的学习习惯、策略水平、情感态度等其他的综合语言运用能力。

(3) 学习成果的物质化，使学生获得成功体验。任务型教学模式强调的是"让学生在教师的指导下，通过感知、体验、实践、参与、合作等方式，实现任务的目标，感受成功"。成功的体验是学生形成积极情感趋向，良好学习态度的内动力。事实上，每一个档案袋，都可以理解为一个由一系列活动组成的任务，只是这种任务的时间跨度更长些。教师首先确立评价内容，引导学生明确目的,这就是"前任务";然后学生根据目的,搜集资料,进行制作,这就是"任务环";最后,学生间进行评价、交流,并分享成果,这也就是"后任务"。在这样一个长期的任务完成的过程中,学生可以从多种渠道获得成功体验。比如,他先放了一张自己认为最好的抄写作品,过了一段时间后,他发现这已经不是最好的了,这样的一个直观的动态发展过程让学生亲切地体验到了自己的进步,将进步物化,从而体验成功,获得动力。

(4) 制作过程不断优化,积累学习策略,培养良好学习习惯。终身学习是信息时代的要求,这个要求需要学生掌握的不仅是知识和技能本身,而且更关注获得这种知识和技能的方法和策略。只有这些,才能确保学生的长远发展。档案袋的制作,就是一个可以获得学习策略的过程。简单地说,档案袋评价是指学生自己将一些可以显示最佳成绩或成长过程的资料进行汇集,编定成档案袋,然后师生共同根据档案袋的制作过程和最终结果对学生发展状况作出评价的一种方式。

2. 档案袋的具体实施过程

(1) 前任务(pre-task)——引导学生明确目的,积极参与。档案袋的资料绝非是无目的的杂合,教师首先必须明确评价目的,以帮助学生获得搜集资料的方向。根据约翰逊(B. Johnson)对档案袋的三种不同类型的分法,它也对应三种不同的目的:如果是最佳成果型(best-works Portfolio)的,学生可以选择最好的或最喜欢的作品(如最好的家庭作业),还可以将为什么选择这些作品的反省也写进去,这些内容是非标准化的;如果是成长型(process-Portfolio)的,就可以选择一切反映学生发展过程的东西,如第一次的听写、订正后的听写,最后一次听写等,还可以记录家长的观察信息,以体现进步的过程;如果是精选型(selection-Portfolio)的,就不仅要搜集标志最高水平的成果例证,也要包括最困难时的成果例证,旨在更全面地了解学生的成长信息。因此,教师向学生明确解释和介绍自己的档案袋的目的是什么,让学生明确任务。同时,教师还必须激发学生的制作兴趣,调动学生的主体意识,绝不能让学生感受到压力,否则它的意义就荡然无存了。

(2) 任务环(task cycle)——指导学生设计,制作档案袋。任务环是整个任务完成的核心,也是档案袋制作的关键。其中一个重要任务是外观设计,它将给你的档案袋一个与众不同的面貌。外形的美观与否对于学生的信息刺激是很大的,档案袋并不是一个单纯意义上的文件夹,可以根据学生的年龄和心理特点,让学生设计出自己喜欢的、特别的外观。

(3) 后任务(post-task)——提供机会,分享成果,让学生收获成果。每一个任务的完成,都需要总结、交流、评价,档案袋也一样。让学生展示自己作品,和别人共同分享自己的成功,是发挥学生档案袋发展性功能的不可或缺的关键一步。

教师要首先制订翔实的交流计划,可以将所有学生的作品展览出来,让每一个同学作一个非常短小的作品陈述,尝试对自己的作品进行评价,当然还可以请其他同学和家长来参观并作出评价,这种评价可以是口头的,也可以是书面的。这里,老师和家长必须注意一个问题,那就是肯定每一个同学的成绩,以发展的眼光去衡量每一个个体的成就。在交流的过程中,学生看到了自己一学期,或者一年下来的成绩,而且还得到了每一个同学和老师的认可,他所体验到的就不仅仅是一种表层的喜悦了,而是一种更深层次的成功感觉,甚至是一种高级需要——自我价值实现需要的满足。或者,他感受到了自己和别人的差距,那么他会调整自己的学习策略或学习态度。无论是哪一种,他都会将这种体验带到下一个环节的学习中去,那就是真正源于内心的动力和更持续的兴趣,也就真正发挥了档案袋的发展性功能。同时,作为老师,也可以从不同的层面,从更自然、更开放的角度看到学生的成长和多种素质的展示,是一种更客观的评价方式。

3. 操作中应注意的问题

由于档案袋评价模式是一种新兴的评价方式,因此在理论和实践中都缺乏一些指导性的经验,所以在操作过程中要真正发挥它的作用,必须要注意以下几点:

(1)加强指导,防止流于形式。学生的年龄特点决定了学生不可能具备一种非常好的理性思维能力来进行深刻的反思,因此,教师的指导是必不可少的,尤其是在制作的初级阶段。教师必须告诉学生,应该从哪些方面进行评价,怎样评价,帮他们列举评价的指标;告诉学生应该反思些什么,怎样反思,列举一些反思的问题。当学生已经比较熟悉了,就可以逐渐放开。同时,学生可能对档案袋的新鲜程度只保持一段不太长的时间,教师要及时地强化,拿出部分学生的优秀作品,并指导学生要经常补充新的材料,否则就很可能"神龙见首不见尾"了。

(2)注重过程,防止评价的静态化。有的学生将作品放进去之后,就开始高枕无忧了,不再作新的补充。尽管他这一幅作品是非常优秀,但是却没有动态发展的过程;而有的同学尽管每一次的作品都不是最好的,但是他却很认真地在不断地整理新的材料,在求自我发展。因此,作为教师必须明察秋毫,在评价时防止以单一的作品本身去衡量学生,而更应该关注学生的动态发展过程。发挥档案袋的形成性评价的作用。

(3)回归主体,防止教师一手包办。教师为每一个学生所选择的档案袋的材料,肯定是最优秀的,这样的作品,学生看了喜欢,家长喜欢,老师更喜欢。可是,它却违背了档案袋的最重要的一个原则和功能——注重学生自我选择、自我判断和自我反思的能力的发展,剥夺了学生的主体地位。这样做的后果,只能是吃力不讨好。因此,教师不应该为学生选择档案袋材料。

档案袋评价是一种体现"以形成性评价为主,注重培养和激发学生学习的积极性和自信心"的新型评价理念指导下的评价方式;是一种让学生"能够做某事"的任务型教学模式潜移默化地渗透;是一种在教师指导下学生自主发展个性和自我提高的过程;也是一种有价值并在实践中不断去探索,发展完善的新的模式。

10.3 信息技术课程的教学评价实例

核心术语

◆ 信息技术课程   ◆ 教学评价   ◆ 实例

作为信息技术教学的有机组成部分,教学评价对信息技术课程的学习具有较强的导向作用。特别是随着新课程改革的全面展开,教学评价主要以两个方面的评价为重点:一方面是课堂教学的评价,并且通过对课堂教学的评价折射教师的教学能力和水平;另一方面是学业成绩的评价,并且通过对学业成绩的评价折射学生的学习能力和水平。可以说,新课程的教学评价不仅注重评价教师的教学效果和学生的学习结果,而且注重教师的教学过程和学生的学习过程。

本节将以电子学习档案袋为例,介绍其在实际课堂中的应用方法。

案例 10-1

电子档案袋在高中信息技术新课程教学评价中的应用

案例来源： 孟岩，新课程理念下的高中信息技术课教学评价研究，辽宁师范大学硕士毕业论文

授课学校： 山东省昌乐县宝都中学

教学对象： 高一年级学生

教学内容： 广东教育出版社出版的《信息技术基础》第二章第二节"获取网络信息的策略与技巧"

教学目标：

（1）认识网络信息的特点。认识网络信息查找的需求是搜索引擎产生的直接动力。关注互联网信息资源的建设和利用。

（2）认识搜索引擎及其简单原理、工作过程，掌握搜索引擎的分类查找、关键词查找的方法，掌握关键词搜索的技巧。

（3）能合理、合法地下载网络中的文件。

（4）能对常用的搜索引擎进行比较和评价，能对下载结果进行初步评价。

教学实施过程：

（一）架构评价的平台

天津教研室的电子学习档案袋校园版(1.0.11)作为我们的支持平台，该系统对硬件要求相对较低，功能强大，操作方便。

1. 使用前的管理员配置

① 访问电子学习档案袋网站，使用管理员账户 admin 登录，默认口令为 admin。登录后请先修改系统管理员的用户名和口令。

② 创建教师。

③ 创建班级。

④ 在"系统设置中"修改学校名称，开启用户注册功能、申请批准功能和允许教师和学生登录，并保存设置。

2. 教师账户的使用

① 教师的操作是面对班级的，所以需要选择班级。

② 教师可以创建学生账户，学生账户的默认口令为：12345。

③ 教师审核：学生提交注册信息后，需要教师审核通过方可以使用。

④ 教师可创建面向多个班级的共享资源；教师可以创建讨论题目，并参与讨论。

⑤ 教师登录后，可以利用"电子学习档案袋"栏目的"班级电子学习档案袋"浏览并评价学生作品。

3. 学生账户的使用

（1）学生发表文章应进行选择系统分类，只有系统分类设置为"我的作品"的定稿文章才能被发布为最终的作品。

（2）发表文章以后，学生可以执行"电子学习档案袋"的"个人电子学习档案袋"命令，登录自己的电子学习档案袋。在"个人电子学习档案袋"页面,学生可以浏览自己作品、教师的评价、其他同学的回复等,并可以利用"编辑文章"按钮,继续编辑已经发表的文章或添加附件等。

(3) 学生可对本班其他同学发表的文章进行评价(简单评语),只要文章没有发布为作品,文章和评语就能被教师删除。

(4) 学生可以在教师为本班发布的讨论题下进行讨论。发言被教师标记为删除后,只有学生本人可以看到。

(5) 学生可以访问教师为本班提供的共享资源。

(二) 明确评价的目的

档案袋内容的搜集不是目的,运用档案袋评价的目的只有一个——促进学生的发展。促进学生的学和改进教师的教才是档案袋评价法应用的出发点和归宿。教师如果把搜集起来的作品放在一旁而不做评价,其潜在的教育价值也就无法发挥出来。档案袋具有的反思功能,一方面为学生的成长提供了重要契机,另一方面也培养了学生自我教育的习惯。通过对学生作品的浏览,教师可以及时地了解学生的学习情况,分析学生出现问题的原因,寻找一个合适的办法,改进学生的学习方法,调整教师的教学方法和策略。

1. 让学生明确评价目的,调动学生参与的主动性和积极性

学生是档案袋评价的主要参与者,使学生对这项工作有充分的认识和了解,调动学生积极参与档案袋评价的整个过程,才能更有效地参与档案袋的制作及评价活动,并使学生更关注与信服这一评价的结果。在高一实验班的第一节信息技术课上已经向同学们介绍了我们的想法和电子学习档案系统的使用。下面是我们给高一新同学介绍电子档案袋评价的材料。

你的新朋友——电子学习档案袋

同学:

你好!很高兴与你相识在这个硕果累累的秋天。新校园、新老师、新同学,伴你走上了一段新的征程。在我们的信息技术课堂上,你还会遇到一位新的朋友——电子学习档案袋,它会伴随你信息技术学习的整个过程,记录下你的进步和提高,帮助你进行总结和反思。要想真正和它成为朋友,你必须得好好地了解它,不用急,跟我来吧!

(1) 它的"个人资料"。它的名字叫电子学习档案袋,它"心胸宽大",在它这里我们每一个人都有一块属于自己的领地。老师会给你一个登录用户名和密码,这就是你进入你的领地的钥匙。它的操作非常简单,你只要根据给出的文字提示,就可以方便地实现跟它的沟通和交流。

(2) 和它进行"交往"。你可以根据老师的具体要求把你的学习过程总结和反思、你的作品等放进去,通过浏览自己的某一个时期内的一系列作品,你可以对这个过程进行反思和总结,当发现自己的进步的时候,你会更加充满信心的。老师可以通过这些作品了解你的学习情况,并作出相应的评价;同学们之间也可以进行互相评价。当然这些评价都不是随意进行的,都有事先制定好的评价标准作为支持。

(3) 它的"大权"。它专门保管你在学习中的作品。你的这些作品反映出你的水平和进步,还包括同伴对你的评价、你对同伴作品的评价,以及你是否进行了自评和反省等。你的所有作品都会成为最后老师给你作出总的评价的依据,这个评价会成为你期末信息技术学业成绩的一部分。好了,你已经对它有了一个大体的了解,赶快根据我们的操作指南来和它进行一次"亲密接触"吧!

档案袋评价123

1. 评价说明

本学年,在信息技术课学习中,我们将借助电子学习档案袋系统的帮助为每个人建立一个信息技术个人档案袋。档案袋内容的搜集将在老师的指导下,由你自己独立地完成,你对往档案袋里放什么具有较大的主动权。你档案袋里的一切内容都会作为老师了解你的学习情况的依据。

2. 评价目的

(1) 清晰地显示你在信息技术学习中取得的进步情况。

(2) 改变以往对学习的评价只有老师一个人做主的局面,给你和你的同学提供参与到这项活动中来的机会。

(3) 要求你及时地对自己的学习进行总结和反思。

3. 评价项目

(1) 课堂任务的完成情况。

(2) 参与作品评价和交流的情况。

(3) 自我反思和评价的情况。

(4) 其他能反映你的学习态度、努力程度等的材料。

2. 课上出示具体的任务,引导学生完成档案袋内容的搜集

在每节课上教师根据教学目标设置合理的任务,在下课前让学生把自己的任务上传到档案袋中。老师通过学生任务的完成情况来了解学生的学习情况和自己的教学效果。

针对教学目标,教师设计的任务如下:

(1) 根据任务进行搜索,并填写表10-2。

表10-2 教师设计的任务

任务	使用的搜索引擎	输入的关键词	目的网址(至少一个)
搜索一段介绍泰山的文字			
搜索一些泰山的风光图片			
搜索一段介绍泰山的视频			
搜索一个免费打字软件			

我问你搜:

1. 英文谚语"rain cats and dogs"汉语意思是:_____。
2. 发芽的土豆中含有一种毒素,如果摄入过多,可因呼吸麻痹而导致死亡,这种毒素是_____。
3. IBM是当前世界上当之无愧的电脑巨人,但其前身_____公司,却是生产销售专用于统计的计算制表打孔机的小公司。

通过上述搜索实践,写一下你使用搜索引擎的体会:

(2) 分别用 Baidu 和 Google 搜索一下"搜索引擎"这个关键词,比较一下搜索的结果和时间。

教师在教学过程中根据不同的教学内容设置特定的作业、项目或任务,然后让学生将自己在完成这些作业、项目或任务的过程中有关的信息,如搜集的过程和方法、进度、最终制作的作品、制作的体会、自我评价表等信息都可以上传至电子档案袋。另外,学生也可根据个人的兴趣、爱好制作出具有个人独特风格的电子文档加到其中。电子档案袋的内容反映了学生在信息技术课程的整个学习阶段的发展状态和取得的进步,这既可作为学生成长和进步的记录,也可以作为评定学生信息技术课程学习水平的一个依据。当然针对不同的学习内容,我们也设计一些开放性较强的任务,充分发挥学生的主动性和创造性。任务的设计要合理,有明确的设计意图,能用课堂提问和观察来了解学生的学习情况的,就不再设计放入档案袋的作业。任务都是课前设计好的并存放在共享资源空间里供学生下载,学生完成后按要求上传到自己的档案袋中。

(三)制定评价标准

1. 档案袋中材料的评价标准

《信息技术基础》(广东教育出版社)第三章第一节"文本信息的加工与表达"设置的任务是:每3~5人为一小组,研究确定一个主题,搜集资料并进行加工,制作一份电子报刊。针对报刊类作品我们采用了表10-3所示的评价标准。

表10-3 报刊类作品评价量表

评价标准	评价指标
思想性(28分)	主题明确,内容积极、健康向上(7分)
	能科学、完整地表达主题思想(7分)
	内容切合学习和生活实际(7分)
	文字内容通顺,无错别字和繁体字(7分)
创造性(27分)	素材获取及其加工属原创(10分)
	具有想象力和个性表现力(7分)
	内容、结构设计独到(5分)
	主体表达形式新颖,构思独特、巧妙(5分)
艺术性(25分)	版式设计生动活泼,各页风格协调(7分)
	版式设计合理,色彩运用得当(7分)
	图文并茂,文字清晰易读(7分)
	反映作者有一定的审美能力(4分)
技术性(20分)	运用制作工具和制作技巧恰当(7分)
	技术运用准确、适当、简洁(7分)
	包含报刊各要素(6分)
总分	
评价等级	优秀:100~90,良好:89~80,一般:79~60,差:59~0
作品点评(特色与不足)	

2. 档案袋整体评价的标准

一个阶段下来,教师要对每个同学的档案袋作出一个整体的评价,我们制定了如下的档案袋整体评价标准:

(1) 很好
- 每次课有作业或活动展示,并每次都有变化和进步,最后作业的得分为优秀;
- 积极参与对同伴作品的评价,并有很好的具体的建议和意见,有助于同伴修改作业;
- 有很好的具体的自评和自我反省,有助于修改自己的作业。

(2) 较好
- 每次课有作业或活动展示,但不一定每次都有变化和进步,最后作业的得分为良好;
- 能分析同伴作业的优缺点,并提出具体的建议和意见;
- 有具体的自评和自我反省。

(3) 一般
- 基本上每次课有作业或活动展示,很少有变化和进步,最后作业的得分为一般;
- 能提出建议和意见,但不具体;
- 有自评和自我反省,但不具体。

(4) 需要努力
- 没有达到档案袋制作要求;
- 档案袋内容不全。

(四) 拓展评价的方式

教师登录"电子学习档案袋"后,可以利用"电子学习档案袋"栏目的"班级电子学习档案袋"浏览并评价学生作品。可以用成绩评价学生的作品,还可以通过评语指出学生作品的不足、表扬学生作品的闪光点,以达到激励学生学习的目的。学生也可以利用"学习档案袋"的"班级电子学习档案袋"命令浏览并评价同班的其他同学作品,对同学的作品进行打分,发表评价意见,以达到相互交流的目的。

对于档案袋中内容的评价,我们的做法是:对于那些为了反映学生对学习内容的掌握情况而设置的任务,除了学生本人要填写自评量表外,老师也必须作出及时的评价。通过对电子档案袋中的学生信息进行及时的分析、反馈、评价,教师可以从中了解教学目标的达成程度,及时调整教学策略。对于那些综合性强的任务,学生无法在一节课的时间里完成,需要两节甚至更长的时间,每次的未成型作品我们也要求学生上传但不正式发布,这些未成型作品只有学生自己能够看到,它展现了作品的形成过程,让学生体会自己的提高和进步,不必作评价。对于综合性强的作品,既要有学生的自我评价和学生对制作过程的简要叙述,老师和其他同学也要做出评价。为了保证学生互评的信度和效度,对每次评价都做出具体的要求,给出明确的评价标准。

1. 自我评价

自我评价是指在教师的指导下,以学生自己为中心,对自己的学习情况和结果进行自评和自查。一方面通过自评,可以把自己与过去进行比较,确认自己的进步,另一方面通过自查以及与优秀作品进行比较,发现自己的不足。学生的自我评价,有利于形成自我监督、自我管理、自我发展的能力。自我评价可以使学生主动去反思自己的学习过程,寻找问题,关注自己在原有基础上的进步和发展。在自评结果与同伴评价的对照中,能反现自己的不足,从而向同伴学习,促成自己长足的进步和发展。

为此对于每节课的教学内容结束后,我们让学生撰写学习日志或填写自我评价量表,表10-4所示为课堂实践自我评价量表。自我评价量表在上课前放置在共享资源里,下课之前由学生自行填写和完成的任务一并上传。自我评价量表根据不同的学习内容灵活设计,给予学生充分的自主空间,让学生进行充分的自我反思。自我评价应该有一定的参照标准,否则很难判断它的相对水平和绝对水平。教师应引导学生正确认识自我评价的作用,保证自我评价的全面和有效,让学生能正确地认识自我、评价自我。

表10-4 课堂实践自我评价量表之一

完成任务数	完成任务情况	学习态度	自我评价成绩	自我反思
□ 4项 □ 3项 □ 2项 □ 1项	□ 能够独立完成 □ 需要别人帮助 □ 仍然没掌握	□ 认真 □ 比较认真 □ 一般	□ 优秀(认真完成各项任务) □ 良好(完成大部分任务) □ 一般(完成少量任务) □ 差(没有完成任何任务)	

2. 他人评价

他人评价在我们教学过程中的体现之一就是同学间的互评。这种评价在评价标准比较明确的情况下,可以得出相对客观的结果,且能够锻炼学生的判断能力。一般,同学互评的要求都比较严格。但这种评价耗费的时间和精力都比较大,不宜频繁进行。

因为班级人数比较多,所以在实施过程中实行了小组评价,即学生的学习成果在学习小组中展示而受到小组成员的评价。在评价过程中,首先看被评价者的自我阐述和个人评价情况,接下来对其所做的阐述与作品按照评价标准进行评价,最后让小组成员共同协商为该学生确定成绩和填写评语。这种评价有利于学生两方面的发展,一方面有利于学生个性的发展,在评价过程中学生作品的每一个细节都将受到关注,这样学生的每一个特点都将得到证实,通过这样的评价,学生可以对小组的评价进行自我的反思,从而创造出更完善的作品。另一方面有利于学生自我的发展,通过评价别人的作品,会提高自己的分析能力,在评价中发现别人的优点,从而提高自己。在同伴之间的互评中,每个人的主要职责不仅是评价对方的优劣,更是互相学习,取长补短,重在发现不足之后,要提供帮助,发现对方的长处,要及时学习。

3. 教师评价

在评价过程中,对于评价良好的学生,教师应该加以鼓励,使他们能够感受到学习的成就感,加强他们学习的动力,再接再厉,最终圆满完成学习任务。对于有独特见解的学生,教师要合理加以引导,既让学生的个性有充分发挥的空间,又要促进其积极向上的发展。如果发现学生的见解或做法有推广的价值,教师就及时做出总结,并向全体学生介绍。教师对学生的评价不再限于只是正确与错误的确认以及分数的给出,更重要的是通过对学生作品的评价、结合学生自我评价的分析以及小组评价的结果,对学生自评与小组评议进行评定,并根据各方面综合的情况,为学生的最终学习成绩给出评价。教师的评价应以将激励性言语评价与等级评价相结合,以提高学生的积极性、促进学生的发展为主要目标来进行。

(五)教学效果

通过半年多的应用实践我们深切地体会到,虽然由于各种条件的局限,我们无法给学生的变化一个定量的描述,但由于电子学习档案袋的引入,实验班学生与其他班级相比学习热情更高、课堂秩序更好、教学目标的达成度也更高,这充分印证了电子档案袋评价在信息技术课中应用的价值。

（六）教学反思

档案袋评价是在教学过程中根据评价目的与学生具体情况，有计划、有目的地搜集与组织学生的作品。如果仅仅是把学生的一些作业堆积起来，随意性地在档案袋中放入各种材料，那很有可能使档案袋评价流于形式，起不到应有的功效。无论选择何种档案袋，都需要精心设计，确保评价内容的有效性。评价内容要从对学生单一的认知评价扩展为对学生综合素质的评价。信息技术学习档案袋评价不仅要重视信息技术基础知识、基本技能的评价，还要重视信息技术学习的情感态度与价值观等内容的评价。信息意识、信息道德、信息免疫力均是信息技术学习的重要组成部分。档案袋评价中所搜集的材料应当是全面的、多元的，也是关注学生对档案袋中信息技术作品的反思的。例如，如何努力提高自己，为什么要选择这些信息技术作品，这些作品展示了什么，自己学到了什么。信息技术学习档案袋评价只有全面、有效地搜集评价信息资料，才能帮助学生提高对自己学习的责任心，正确判断、认识自己的学习情况。

本章小结

教学评价是教学的一个重要环节，由于现代信息技术的发展，教学评价有了一些新的特点和工具，过程性评价越来越受到重视，而且不断有新的评价工具出现，了解各种工具的特点及实施方法，可以极大地提高教学评价的效率。

思考题

1. 教学评价有什么特点？
2. 教学评价的功能是什么？
3. 常用的教学评价工具有哪些？
4. 什么是学习契约？学习契约有哪些要素？

实践者园地

1. 问卷是用于收集信息技术课程教学情况以及学生学习情况等资料的重要手段之一，请你根据所学到的知识，制定一份调查问卷。

问卷可以包括以下几个方面的内容：
a) 你的相关信息资料
b) 你的信息技术课成绩
c) 你对信息技术课程的态度
d) 你对教师授课方式的评价
e) 你对教师课堂教学的评价
f) 你对信息技术课堂教学气氛的评价
g) 你对信息技术课程中理论知识的态度
h) 你对信息技术课程中操作技能知识的态度
i) 你对自己上课状态的评价
j) 你对自己的学习结果的评价

第 11 章 信息技术课程的教学实例

> 师之为教，不在全盘授予而在相机引导。
>
> ——叶圣陶

学习目标

1. 了解教案的功能和特点。
2. 掌握编写教案的方法。
3. 了解各种课堂教学的组织形式。
4. 能根据教学内容的特点，在课堂上灵活运用多种形式进行教学。

11.1 编写教案

核心术语

◆ 教案　　　◆ 信息技术课程　　　◆ 编写原则

11.1.1 概述

教案，又称为课时教学计划。教案是教师备课的书面成果，是教师上课的主要依据。不管一位教师教学经验多么丰富，上课前一定要写好教案。只有这样，课堂教学才能有目的、有计划地进行，才能保证教学质量。教案是教师在钻研教学目标、教材、教学参考书和了解学生的基础上，经过充分准备和精心设计出来的成果。教案设计的质量如何，往往是一堂课成败的关键。特别是年轻教师刚开始走上讲坛，一定要有一个自己动手编写的教案。有了教案，教师上课就心中有底，可以防止上课时手忙脚乱。

教案是提高教师教学和科研能力的主要途径。教案可以积累起来，成为科研第一手材料。教师的教学质量如何，决定于教师的责任心。教师的责任心首先表现在是否能够认真备课和编写教案上，教案是教师工作责任心高低的体现。教案一般分为详案和略案两种，教师是写详案还是写略案，可以根据自己的情况而定。刚开始上课的新教师需要写详案，而有经验的教师可以写略案。

教案没有统一的格式，但以科学和实用为编写原则。一般的教案主要应具有以下几方面内容：科目、课题、授课班级、授教者、课型、教学课时、教学目标、教学重点、教学难点、教学方法、教具、教学环节、课堂教学过程、教学时数分配、教学内容、板书等。

1. 制定教学目标

教学目标是教学活动的指针，是教学中师生预期达到的学习结果和标准。教学目标具有这样几个特点：(1)指向性。它对教学设计有指导作用，指明教学的努力方向，是教师处理教学内容及选择教学方法的依据，也是教学评价的依据。(2)客观性。它是根据课程标准、教材和学生情况而定的，不具随意性。(3)整体性。它体现教学目标的整体性，包括的教学内容比较全面，如它既包括在知识、能力、思想品德方面应达到的目标，还包括情意目标，体现了各教学目标的整体性。不能错误地把新课程标准中的教学基本要求当做教学目标。教学基本要求中的"识记、理解、运用"不是教学目标，而是对学生在学习知识过程中的基本要求。识记，是对知识的感知过程，是初步的学习；理解，是深入的学习，是对知识的种种联系、关系、本质和规律的认识；运用，是强化认识知识的过程，也是获得情感体验和形成良好行为习惯的过程，是学生学习知识的目的，也是学生加深理解和巩固知识的重要方式。

2. 确定教学重点

在教案中写出教学重点，目的是使教师在教学过程中能把握住教学的主要方面和关键问题。主要方面不明确，平均使用力量，教学任务就不能很好地完成。教学重点的确定应从以下两个方面考虑：(1)要根据课程目标的要求和教材的知识体系来确定教学重点。所谓教学重点，是指教材中经常出现、是目前和今后非常有用的知识，它是教材中关键性的知识，如关键性的概念、观点和原理等。教学重点在教材中具有重要的影响作用，它能统帅其他知识，是基础知识中的主要部分，它在形成学生知识、能力和提高学生思想觉悟方面具有较重要的作用。(2)学生中普遍存在的、带有倾向性的思想理论认识问题，也是思想政治课的教学重点。思想政治课的教学任务重点在于教育学生，应把对学生的思想教育放在首位，所以在学生中存在的典型的理论认识问题也应作为教学重点。

3. 确定教学难点

教学难点是指学生在学习过程中遇到的主要障碍，即多数学生难以理解和掌握的知识或理论问题。教学难点的确定应以学生的接受程度为依据。确定教学难点的依据是：(1)教材内容中学生最难接受、最难理解的知识或思想理论观点，特别是比较抽象的教学内容。例如，高中二年级哲学教材中的"物质"概念，高中一年级政治经济学中的"价值"概念等。(2)在理论上容易理解，但在思想上难于接受的理论认识问题也可以作为教学难点。例如，资本主义民主的狭隘性问题、资本主义走向腐朽的问题等。(3)容易混淆的概念也可以作为教学难点。在教学过程中，教师要集中精力处理解决重点和难点问题，而不要平均使用力量，对于学生容易懂的一般问题不要花费过多时间。

4. 选择教学方法

设计教学过程，主要是选好恰当的教学方法，使它与教学内容相统一。教学过程主要是教学方法综合运用的过程，选择好教学方法是顺利完成教学任务的关键。教课不能总是用一种方法，优秀的教师教学效果之所以显著，是由于他们以综合的、辩证的观点对待各种教学方法的选择和运用，而不是始终用一种方法教学或生搬硬套某种方法。选择教学方法时应考虑如下问题：(1)选择教学方法，要从教学内容出发，要根据教材的特点和教学任务来选择教学方法。例如，有的教学内容比较容易接受，或学生对此内容比较熟悉，就可采用自学辅导法或谈话法来进行教学；而有的教学内容理论性比较强，就可采用讲解法，如高中一年级的某些难于理解的经济理论课。(2)每节课选用什么样的教学方法还要根据学生的接受能力、身心特点来确定，也就是从学生的学习可能性来确定；另外还要根据学生的发展需要来确定。(3)设计教学方法，要端正教学思想，要贯彻以教师为主导和以学生为主体的教育思想，要有利于调动学生的学习积极性，尽量让学生参与教学活动，达到提高学生素质的教学目的。

5．设计教学环节

课堂的教学过程是由各个教学环节构成的。教学环节就是教学的程序和步骤。把各个教学步骤按一定的顺序衔接起来，就是课堂教学过程的结构。做任何事情都要有计划、有步骤地进行，教学是个很复杂的过程，它更应该有合理科学的程序和步骤。教学环节设计的主要内容有：组织教学、复习旧知识、导入新课、讲授新知识、巩固新知识、布置作业等。每个环节教什么内容，用什么方法，花多少时间，板书什么内容，提什么问题，怎样处理重点或难点问题，各个教学环节如何衔接，这些内容都要求授课教师在考虑教学步骤时设计好。各个教学环节的衔接要合理、紧凑，有一定密度，不要出现漏洞，又不要安排得太满，在时间上要留有余地，在课堂节奏上要给人轻松、和谐的感觉。

6．设计板书、制作教学软件

黑板是目前教学经常用的教学工具，板书则是为教学服务的好方式。信息技术课的教师在设计板书时，要注意配合课件使用。

常见的教学软件有用于演示的 PPT 文件，用于辅助教学课程网站等。制作、使用课件在于提高课堂效率。首先，课件的定位要准确。课件是辅助性的，它是教师事前准备的各种教学材料的集合，它不能代替教材，不能代替课堂授课，不是可供自学的完善的材料。其内容应当体现出教师对教学大纲与教材的把握，以及根据学生情况做出的适度调整，它必须通过教师的使用才能发挥其功效，与教材要相辅相成，教师首先要理清教材、课件、课堂授课三者间的关系，大纲与教材是基础，课件为辅助，课堂授课是保障。其次，课件应当主题鲜明。整个课件是有机的整体，其基本主题是显而易见的。教师对教学内容点、线、面的处理体现在事先制作的课件中。

课程网站设计的主要宗旨是培养学生利用信息技术的意识和能力，促进信息技术与学科课程的整合，逐步实现教学内容的呈现方式、学生的学习方式、教师的教学方式和师生互动方式的变革，充分发挥信息技术的优势，为学生的学习和发展提供丰富多彩的教育环境和有力的学习工具。

课程网站通常包括以下功能：

(1)能够提供大量、丰富的教学资源，最终形成一个小的教育资源网，有利于不同程度的学生进行学习。可以提供较多的课外相关材料以扩充教学视野，拓宽知识的深度和广度。提供的材料可以课堂上使用，也可以供学生课下参考。

(2)能够对学生和教师进行相应的信息存储与管理，这其中包括：① 教师和学生信息的注册、删除及修改。② 学生的考勤情况。③ 作业的发布、上交、统计与查询。④ 对学生学习情况的评价。

(3)能够提供学习所需软件、常用软件、教师所用课件和其他学习教程等，供学生随时浏览和下载。

(4)在服务器上为每个学生开辟个人空间，供学生完成作业使用。

（5）提供在线讨论、学生论坛、教师答疑和留言板等交流平台，供学生之间、师生之间进行学习交流和讨论。

（6）提供学生优秀作品展示栏目，以表扬、激励学生。

（7）提供网上在线考试，及时检查学生的学习效果。

（8）能够提供一定的安全机制，提供数据信息授权访问，防止随意删改。

11.1.2 信息技术课的教案示例

案例 11-1

案例来源：http://www.jiaoan.net/jiaoangao/HTML/4712.html

一、教学目标

（1）知识目标：

① 理解图文混排、文字框的概念与作用。

② 通过动手设计与制作，逐步领悟编排图文并茂作品的基本方法。

③ 初步掌握图文混排作品的整体设计思路与基本制作方法。

（2）能力目标：

① 能够根据实际需要在文稿中插入图像，并能调整图像的大小、位置、边框、阴影、绕排方式等。

② 能够在文稿中插入文字框，并能够调整文字框的属性。

③ 掌握编排图文并茂作品的基本方法和思路。

（3）情感目标：

① 通过亲手操作实践，让学生逐步认识应用软件的基本操作规则，同时领悟到隐藏在基本操作背后的作品整体设计思想，提高学生的审美素质。

② 通过制作图文并茂的文稿，激发学生的学习动机，保护学生的学习兴趣。

二、教学重点、难点

（1）在文稿中插入图像并调整图像的大小、位置。

（2）设置图像的边框、阴影、绕排方式的属性。

（3）插入文字框，设置文字框的属性。

（4）设计并编排出图文并茂的作品。

三、教学方法

利用校园网络，将图文混排的操作演示放在网络上，引导学生通过网络进行自主学习、自我探究，并参照演示自己动手进行操作。鼓励学生在操作过程中，能举一反三，尝试教材中未介绍的编辑方法并观察、比较其效果；发挥团体协作的精神，调动学生的积极性，锻炼自学、探究、总结概括的能力。

四、教学用具

计算机网络教室、"信息技术"网站

五、课时安排

1课时

六、教学过程

（一）导入

1. 演示准备好的图文混排的作品，供学生欣赏。

2. 指导学生打开"信息技术"网站，进入其中的"板报欣赏"栏目欣赏其中的作品。

3. 导入本节课的内容：用图文混排制作一个图文并茂的作品。

（二）目标完成主要过程

指导学生进入网站中的"WPS 中的图文混排"栏目，以《北京奥运会吉祥物——福娃》一文的制作过程为例，引导学生一步一步地自主学习图文混排的基本知识，要求学生在学习中参照网络上的演示，自己动手操作，并将每一步的操作成果上传到网络上。

1. 在 WPS 2000 中插入图像

(1) 提出问题：如何在 WPS 2000 中插入图像，如何调整图像的大小和位置。引导学生进入"操作一：在 WPS 2000 中插入图像"。

(2) 学生观看网络上的演示自主学习，利用网络上提供的素材，仿照演示制作一份作品并上传。

2. 设置图像的属性

(1) 提出问题：如何设置图像的边线、阴影等属性，使图像更美观。引导学生进入"操作二：设置图像的属性"。

(2) 学生观看网络上的演示自主学习，对上一幅作品的图像进行调整，并把调整后的作品上传。

3. 图像的绕排方式

(1) 提出问题：如何设置图像的绕排方式，不同的绕排方式之间有何区别。

(2) 由学生自己尝试，并观察、比较不同绕排方式的效果。

4. 在 WPS 2000 中使用文字框

(1) 讲述文字框的作用，引导学生学习如何使用文字框。

(2) 学生观看网络上的演示自主学习，用网络上提供的素材，仿照演示制作一份作品并上传。

（三）综合练习

学生利用"综合练习"栏目中提供的素材，结合学习到的操作技巧、方法，发挥自身的创意，制作一个电子板报并上传。学生可以在完成教师规定任务的前提下创新作品。鼓励学生发现、探索、创新 WPS 2000 的图文混排功能，欣赏别人的作品，启发自己的思维。

（四）成果总结

1. 教师小结。

2. 鼓励学生在课外寻找题材和素材，结合本节课所学的知识，创作属于自己的电子板报，并将其发布在"作品展示"栏目下，供大家欣赏。

11.2　组织课堂教学

> **核心术语**
>
> ◆ 课堂教学　　　◆ 教学节奏　　　◆ 教学组织

11.2.1　课堂教学的组织形式

教学组织形式就是教学活动中师生相互作用的活动方式。教学组织形式有多种：班级教学、小组教学及个别化教学。每一种组织形式都有各自的优缺点和适用范围。

1. 班级教学

班级教学又称为班级授课或集体授课。它是根据年龄或知识水平把学生编成有固定人数的班级，由教师按照教学计划统一规定的内容和课时数并按课程表进行教学的教学组织形式。班级教学的主要形式有：

（1）课堂讲演。讲演是班级教学的主要授课形式。课堂讲演包括讲解法和演示法。

（2）课堂回答。课堂回答是教师根据学生已有的知识或经验，提问学生并引导学生经过思考，对所提问题自己得出结论，从而获得知识、发展智力的教学方法。在使用该方法时教师应注意以下几点：① 做好充分准备。② 向学生提问的问题要尽量多。③ 要面向全班同学提问，不能只限于少数几个同学。④ 所提问题应难易适宜，过难过易都不利于调动学生学习积极性。⑤ 针对学生回答问题的情况给以适当的反馈。

（3）课堂自习。课堂自习是以学生自身的独立活动为主的学习活动，一般是让学生做操练和练习，有时也让学生预习或复习功课。教师在组织课堂自习时应做到以下几点：① 使学生明确练习的目的和要求，并在有关理论指导下进行练习。② 及时反馈学生的练习结果，以便纠正。③ 练习方式可根据情况灵活掌握。④ 注意练习的循序渐进性。⑤ 做好练习总结。

2. 小组教学

班内小组教学是把一个班暂时分为若干个小组，小组可以是学科小组也可以是活动小组，主要视学习任务、活动目的和性质而定，并由教师规定共同的学习任务，由学生分组学习的班级教学形式。在分组时要注意把学习情况或性格特征不同的学生编排在一起，这样小组成员间可以取长补短。在小组人员的编排上一般以 5～7 人为宜，小组成员过多，积极活动的学生就会减少；小组成员过少，则对提出观点的丰富性以及补充意见的多样性不利。小组教学可以在任何年级和任何课中开展，但最适合各科的新内容学习之后的强化巩固，即分组讨论。小组讨论是学生根据教师所提出的问题，在小组成员中相互交流个人的看法、相互启发、相互学习的一种教学方式。小组讨论的问题可以是教师提，也可以是学生提。在小组讨论中，学生彼此提问和回答问题，并且对彼此的回答做出反应。教师主要起监督指导作用，观察学生的反应。教师要扮演较次要的角色，作为问题的调节者，要尽量让更多学生参加讨论，保证讨论不离题，并且帮助学生总结。

常用的小组教学形式有：

(1) 以学习任务为定向的学习小组。目的是将小组成员集中起来完成特定的学习任务或计划。

(2) 教导式学习小组。目的是传授或澄清抽象的材料，考前进行复习或让学生就某一问题或观点展开讨论。

(3) 个别指导式学习小组。目的是强调学习以后的矫正、指导，或对个别学习者独立的超前学习进行评价。

(4) 苏格拉底式的学习小组。目的在于把师生汇聚在一起讨论教师提出的问题，答案经过开诚布公的师生交谈而获得。

(5) 合作式学习小组。目的是为完成共同的学习任务或学习目标，将学习程度不同的学习者组织在一起，通过成员共同的相互作用，调动每一个人的学习积极性，促进学业成绩的提高。

(6) 脑力激荡式学习小组。目的是将不同的个体组合在一起，针对某一富有创新意义的课题展开讨论，发表自己的观点。

(7) 漫谈式学习小组。目的是鼓励学生对与目前正在考虑的或与已经学过的材料相联系的课题做自由的、不受任何约束的讨论。

3. 个别化教学

个别化教学是为了适合个别学生的需要能力、兴趣、学习进度和认知方式特点等而设计的教学方法，但它并不单纯意味着个体独自学习。

为了发挥个别化教学的最好效果，教师要注意以下几点：

(1) 学习的步调。个别化教学的典型形式就是将所学材料变成一系列的学习活动或任务，让学生以自己的步调学习同样的任务。

(2) 教学目标。个别化教学需要教师设置各级水平能力上的目标以适应不同的学生。教师可以让每个学生通过同样的目标顺序，也可以调整目标以适应不同学生的需要、兴趣和能力。

(3) 学习活动或材料。个别化教学中的另一个变量是学习活动本身。即使学生迈向同样的目标，但他们使用的手段可能不同：有的可能依赖于课本，而另一些则可能需要阅读一些课外辅助材料，还有部分学生则可能需要使用视听媒体。

(4) 评价教学的手段。个别化教学对学生的学习评价手段应有所不同。书面表达有困难的学生，可以先进行口头测验，或者录下他们对书面测验的口头回答；聪明的学生可让他们写一篇论文或感想、计划之类的文章；有些学生适合于正强化，而另一些则有必要"敲打敲打"；频繁的测验对有些学生可能很有效，另一些则不然；有些学习结果也可以是非语言的形式，如图画、图表、制造模型、实际操作等。

(5) 个别辅导。个别辅导常用三种形式：一是成人的个别辅导，较易行；二是同伴辅导，也是很有效的；三是模拟一对一教学情境的个别化教学程序，如教学程序和计算机辅助教学等。

11.2.2 课堂教学各阶段的组织

1. 课前

课前是指上课铃声响之前的不到 1 分钟的时间。教师必须提前进入教室，给学生亮相，课间休息学生会处于高度的兴奋中,很多时候会影响当前这节课的课前准备。因此,教师就必须提前到教室亮相,让学生知道下一节课很快就要开始了,从而调整自己,做好课前准备。教师此时可利用目光去指挥和调控学生的行为,即用目光扫视、照看班中的学生。

2. 导入主题

如何导入一节课的主题很重要,导入主题的主要作用是让学生对即将学习的内容产生兴趣,作好心理上和知识储备上的准备。常用的导入方法有以下几种:

(1) 温故开讲导入。温故开讲是各科教学常用的方法。温故开讲是通过对旧知识的回顾与复习,过渡到新知识的讲授的导入方式。这种方法符合学生的认知规律和教育规律,在复习旧知识的基础上,把旧知识与新知识作对比,找出它们之间的差异与联系,使学生在感受新知识时,既有思想准备,又有知识基础。

(2) 设疑开讲导入。从教育心理学的观点看,设疑能激发学生的兴趣,点燃学生的思想火花,进而开发他们的智力。因此,教师在开讲时就要从发展学生的智力出发,善于布设疑阵,在学生心理上引起悬念,使他们处于暂时的困惑状态,进而激发解疑的兴趣。

(3) 目的开讲导入。教师在开讲时先简明扼要地向学生说明教学的目的,使学生做到心中有数,从而激发学生学习的积极性,及时调整自己的注意力,掌握学习的主动权。目前进行的目标教学法大都采用这种方法导入新课。

(4) 直接开讲导入。直接开讲是指上课伊始,教师开宗明义,直接点题,讲明这节课需要学习的内容和要求,从而引起学生注意。这种导入新课的方法是一种最简单的导入方法,一般在高年级采用,因为低年级学生学习能力和意志力较差,直接导入往往收效甚微。另外,有些新任教师也常采用此法,因为他们不太了解学生的知识、能力水平及兴趣爱好,所以往往开门见山,直接点题。

3. 课中的组织

课中是指从导入新课后一直到完成新内容的教学为止的课堂教学阶段,这个阶段时间最长,一般会有30分钟左右,师生的"教"与"学"主要在这个阶段进行,它是课堂教学的中心阶段。课中的教学阶段既然是中心阶段,那它的组织工作就尤为重要,教学秩序的好坏、教学效率的高低、学生学会与否等无一不与课中的组织相联系。课中的组织首先要认真按课堂教学设计的方案进行教学,其次要密切注意教与学的活动和谐与否,及时做好调控的组织工作,使课堂教学能够顺利进行。要做好课中的组织工作,有以下三个方面是要特别注意的。

(1) 掌握好教学活动的节奏。课堂教学节奏指课堂教学过程中各种可比成分在时间上以一定的次序有规律地交替出现的形式。所谓可比成分主要有教学的密度、速度、难度、重点度、强度和激情度等。例如,在课堂教学中,快慢适度、详略得当、收放自如的教学进程都是教学节奏。通过这些可比成分的有规律地交替和变化,教师不仅可以有效地传达自己的情感、态度,突出教学的重点、难点,而且可以有效组织教学和调控学生注意力。因此,处理好课堂教学节奏,既是教学本身的要求,同时也是课堂教学组织的需要。在课堂上的45分钟时间里,学生的学习不可能只保持一种状态,有振奋、愉悦,也有疲倦、松懈。组织课堂教学要求教师把握这种在课堂上交替出现的、有规律的强弱、长短的现象和特点,及时调整组织好课堂教学。学生在听课过程中,随着时间的推进,其兴奋中心呈曲线变化,如图11-1所示。

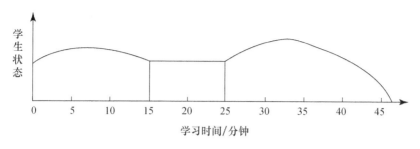

图 11-1 学生兴奋中心对照图

可以看出,课堂教学的前 15 分钟和后 15 分钟是学生脑活动的最佳状态,是教师传授知识、技能的最佳时间,课堂内容的重点应放在这段时间里加以解决。第 15~25 分钟这段时间是学生课堂疲劳的波谷期,是学生情绪上相对平衡的时段,以处理一般性问题、练习或学生自学为好。如课堂教学内容需要也可以在学生"疲劳波谷区"形成一个教学的"小高潮",使学生既可以在精神上获得放松,又可促进对教学内容的顺利吸收。

课堂教学节奏的基本特点,就在于通过相关的可比要素的重复、符合规律地交替来表现、传达教师的情感、态度、思想倾向及要强调的内容,进而完成预定的教学任务,达到预定的教学目标。

(2) 课堂教学节奏的调控方式。课堂教学节奏把握得是否恰当,是一节课能否获得较好效果的关键。因此,把握课堂教学节奏要学会一些调控课堂教学节奏的方式,提高课堂教学的组织效果。在调控课堂教学节奏时我们要注意以下几点:

① 注意整体的教学节奏。教学过程是教师依据一定的目的、计划、方法,引导学生掌握系统的文化科学基础知识和技能、发展智力、培养能力、提高素质的过程。一节一节的课,构成了一门学科的知识体系。在安排一节课的教学容量时,必须考虑这一节课在某门学科的知识结构中的地位以及它在整个认识过程中的作用,以此来掌握课堂教学的总体结构,这就是整体感节奏。根据这一节奏,教师应该合理安排每节课的教学内容和进度,切忌抢时间、赶进度,造成课堂教学整体节奏的失律,让学生吃"夹生饭"。

② 体现教学节奏的渐进性。任何一门学科的知识,都具有严密的逻辑结构,形成一个完整的知识体系,是有"序"可循的,是渐进的。教师应遵循从量变到质变的认识发展规律,依据学生循序渐进的思维方式和思维发展阶段,采用逐级渗透、不断提高的方法,确定一节课的教学重点、难点,把握速度的快慢、缓急,使学生的知识层次由低级向高级发展。

③ 教学节奏要强弱搭配。所谓强弱感节奏,就是依据一节课的分量和采用的教学方法、教学组织形式和学生现有的知识水平,确定一节课中的教学力量的强点和弱点。

④ 教学节奏要有停顿。人的认识总是由浅入深、由低级向高级发展的,在课堂教学中,当学生对某种知识的认识已达到了一定的境界,要求提高到更高的水准时,教师不能在原有的教学层次反复,而应有一个极短暂的休整,激发学生的求知内驱力,为获取新的知识做准备,然后把教学推向一个新的层次,这就是停顿感节奏。因此,教学过程中一个短暂的停顿,是激发学生新的需要、推进教学向更高层次发展的一个重要方法与必要环节。

停顿是教师课堂教学的艺术。在教学过程中,教师如果能适当地利用语言停顿(非标点性停顿),能激发学生的注意力,诱发学生的思考,给学生以回味的余地,从而收到良好的教学效果。例如,在设疑前和提问后,留有短时间停顿,促使学生思考,使学生提纲挈领、有条理地准确回答问题,能防止学生回答中丢三落四、零敲碎打的现象发生。

⑤ 教学节奏要适时变换。在一节课中,如果只让学生做同样的活动,就容易疲劳;过分频繁地改变活动,也是不好的。在教学过程中,教师一方面应当不使学生的学习负担过重;另一方面应注意方法的多样性,让学生的各种器官参与活动,以免单调乏味,这就是变换节奏感。教师在设计一节课时,必须注意方法的多样、思维的起伏、形式的变化,让学生的思维不断得到调整,使注意力更加集中。

⑥ 教学节奏要动静相宜。所谓"动",是指课堂教学中教师运用启发式教学原则,让学生多动脑、多动口、多动手,要敞开思路,广开言路,让每一个学生都有"表现自己"的机会。所谓"静",是指由于某种教学目的的需要,教师在课堂教学时有意安排短时间的宁静状态,以便让学生积极动脑,思考问题。动是思维的外在表现,静是思维的内化深入。

总之,课堂教学的节奏是教学过程中必须注意的一个因素,节奏把握得好,课堂气氛活跃,学生学习的积极性高,教学双边活动的配合也就协调,教学效果也就好。由此可见,在教学过程中,教师必须把握好教学节奏,提高课堂教学的组织效果。

(3) 调控好学生的注意力。课堂教学的正常秩序的维护,要从很多方面去进行组织,其中很重要的一环是在教学进程中集中学生的注意力。教学进程中学生会因各种原因出现精神分散,这是正常的,但这却会影响学生的学习,有时还会破坏教学秩序。因此,教师要在教学进程中时时留意学生的表现,及时调控学生的注意力,才能保证教学顺利进行,提高教学效果。调控学生课堂注意力的方式、方法是多种多样的,常用的有以下一些调控方法:

① 声音调控。声音调控指教师通过变化讲话的话调、音量、节奏和速度,来引起和控制学生的注意。例如,讲话速度的变化有助于引起学生的注意,当教师从一种讲话速度变到另一种速度时,已分散的注意会重新集中起来。在讲解中适当加大音量,放慢速度,则可以起到加强注意和突出重点的作用。

② 提问调控。课堂教学的提问对调节学生的注意力有特殊的作用,一般情况下,教师提出一个问题后都会有一个短暂的停顿,每个学生都有回答问题的可能性,因此,学生在教师提问后都会比较紧张,认真思考问题并准备回答教师的问题,学生已没有分心的时间。同时,教师有意识地提问分心的学生或提问分心学生的同桌,都有对分心学生的警醒作用,使其集中注意力。

③ 停顿调控。在讲述一个事实或概念之前作一个短暂的停顿,能够有效地引起学生的注意,在讲解中间插入停顿,也可起到同样的作用。适当的停顿,可以产生明显的"刺激对比效应",喧闹中突然出现的寂静,可以紧紧抓住人的注意。一般来说,停顿的时间以3秒左右为宜,这样的停顿足以引起学生的注意。停顿时间不可过长,长时间停顿反而会导致学生注意力涣散;也不可毫无停顿,一些教师甚至常常用重复的话去填补停顿,误以为停顿就是"冷场",其实毫无变化和停顿的讲话最易涣散注意,引起疲劳。

④ 眼神和表情调控。教师眼神和面部表情的变化也可以起到调控学生注意的作用。例如，教师与学生的目光接触可以表达教师对学生的暗示、警告和提示，也可以表达期待、鼓励、探询、疑惑等情感。教师面部表情、头部动作、手势及身体的移动也传递着丰富的信息，有助于沟通师生间的交往，调控学生的注意。

⑤ 变换教学媒体调控。在课堂教学中，学生主要通过文字符号这一信息传递模式来进行学习。这种单一的信息传递容易引起疲劳和分散注意，教学效率也容易受到影响。因此，教师根据需要适当变换教学媒体，通过图表、实物、幻灯、影视、电脑等多种媒体的交替使用，充分调动学生的各种感官去获取信息，实现信息传递的多渠道化，不仅可以有效调控学生的注意力，加强学生对知识的感知度，而且有利于对知识的记忆、理解和应用，促进由知识向能力的转化。

⑥ 变换活动方式调控。实践证明，变换课堂活动方式可以有效调动和集中学生的注意力，提高课堂教学效率。课堂活动方式包括了师生交流的方式、学生活动的方式和教学评价的方式等。在课堂教学中，教师应根据教学的需要适时变换一下课堂活动方式。例如，由教师讲变为学生讲，由静止的学变为在动手过程中的学，由集体听课变为小组讨论等。这些变化都会给学生以新异刺激，强化学生的注意，激发参与的兴趣，进而达到提高教学质量的目的。

4．结课的组织

结课，是课堂教学进程发展的最后一个教学阶段，因为每一节"课"都有固定的教学时间，结课就是将要用完教学时间，下课铃响之前的很短时间的一个课堂教学阶段。学生在课堂教学中经过近 40～45 分钟的高强度学习，普遍出现疲惫状态，有些学生甚至开始出现分心的情况。因此，结课作为一个教学阶段虽然时间短暂，但却是学生最容易出现课堂问题行为的时候，也是教师最难调控课堂教学的时间。教师做好这个短暂阶段的课堂组织工作，对维护正常教学秩序、圆满完成一节课的教学任务至关重要。教学组织工作做得好，一节课从头到尾就组成了一个完整的教学过程，教学组织工作做得不好，课堂教学就有缺陷，学生的学习也受影响。

（1）结课的组织要求

① 按时下课，不要拖堂。教学的内容已经教完、学完，这时又刚好下课铃声响，那就宣布下课。如果教学内容由于某种原因已经无法按原定计划完成，若要强行完成预定的教学任务，就必须拖堂，而这是最不明智的教学行为，因为学生是最讨厌教师上课拖堂的。如果碰到这种情况，我们可以采用留问题的方法，即布置一个与学习内容有关而又能衔接已学和未学的问题，然后宣布下课，千万不要拖堂。

② 组织安排，联系内容。结课的组织不能太过随便，在课堂教学的设计中，要设计好几种备案。不要在课堂教学的过程中看看表，知道快下课了，就不管与当堂的教学内容有关与否，随意地安排一些活动给学生，拖到打铃就下课了事。教师在进行结课的组织时，要紧密联系教学内容，根据课堂教学的进度，安排与教学内容有关的学习活动，让学生有事可做，避免课堂问题行为的出现，使课堂教学能够顺利结束。

③ 结课方式，灵活多样。结课的方式很多，教师要根据课堂教学的具体情况，灵活采用。

(2) 结课的组织方式

① 梳理内容式。讲课结束前,把当堂所讲内容作一番梳理,把重点、难点再突出强调一下,把知识结构与脉络理清。例如,有的教师在课堂教学结束时通过谈话法让学生小结:我们这节课学了哪些知识?哪些是最重要、最关键的?还有哪些疑难问题需要提出来?等等。这是一种切实可行的方法。

② 左右沟通式。所谓左右沟通,是指相关的知识结构之间、相关的学科知识之间的横向联系。

③ 提炼升华式。如果说归纳式和概括中心式是对课堂讲授内容进行归纳、概括和总结的话,那么提炼升华式则是在此基础上对讲授内容进行整理、挖掘和提炼,揭示其深刻的内涵。这不仅可以帮助学生理解课堂教学内容的深刻含义,而且起到画龙点睛的作用。

④ 延伸开展式。课堂教学结束时,有目的地把所讲知识延伸到课外,以便沟通课内课外的联系,为课外学科活动创造条件。

⑤ 练习巩固式。课堂教学结束时,通过布置练习与作业来复习、巩固所学知识,并形成实践操作技能。

11.2.3 课堂教学实例

案例 11-2

案例来源:江西省萍乡市第二中学　李汀萍,信息技术教育,2004 年 01 期

课程名称:二进制数转化为十进制数

教学背景:

"二进制数转化为十进制数"是高中《中学信息技术教育》(提高版)(华南理工大学出版社)第十八章"计算机基本工作原理"第一节"计算机中数的表示"部分的难点和重点之一(因为高中数学课没有学习二进制数及二进制数与十进制数的转化),也是高中会考内容之一。

教学目标:

◇ 知道二进制数。

◇ 知道十进制数。

◇ 能将二进制数转化为十进制数。

教学重点、难点:二进制数怎样转化为十进制数。

教学方法:探究式教学,师生共同讨论。

教具:高亮度数字投影仪,实物展示台,"猜年龄表"一套,相关课件。

教学课时:1 课时。

课堂实录:

导入：
在实物展示台上出示"猜年龄表"一套（表11-1至表11-5）：

表11-1　猜年龄表1

2	3	5	7	9	11
13	15	17	19	21	23
25	27	29	31		

表11-2　猜年龄表2

2	3	5	7	10	11
14	16	18	19	22	23
26	27	30	31		

表11-3　猜年龄表3

4	5	6	7	12	13
14	15	20	21	22	23
28	29	30	31		

表11-4　猜年龄表4

8	9	10	11	12	13
14	15	24	25	26	27
28	29	30	31		

表11-5　猜年龄表5

16	17	18	19	20	21
22	23	24	25	26	27
28	29	30	31		

师：我这里有5张年龄表（在实物投影仪上翻阅），根据这5张表，我可以猜出随便哪位同学的年龄，只要这位同学分别回答这5张表中是否有自己的年龄就可以了。愿意让老师猜年龄的同学请举手。
（学生纷纷举手）
师：请这位同学回答。请你看看哪张表中有你的年龄？
生：第1张有，第2,3,4张没有，第5张有。
师：你今年的年龄是17岁。
生：呀！老师您怎么知道的？
师：这就是本节课大家要学习的内容：二进制数和十进制数及二进制数转化为十进制数。上完这节课，大家就会知道其中的奥秘。

新授：
十进制数：
简单介绍学生十分熟悉的十进制数，共计10个数码（0～9）。
二进制数：
简单介绍二进制数和为什么计算机中要使用二进制数。
师：下面我们一起来研讨二进制数和十进制数的对应关系。
（课件演示，表11-6）：

表11-6　课件演示

十进制数	二进制数		十进制数	二进制数
0	**0**		9	**1 001**
1	**1**		10	**1 010**
2	**10**		11	**1 011**
3	**11**		12	**1 100**
4	**100**		13	**1 101**
5	**101**		14	**1 110**
6	**110**		15	**1 111**
7	**111**		16	**10 000**
8	**1000**		17	**10 001**

以游戏的方式引入，激发学生的学习兴趣，由此引出本课的主题。

(注：表中粗体部分为教师根据学生回答填入)
师：十进制数中的0，在二进制数中用什么表示？
生：0。(教师填入表中，下同)
师：十进制数中的1，在二进制数中用什么表示？
生：1。
师：十进制数中的2，在二进制数中用什么表示？
生1：2。
生2：10。
师：现在在同学们中间有两种不同的答案，同学们，二进制数码中有2这个数码吗？
生：没有。
师：对。二进制数中最大的个位数是几呢？
生：1。
师：把最大的个位数加上1等于几？
生：10。
师：进位了吗？
生：进了。
师：那么，二进制数是逢几进一呢？
生：逢二进一。
(以此类推：学生回答出十进制数中3～17所对应的二进制数，教师则在课件中一一填入)
二进制数转化成十进制数
师：下面，我们一起来找一找二进制数和十进制数的规律。大家看，二进制数的个位是1，用十进制数的几表示？
生：1。
师：二进制数的十位是1，即(10)(教师板书，下同)，用十进制数的几表示？
生：2。
师：现在我们来变换一下，二进制数(11)，用十进制数的几表示？
生：3。
师：大家是怎样得出的呢？
生：二进制数的个位数是1，对应的十进制数是1，二进制数的十位数是1，对应的十进制数是2，十进制数1加十进制数2等于十进制数3。
师：以此类推，二进制数(10001)等于十进制数多少？
生：17。
师：对。根据以上的推理我们可以得出以下规律(课件演示，表11-7)：

表11-7 课件演示

二进制数	10 000	1 000	100	10	1
十进制数	16	8	4	2	1
二进制数的位	万位1	千位1	百位1	十位1	个位1
对应图片	图5	图4	图3	图2	图1

练习：请把下列二进制数转化为十进制数：10 101，11 011，10 111。
破解"猜年龄表"的秘诀
师：同学们，我刚才问那位同学的年龄在表2中有或没有，在二进制数中应该怎样表示呢？
生：1表示有，0表示没有。
师：对。刚才，我猜这位同学的年龄是17岁，她说图1和图5中有她的年龄，如果用二进制数来表示，能怎样表示？
生：10001。师：对。那么二进制数(10 001)转化为十进制数是多少呢？

设计意图：学生经教师的提示并和教师进行探讨后，推理得出用二进制数10来表示十进制数中的2。这个教学环节创设了一种有利于学生逻辑推理的情境和氛围，激发了学生在逻辑推理中创新，同时使学生体验成功的快乐。

生：17。 师：怎样得出来的？ 生：二进制数个位数1即(1)，转化为十进制数是1；二进制数万位是1即(10 000)转化为十进制数是16，两者相加得17。 作业： 师：同学们，这5张"猜年龄表"，最多可猜多大的年龄？ 生：31岁。 师：怎样得出来的？ 生：当年龄在图1～5中都有时，二进制数是(11 111)，故十进制数是：16+8+4+2+1=31。 师：大家可以帮助老师设计出猜百岁以上寿星年龄的"猜年龄表"吗？这就是本节课的作业。	通过课堂练习和作业进一步强化知识的习得。

点评

这是一节"边教边问"的创新教学课，教师在课上首先及时提出了问题，让学生猜想，激发学生的学习兴趣，然后通过趣味性的"猜学生年龄"活动引入新课。在整个教学过程中，教师运用了复习、提问和练习等教学方法，并及时进行了反馈、矫正，提高了学习效率；采用了电脑投影和图表等教学媒介，加大了教学信息密度。

本节课有以下特点：

（1）能把教师的讲授和学生的逻辑思维有机结合起来，加强师生、生生之间的多边活动。

（2）学生学习的主动性、灵活性和创造性得以体现，突出了学生的主体地位。

（3）培养了学生通过数字去寻找规律的能力，提高了学生的动脑能力，有效地对学生进行了多方面的素质教育。

11.3 基于盘古电子双板平台的课堂教学

核心术语

◆ 盘古电子双板平台　　◆ 信息化教学环境　　◆ 课堂教学

11.3.1 交互式电子白板环境下的课堂教学

电子白板由普通白板发展而来，最早出现的电子白板为复印型电子白板。电子白板是汇集了尖端电子技术、软件技术等多种高科技手段的高新技术产品，它通过应用电磁感应原理等，结合计算机和投影机，可以实现无纸化办公，满足教学活动需要。1991年，加拿大SMART技术有限公司研发了第一块具有触摸互动、即时信息共享和团队协作功能的交互式电子白板的问世，揭开了交互技术促进教学改革的新篇章。

一个有效的交互式电子白板系统包括硬件系统和软件系统两大部分，硬件系统包括交互式电子白板、计算机和数字投影仪等。软件系统包括配套的驱动程序及应用软件，还包括丰富的资源库。在交互式电子白板软件系统的支持下，教师或学生可以通过手指触摸或感应笔代替鼠标在白板上直接进行操作。交互式电子白板环境下的课堂教学如图 11-2 所示。

图 11-2 交互式电子白板环境下的课堂教学

交互式电子白板除了具有传统黑板的功能,以及"计算机＋投影仪"的多媒体教室功能外,还具有轻松实现即时书写、标注、画图、编辑、存储等功能,使用方便,功能多样,对于优化多媒体课堂的教学过程和教学质量提供了有效支持。交互式电子白板环境的主要教学功能与多媒体教室环境的教学功能比较如表 11-8 所示。

表 11-8 交互式电子白板的主要教学功能与多媒体教室环境的教学功能比较

类别		多媒体教室环境	交互式电子白板环境
显示教学内容的能力	显示内容类型	无书写功能,但可以显示数字化教学资源,演示幻灯片、Word 讲稿和多媒体课件等	既能即时书写文字或手绘图形,又可以展示任何数字化资源
	对显示的控制	显示内容高度结构化,不容易改变和控制	很容易,可以标注,可以改变笔的颜色、大小、粗细,还可以移动位置
处理教学内容的能力		内容事先制作好,高度结构化,无法对内容作编辑,教师往往照"本"宣科	很容易,不用操作键盘或鼠标,可以随时书写、标注、绘画,可以随时调入任何可用的数字资源进行编辑和讨论
存储板书的能力		无法存储	可以存储,并可以改变格式,打印或传送
师生间沟通交流		差,尤其当教师坐于控制台后面时	好,易于教师身体语言的发挥

现代教育理论认为:课堂教学是由教师、学生、教材、技术四个主要元素组成的,在这四个元素中,教师是主导,学生是主体,教材是主线,技术是优化教学过程的一个重要元素。交互式电子白板作为新的互动型教学设备,摒弃了传统多媒体投影在呈现方式、师生互动、学生参与等方面的缺陷,其编辑、批注、绘图、回放、存储等强大独有的功能为师生在教学过程中的互动和参与提供了极大的方便。教学在以媒体为中介的学习活动中,学生首先要操作媒体,然后才能通过界面互动进行内容互动,从而实现更有效的意义获得。

在交互式电子白板环境下的课堂教学中,一方面可以保持传统课堂教学中教师与学生之间、学生与学生之间的有效交流,另一方面可以延续多媒体课堂中丰富信息对于学习效果的影响,更重要的是,可以通过增加学生与媒体之间的有效互动,提高有意义学习的效率和质量。

11.3.2 PGP电子双板环境下的课堂教学实例

案例 11-3

以授导为主的课堂教学案例分析

课程名称: 触摸春天

授课教师: 深圳市南山区同乐学校小学 谭翠平

使用教材: 人民教育出版社小学语文四年级下册

教学背景:

本案例是人民教育出版社小学语文四年级下册第17课《触摸春天》这篇课文的第二课时,是一节在PGP电子双板环境下的"授导"课。根据《义务教育语文课程标准》(2011年版)的理念,借助于PGP电子双板系统,教师主要采用了"先学后教,问题导学"的授导型课堂教学模式。

教学过程:

教学环节	教师活动	学生活动	设计意图
问题导学 引出"奇迹"	提出问题1:我们平时都说感受春天、观察春天、寻找春天,那么17课为什么要说是"触摸"春天呢? 引出主题,在白板上书写出来。 提出问题2:安静创造了哪些奇迹?	回忆课文内容,思考回答课文为什么说是"触摸春天"? 体会:盲女孩安静只能用手去触摸春天,用心灵感受春天。	通过问题引导学生回忆课文内容并思考,引出"奇迹"这一主题,调动学生的学习热情。
自学互学 感悟"奇迹"	呈现自学要求:自由读课文,边读边思考问题 深入学生,指导学生进行讨论交流。	自学:自由读课文,品读体会,写感悟。 小组互学:组内交流,互学互助,体会安静的内心世界。	通过学生自学与小组同伴助学,使学生感知课文内容,通过组内交流,加深感悟。
交流展学 品味"奇迹"	抓住学生汇报的重点语句,通过词语赏析、品读感悟,体会奇迹的产生源于安静用心感受春天,源于她的热爱生活。 …… 提出问题3:安静在"张望"什么?引导学生想象,发散思维。 提出问题4:安静仿佛看到了一个什么样的春天?安静到底看到没看到春天?引导学生想象,发散思维。	汇报交流能体现安静创造奇迹的语句,通过对重点句子的理解交流,体会盲童安静是怎样触摸春天的。 学生分句子、齐声有感情朗读课文第三段。	让学生在优美的音乐声中交流感悟,使学生沉浸在课堂学习之中,有效地提高了师生的实时课堂互动效果,激发了学生的积极性。
问题导思 探究"奇迹"	提出问题5:安静为什么会创造一个又一个奇迹? 提出问题6:什么是"流连"?为什么安静"整天流连"?引导学生回答安静热爱生活,珍爱生命。 利用电子双板的双轨展示功能演示动画"权"字的演变。	品读:这个小女孩,整天在花香中流连。 小组讨论:安静"整天流连"的原因。 品读中心句,感悟生活的权利掌握在自己手中,只要你坚持不懈就一定会有所成就。	通过一系列问题引导,使学生懂得热爱生活就能创造属于自己的缤纷的世界。

续表

教学环节	教师活动	学生活动	设计意图
拓展整合 提升感悟	提出问题7：生活中，还有谁也创造出了这样的奇迹？呈现《她用双脚写出美好生活》相关材料，引导学生进一步感悟"谁都有生活的权利，谁都可以创造属于自己的缤纷世界"这句话的深刻含义。	了解贝多芬、张海迪、海伦·凯勒等人物的事迹。回答：贝多芬创造了一个属于自己的音乐世界，张海迪创造了一个属于自己的文学世界。	通过人物事迹的学习，使学生树立信心，从而对人生、对生命有全新的认识。
总结	对文章结构进行分析，总结作者的写作方法。	学习作者的写作方法，体会作者的写作意图。	通过文章写作方法的分析，使学生积累写作技巧。

案例点评：

这是一节利用PGP教学平台进行课堂教学的典型案例。首先，教师通过问题来引出"奇迹"这一主题，利用PGP教学平台的双轨展示功能和自由书写功能，呈现自学要求，引导学生进行自学与同伴互助学习，培养学生的自学能力。其次，学生自学成果汇报，对盲童安静所创造的"奇迹"，通过朗读、研读、品读与揣摩，体会安静对生活的热爱、对生命的珍爱，以此激发学生的学习兴趣，调动学生的学习积极性，增强学生语言表达能力。然后，通过教师引导思考，让学生探究"奇迹"的产生，通过一系列问题引导，使学生懂得热爱生活就能创造属于自己的缤纷世界。最后，通过人物事迹的学习，使学生的情感得到升华，感受作者对生命的关爱，懂得热爱生活、珍爱生命。

为了充分体现学生的主体地位，教师采用了自主学习、小组合作讨论等方式让学生感悟课文。在学生自学过程中，利用PGP电子双板自由书写的功能，将自学要求进行标注，给学生的学习指引了方向。在学生讨论过程中，教师深入每个小组，对学生进行适当的引导。在PGP电子双板教学环境中，教师利用双轨展示功能可以使知识之间形成意义关联，利用多种教学资源来吸引学生的注意。如：教师利用Flash动画向学生演示"权"字的演变过程（如图11-3所示），一方面丰富了学生的认识，另一方面通过动画将学生的注意力集中到教学内容上来。

图11-3 资源利用

案例 11-4

以授导为主的课堂教学案例分析

课程名称： 生活中的透镜
授课教师： 深圳市福田区红岭中学石厦初中部　孙瑜
使用教材： 人教版义务教育课程标准实验教科书八年级上册第三章第二节《生活中的透镜》
教学背景：

《生活中的透镜》一课，根据新课程理念，借助于PGP电子双板平台，将物理学科中透镜的知识与信息技术进行了有效的整合。以PPT为纲，借助于双板平台双轨展示的特色功能，配以视频、Flash动画等，采用对照、对比的教学方法，直观而且清晰地演绎了生活中透镜的工作原理，让学生在初步认识透镜的基础上，通过观察日常生活中应用到的透镜，进一步深入地理解了透镜，培养学生学以致用的科学意识。

教学过程：

教学环节	教学内容与教师活动	学生活动	设计意图/依据
联系生活，导入新课	提出问题：上一节课我们学习了透镜的基本知识，透镜在我们的生活中是非常有用的，尤其是凸透镜，你能举出一些生活中应用凸透镜的例子吗？ PPT展示生活中应用凸透镜的例子，指出本节课的学习内容：照相机、投影仪和放大镜——生活中的透镜。	思考生活中应用凸透镜的例子。	以与生活相关的问题情境启发思考，从生活中寻找应用案例，激发学生的学习兴趣，促进学生形成积极主动的学习态度，并体现"从生活走向物理"的教学过程。
照相机成像探究	PPT投影多款相机的图片，同时展示胶卷相机、数码相机和单反相机的实物，以单反相机为例，结合PPT投影的图片讲解照相机的构造。	观察实物以及投影图片，认识照相机的构造。	PPT图片加实物展示的方式，既与日常生活相关，激发学生的求知欲，又能让学生直观而又深刻地了解照相机的构造。
	试试你的照相机。让学生利用课前自制的照相机，对着投影屏幕照相，以找到清晰的像为止，并回答投影上的两个问题。 ……	学生用自制相机对着大屏幕照相，同时思考投影上的两个问题。	这一系列的探究活动很好地培养了学生的实践动手能力、观察能力和解决问题的能力。
	做一个摄影师。让学生用自制的相机对着远处的大屏幕找到清晰的像，然后再对着自己身边的同学找到清晰的像，比较一下这两次照相时镜头到底片的距离有什么变化。	学生按教师所说进行照相对比，并思考回答教师提出的问题	
	小天才帮帮忙。		
	左板PPT呈现"小天才帮帮忙"环节中所照相片，右板用Flash演示其照相的原理。	学生观察Flash，对照PPT上的相片，理解上一环节照相的原理。	利用PGP电子双板平台双轨展示的这一特色功能，采用对照教学，左板PPT呈现学生动手环节中拍摄的照片，右板用Flash动画解释这一照相过程的原理。
	照相机照相时利用的是凸透镜成像中的U>2F这一成像规律，那么当物距继续减小到F<U<2F时，利用此时凸透镜成像原理则可以制作投影仪，以此进入下一环节教学。	学生思考当物距继续减小到F<U<2F时凸透镜的成像特点。	

续表

教学环节	教学内容与教师活动	学生活动	设计意图/依据
投影仪成像探究	左板PPT展示投影仪结构图,利用双板中附加文档的功能,在双板的右板上同时用视频的形式直观展示投影仪播放原理的全过程,让学生仔细观察。	学生了解投影仪构成,并认真观看投影仪播放的原理。	通过图片加视频的形式,让学生认清投影仪的构造,并在头脑中形成直观的感性认识;然后通过对问题的思考,加深学生对投影仪构造的理解。
	让学生看课本64页,然后回答两个问题。	学生自学课本,回答问题。	
	利用给出的器材(放大镜、塑料薄膜和手电筒),自制一个简易的投影仪。 …… 在演示过程中教师发现学生所得到的像是正立的,提出问题"为什么你们得到的像是正立的呢?" 根据学生解释,教师总结:也就是说,要想得到正立的像,物要倒立。	学生利用放大镜、塑料薄膜和手电筒制作简易投影仪。 学生解释说,他们把塑料薄膜倒立过来了。	
	将照相机改制成投影仪。 …… 那么利用这个原理我们可以把凸透镜做成放大镜。	学生将自制照相机上的镜头拆下改装成投影仪。 学生回答:"成正立放大的虚像。"	让学生通过这个活动直观地了解到,凸透镜可以有不同的用途,只要选择合适的物距就有不同的用法。
放大镜成像探究	让学生用手中的放大镜看教材上的文字,观察现象。 让学生总结照相机、投影仪和放大镜所成的像有什么不同,以此引入实像和虚像的概念。	用放大镜看教材上的文字。 …… 回忆总结照相机、投影仪和放大镜的成像特点。	引导学生做对比性的实验,有助于培养学生的观察能力、准确记录能力、语言表达能力。
实像与虚像的性质归纳	采用观察实验和对比、分析的方法,总结实像与虚像的概念及特点。	学生比较照相机、投影仪、放大镜的成像特点。	
课堂练习,巩固教学效果	用PPT呈现本堂课所涉及的知识点练习题,让学生以小组为单位进行抢答。	回答PPT上的练习题。	

案例分析:

在教学中,本节课运用了电子双板制作教学课件,充分体验了新媒体新技术在物理教学上的优越性。利用平台双轨呈现的特色功能,在探究照相机成像环节,将PPT图片和凸透镜成像原理的Flash动画同时呈现,以及在讲投影仪结构环节,将投影仪结构图和投影仪播放原理的视频同时呈现,这样就将抽象与直观同时展示给学生,以抽象的文字或图片为纲,用直观的动画去演绎抽象的知识,二者相辅相成,在对照的环境下相互说明,抽象变具体,复杂变简单,教学过程比以往更具有生动性和真实性。这样设计,一方面有助于学生对知识的理解,另一方面也可以帮助学生建立系统的知识结构,以及很好地培养学生的抽象思维。在最后归纳实像与虚像的性质的时候,又以双轨的方式同时呈现实像与虚像的分类和凸透镜成像原理的动画,这种教学方式唤醒了学生的注意力,调动了学生学习的自主性和参与性,让学生主动回忆实验得到的现象和数据,自主的归纳实像与虚像的含义,使学生对知识的掌握变得轻松容易。

本章小结

本章主要介绍了信息技术课的教案的编写、教学方案的设计以及教学过程的组织与实施,特别通过几个具体的案例,介绍了"基于盘古电子双板平台"的课堂教学。信息技术课程的教学组织形式有班组授课、小组学习以及个别化学习三种。

思考题

1. 什么是教学组织形式?常见的教学组织形式有哪几种?它们各适用于什么教学形式?

2. 一个完整的教案应包括哪几部分?请在信息技术课程中自选一个单元进行教学设计,并写出教案。

3. 结课的组织方式有哪些?

4. 一个完整的盘古电子白板教学环境由哪些要素构成?根据文中的案例,你认为盘古电子白板教学环境有什么优点?

实践者园地

1. 学案是教师根据教学内容为学生设计的一份容预习、教学提纲、作业为一体的辅导性学习材料。利用学案进行教学,可以把传统的课堂教学活动的单向性变为双向性、多向性。

学案和教案的关系是:学案是建立在教案基础之上的,首先有教案然后有学案。目前,学案在中小学教学中得到广泛应用。

请你利用网络、图书等工具查找学案的有关资料,并在本章11.1.2小节案例的基础上,编制出一份学案。

2. 小组教学也叫分组教学,是合作学习的一种组织形式。信息技术课是一门实践性较强的课程,合作学习避免了学生"只看不练"的被动学习状况,它让全体学生有了更多的参与学习的机会和权利。但事实上,并不是所有教学内容和学习任务都适合使用合作学习法进行教学。请你根据有关资料,谈谈合作学习的利与弊,并举例说明。

教 师 篇

第 12 章 信息技术教学研究

> 与其做一个完成的大行家,不如永远做一个未完成的学徒!完美无缺的人格与学识,没有必要。教师需要的是不断地前进,进步乃是最重要的资格。
>
> ——[日]小原国芳

学习目标

1. 了解中小学教师教学研究的意义与特点。
2. 了解教师教学研究容易进入的误区。
3. 了解常用的教学研究方法和基本步骤。
4. 熟悉中小学教师教学研究成果的种类及其特点。
5. 知道如何选择信息技术课题及常用的写作规范。
6. 知道开题报告和结题报告的写作方法。
7. 了解校本研究的概念及特征。
8. 知道信息技术课程校本开发的过程。

12.1 教师教学研究概述

核心术语

◆ 教师教育　　◆ 教学研究　　◆ 教师发展

教师进行教学研究的主要目的是促进教师专业能力的发展,提高教育教学的质量,培养适应现代社会、具有创新精神和实践能力的新型人才。教师教学研究是一个广泛的领域,对不同层次的教育者有不同的要求。中小学教师在教育实践第一线,能直接接触学生,直接参与各种教育活动,对各种教育问题都有亲身的经历和切身的体会,掌握着教学实践的第一手资料。因此,中小学教师和教育专家以及其他教育工作者的科研内容不同,有自己鲜明的特点。

12.1.1 中小学教师教学研究的特点

1. 研究目的是改进教育实践

教师教育研究不是迎合理论,使实践符合理论的标准,而是理论指导下的实践研究,是教育理论与教育实践的有机结合。中小学教师处在教学的第一线,每天都有大量的、随机的、偶发的、情境的现象发生在身边,这些现象在他们的教学生活中都是司空见惯的。比如,学生在课堂上有小动作,学生学习有困难,学生喜欢上网等。这些现象都是鲜活的案例,都是第一手资料。发现这些现象的过程,也是发现问题的过程;提升这些现象的过程,也是归纳问题的过程;解决这些现象的过程,则是研究问题的过程。正是通过这些不起眼的教学现象的研究、反思和总结,教师才能不断体会到成长的收获与快乐。

2. 研究对象是教育问题

当前很多教师在搞科研的时候,都选择以理论为框架来确定研究主题,关注的是如何将理论运用到自己的实践中。这种自上而下的方式使很多教师在研究中缺乏对教育实践的认真反思,也使他们在迎合理论和验证理论的过程中失去了提升自身能力的可能。既然教师研究的目的是为了改进教育实践,教师就应该从实践出发,积极主动地观察身边发生的细微现象,从这些细微现象中发现教育问题。

3. 研究方式是行动研究与反思

教育研究是有关人的研究,是根据现象看本质的研究,也是一种对主体心灵进行深层次探寻的研究,仅仅靠观察或者靠理论移植是无法完成的。行动研究和反思是适合广大教师的研究方法。行动研究既是一种方法技术,也是一种新的科研理念、研究类型,它使教师能从实际工作需要中寻找课题,在实际工作过程中进行研究。反思的内容包括对成功的反思、对不足的反思、对教学机智的反思以及对学生创新的反思。通过反思,教师能自觉地把自己的课堂教学实践作为认识对象进行全面深入的思考和总结。所以说,反思是一种用来提高自身的业务,改进教学实践的学习方式。

12.1.2 中小学教师教学研究的意义

1. 教师教研是促进学校改革和发展的动力

苏霍姆林斯基说:"对于学校的领导,首先是教育思想的领导;其次才是行政的领导。"一所学校的发展前途如何,与学校的办学思想和教育追求有直接的关系。而大量的实践证明,教育科研非常有利于明确办学思想和教育追求;也有利于用先进的教育思想凝聚人心,鼓舞士气,营造良好的育人氛围;还有利于丰富教师工作的动机与明确努力的方向,从而使教师获得更快、更好的成长。可见,教育科研是促进学校改革和发展的必经之路。

2. 教师教研是教育发展的需要

教育科研是以拓展教育科研知识,解决教育教学中的问题和提高教育教学质量为目的的。在现代社会里,教育观念正在发生变化,关注每一个学生的发展成为当今教育实践的主旋律。教育事业的重心已经由原来的给学生提供教育机会转向让学生接受高质量的教育,而且终身都有机会接受教育。这时教师不仅要具有学科知识、教育经验,具备怎么教、如何管理学生的教育知识,而且更重要的是还要有教育实践智慧,这就要求教师在教育实践中研究学生如何学习,以及自己如何促进学生的学习。

3. 教师教研是自身发展的需要

社会在发展,教育在进步,教育观念也在变化。行为主义理论指导下的传统的教学实践要求教师思考如何向学生传递知识,关注的是"教"的过程。建构主义理论指导下的现代教学观要求教师关注如何让学生更好地学习,如何进行自主建构知识。教育观念的变化使教师不得不面对"改革的剧痛",而教育科研则能让教师较快地掌握新的理论,了解先进的教育思想和观点,不断更新自己的知识,帮助他们科学地总结自己和其他优秀教师的经验,使之上升为理论,从而克服经验的片面性和局限性,教师自己的水平也在科研中不断提高。

12.1.3 中小学教师教育研究易入的误区

1. 研究教育理论才算是教育科学研究

谈起教育科研,很多中小学教师都认为应该是对大量理论文献的旁征博引,似乎只有和精深的理论携手才能彰显出研究的力度和分量。他们往往在研究中不是致力于通过行动研究和反思的方式改善他们的教学观念和教学行为,而是注重构建他们并不擅长的所谓教育理论体系,从而使教师的教育科研呈现出一种理性化、技术化的特征。殊不知,中小学研究其独特的魅力并不在于验证某种既定的理论,它之所以有自身存在的意义和价值,恰恰是对教育现场的把握和判断,恰恰是对教育事件所作出的意义分析。这样的研究恰恰是专业研究者难为或不能为的。

2. 教师搞科研是为了提升学校形象

有些中小学校搞科研,不是为了改进和提高课堂教学实践,而是为了通过或达到某种评估。他们把教学研究视为一种学校的"形象工程",把一些内涵不足的教育教学经验包装成某种"教学模式"或"教育理念",作为学校的"教育广告"向外宣传。这类现象的结果是:学校会因为得不到深层的科学研究的有力支持而发展缓慢,教师因虚伪的作风和浅薄的能力而走向平庸,教学质量因教师的平庸而逐渐下滑,学生也因此成为最大的受害者。

3. 科研就是研究别人没有研究过的东西

有些中小学教师在准备进行教育研究的时候,总想着标新立异,独辟蹊径,试图在基础教育领域找到一块无人涉猎的"处女地"。这种思想是不现实的,首先,教育理论与实践研究经历了这么多年的发展,参与研究的专家学者数不胜数,他们的关注点几乎涉及了教育的各个方面;其次,中小学教师自身的理论水平和研究能力有限,研究成果可能说服力不强。其实教育现象是复杂的,不同的学校有不同的特点,不同的研究者有不同的研究方法和研究视野。以他人的研究作为参考,立足本校实际问题,开展深入研究才是教师搞科研的有效途径。

4. 中小学教师没能力搞课题,搞科研就是写论文

有关教育教学的课题研究,在几年前还只是高等院校和科研院所的专利。随着国家对基础教育改革的重视,以中小学教育现象与教育实践作为研究对象的各级课题越来越多,如有国家"十一五"规划重点课题"基础教育信息化的区域推进策略研究"、"中小学实效性阅读与写作教学策略研究"等,有国家级的子课题"小学生语文学习心理的探究"、"信息技术与课程有效整合的研究"等,也有各省市级的课题"在协作中加快青年教师成长步伐的实践研究"、"小学生科学自主探究能力培养的研究"等。参与到这些课题中的中小学教师也越来越多,他们充分发挥自己的优势,利用案例、叙事、日志、反思记录等手段研究教育实践中的问题,也取得了很大的进步。写科研论文不是课题研究的全部,但也是一种重要的成果表达方式,而且,在课题研究的基础上写出

来的论文更加有质量。

12.2 信息技术教师的教学研究视野

核心术语

- ◆ 教学研究　　◆ 行动研究　　◆ 个案调查
- ◆ 理论研究　　◆ 校本研究　　◆ 研究成果

12.2.1 常用的教育研究方法

信息技术教育是一门多学科交叉融合的学科，能够用于研究的领域和视角相当丰富。因此，其研究方法也有很多，其中理论研究法、调查研究法、个案研究法和行动研究法是较常用的方法。

1. 理论研究法

理论研究法的内容是研究那些教育教学的理论和原则，研究新的教育理念。信息技术教育研究中的一个重要内容就是教学理论和学习理论在教学实践中的应用。要探索现代教育理论和学习理论的发展主线，找到符合现代教育要求的教学和学习方法，就必须对这些理论的来龙去脉进行深入的研究。因此，在分析行为主义理论、塔式理论、信息加工理论和建构主义理论的区别和联系的时候，一般采用理论研究法。

理论研究法不是单纯的理论移植与套用，它也需要教育实践的支持，因此，理论研究法也离不开对教育现象的研究，应该是理论与实践的相互作用。

2. 调查研究法

调查研究法是一种对事物或现象进行认真观察了解和分析后作出描述性结论的科学研究方法。该方法区别于一般的社会调查，它是以当前的教学问题为研究对象，主要是为了认识某种教育现象或者解决某个实际问题而进行的有目的、有计划的考察。

调查研究法的关键是要对所研究的事物或现象进行认真和冷静的观察了解并进行分析和研究。在观察研究对象时，一定注意要在自然条件下即不干涉研究对象的情况下进行。调查研究法分为大规模调查和抽样调查，采用的是问卷、访谈或观察等方式。其中大型调查主要是针对一些较为普遍的现象，通过调查研究，找出其规律和解决办法。调查研究法的基本步骤有：选择调查对象、调查地点；确定调查类型和调查方式；制定调查表格，设计问卷或访谈提纲；实施调查；整理调查材料；写调查报告，并做出结论。

3. 个案研究法

个案研究法是指采用各种方法，搜集有效、完整的资料，对单一对象进行深入细致研究的方法。个案研究法不仅仅只是一种研究方法，也是一门复杂的认知课程，是帮助个人解决现实问题的理论。通常个案研究法是在对象总体中选择特定的人、事、物所进行的深入描述和分析，研究对象可以是一个人、一个机构、一个社会团体等。

教育教学研究历来重视个体的发展和个别差异，通过个案研究可以详细地描述个体特征，有助于因材施教，促进学生的全面发展。通过个案的实例来解释、说明某种抽象的理论和观点，可以为进一步证实理论或假设提供依据。个案研究法还可以将个案研究结论适度地推广到更大的同类群体中去,发现或描述个体或事件的总趋势。

个案研究法应用范围很广,在教育研究中往往适用于对不良问题的研究或对某些难以重复、难以预测和控制的事例进行研究,如学生辍学、学业失败、家庭破裂、道德不良、青少年犯罪等,也适用于对学生的心理问题和人格偏差的诊断研究和矫正研究。

4. 行动研究法

行动研究法是一种教师和教育管理人员密切结合本职工作综合运用各种有效的研究方法,以直接推动教育工作的改进为目的的教育研究方法。目的是通过对教育教学行动的反思和研究,综合运用各种有效的手段,以解决学校中某一实际问题并改进学校工作,提高教学质量。

行动研究的特点有:

(1) 它是一种以解决学校中某一实际问题为导向的现场研究方法。
(2) 它是以实践经验为基础的科研方法。
(3) 它要求行动者(教师)参与研究,研究者参与实践,并在研究和工作中相互协作。
(4) 它具有动态性,允许在实际工作中根据情况对研究方案不断修改和完善。
(5) 行动研究是在真实的特定的工作环境中进行,所以不一定具有普遍的代表性。

行动研究可以按照以下步骤进行:

(1) 提出研究问题。通过观察教学行为,发现存有哪些问题,分析找出最突出的问题作为研究课题。
(2) 分析原因。对问题原因进行分析,考察影响问题产生的因素和过程,这是澄清问题本质,界定问题特征,明确问题的症结的关键,清楚问题产生的原因,是"对症下药"制订解决方案的依据。
(3) 制订方案。制订方案是行动研究过程的承上启下步骤,要分析搜集到的材料,根据问题产生的过程和原因,研究出解决问题的方法。
(4) 采取行动。就是把解决方法落实为具体行动。实施前应制订实施方案、实施时间、步骤和措施。
(5) 效果评估。在实施过程中要认真观察和记载,掌握阶段性效果和最终效果。完成后对方法做出客观的评价,得出结论。
(6) 反思反馈。对研究的全过程进行分析,找出不足或发现新问题。目的是为了进行下一步的研究,为新一轮行动研究的开始做准备。
(7) 概括总结。整理资料记录以理论抽象和经验总结的方法,概括出行动方案与目标问题之间关系的规律性结论,并撰写论文。

12.2.2 教师教学研究成果

教育研究的方法或成果的表达形式多种多样,但并不是所有方法或成果的表达形式都适合所有的教师。一般说来,便于操作、与工作实践相辅相成的方法或成果的表达形式,才是适于教师的。

目前,中小学教师进行教育研究的成果形式有很多,除了科研论文外,还有教育日志、教育叙事、教学案例和教学反思等。这些研究方式或成果的表达形式,或自由表达,或理性提升,或问题取向,或直抒胸臆,成为教师研究的基本存在形态。下面将一一介绍它们。

1. 教育日志

教育日志又称为教师日志,是近年来才引起大家关注的一种教育研究成果形式。通过撰写教育日志,教师可以定期回顾和反思日常的教育教学情境。在不断回顾和反思的过程中,教师对教育教学事件、问题和自己认知方式与情感的洞察力,也会不断增强。与其他形式的研究方法或成果相比较,日志的撰写最为简单和熟悉,只要有纸、笔,有时间,就可以写,还可以直接在电脑上撰写。

一般地说,日志不是仅仅罗列生活事件的清单,而是通过汇集这些事件,让教师更多地了解自己的思想和相关行为。日志通常需要每天或几天记录一次,至少是每周记录一次。在日志中,记录的是教师在实践活动过程中所观察到的、所感受到的、所解释的和所反思的内容,是教师所见所闻、所感所思的自由写作。日志的主体部分是教师对观察的记录和白描。每一次撰写的日志都包含一些基本的信息,如事件的日期(若书写日期与发生事件日期不同时,需标明);脉络性资料,如时间、地点、参与者以及其他看起来可能对研究是重要的事。日志常用的记录形式包括备忘录、描述性记录和解释性记录,这三种形式在记录的侧重点以及文体的表现形式方面有一定差异。备忘录很多时候就可等同于一篇日志,而描述性记录和解释性记录通常只能作为一篇日志的一部分。

案例12-1

高中信息技术课教育日志

来源:http://www.nhyz.org/lyj/it/blog/blog/

时间:2008年5月13日

内容:

本节是科组研讨课,我比平时的教案多花了不少心思去准备,其实按以前的教案上课倒不用怎么准备,但这样的教案都讲了两次了,再讲觉得有点厌烦了,而且以前设计时选用的数据是参考课本有关"文明班评比"或是"运动会成绩",除了能让学生掌握本节的相关知识与技能外,没有其他意义。何不趁公开课的机会,重新设计本节课,找一些既能完成本课的教学目标,又有教育意义的数据呢?于是,我开始准备了。

本设计选用的数据是"中小学生上网调查",引入这些网上调查数据,除了想让学生根据这些数据建立图表、分析图表、得出结论外,还希望能纠正一些学生错误的上网观念,以求慢慢养成合理正确的上网习惯。希望在教会学生技能的同时,培养学生正确的人生观,建立辩证的思维方式,会对其今后的成长存在积极的影响。

课上完了,感觉没有预期的好,学生好像对这些数据也不是特感兴趣,虽然能根据图表进行分析,能说上两句中肯的话,能综合多个图表得出结论,写出一些脍炙人口的文字报告,但实际效果不得而知,真的对学生有启发、有警醒的作用吗?不过有一点是肯定的,肯定比"文明班评比"或是"运动会成绩"有意义。

2. 教育叙事

教育叙事是近几年颇受我国教育界关注的研究方法之一。教育叙事可以理解为一种研究方式,也可以理解成研究成果的表述形式。作为行动研究成果表述形式的教育叙事,既指教师在研究过程中用叙事的方法所做的某些简短的记录,也指教师在研究中采用叙事方法呈现的研究成果。

教育叙事的内容是教师在日常生活、课堂教学、教改实践活动中曾经发生或正在发生的事件,也包括教师本人撰写的个人传记、个人经验总结等各类文本。教师写叙事的主要目的是以自我叙述的方式来反思自己的教育教学活动,并通过反思来改进自己的行为,不断提高教育教学质量。

教育叙事的特点有:内容是已经过去或正在发生的教育事件;叙事中的人物是真实的,是具体的,也是教师所关注到的;叙述的故事不是记流水账,有一定的情节,对于问题的发生发展有完整的记录。教育叙事重视教师的日常生活故事及故事的细节,不以抽象的概念或符号替代教育生活中鲜活生动的情节,不以苍白的语言来描述概括的教育事实。

案例12-2

信息技术教育叙事

来源:广州市第一一六中学　王志平

　　http://www.blog.edu.cn/user4/ggggfnguh/archives/2006/1600475.shtml

叙事名称:信息技术教学与日常生活结合

内容:

在课堂教学中,我真切地感受到结合学生日常生活的教学设计在激发学生学习信息技术的兴趣,增强学生使用信息技术的意识有重要作用。同样的一个教学内容,通过与日常生活结合的紧密程度去设计,收到的效果是截然不同的。这是我在教学"网上搜集信息"这一内容时的两种问题设计。

第一种设计:

前两个班选取让学生搜索的内容是与课本相关的内容:搜索"羊城新八景",结果很多学生都兴趣不大,搜索到相关信息后甚至看都没看就保存下来,应付交了作业,接着就赶紧看自己喜欢的信息。虽然这样做也达到了本节的教学目标:学会利用搜索引擎查找信息。但总体感觉课堂组织比较松散。

第二种设计:

鉴于以上这种情况,又刚好学校组织学生到科技馆和番禺原野山庄秋游,我把这一节的教学重新调整了一下,得到了较好的教学效果。我是这样重新组织教学的:首先,利用Powerpoint向学生展示有关科技馆的图片及文字介绍,马上就引起了学生的兴趣。当学生知道这么好玩的地方就是他们过几天要去秋游的其中一个地点时,注意力就更投入了。这时我适时地提出问题:如何才能快速地上网查找所需素材?接着,我围绕"科技馆"搜索相关的图片、文字资料。然后,轮到学生自己操作,上网搜索"番禺原野"的资料。学生很快兴致勃勃地开始了操作,并且在搜索过程中不断发出阵阵兴奋的笑声。我发现,这次几个班的学生都很郑重其事地在搜索,然后对搜索到的内容很认真的在看,绝不是为了完成作业而做的搜索。这种设计还为下一节的教学内容做好铺垫:要求学生秋游回来后给我发一封电子邮件。学生也表现出很大的兴趣。

比较两个搜索内容,比较出现的两种结果,可以看出第二种设计更接近学生的日常生活,更能呼唤学生情感的投入。在这一课时的设计中,根据学生的日常生活及时调整教学思路,更好地培养了学生应用信息技术的基本技能,培养学生把信息技术应用于日常生活、学习能力。

3. 教学案例

教学案例是当前教师培训中的重要工具和手段。按照一些专家的看法,案例讲述的应该是一个个发生在真实情境中的故事,它记录了故事产生和发展的过程,是对事物或现象的动态性的把握。教学案例强调真实性、客观性和典型性。

好的教学案例的特点是:讲述的是一个完整的故事,有一个中心,突出了一个主题;把事件发生的时间、地点、人物等按一定结构展示出来,并且包括对事件的叙述和评点;故事发生的场景是与学校、学生或者教师有直接的联系,属于教育实践的研究范围之内;要能反映教师工作的复杂性,揭示出人物的内心世界。

案例12-3

信息技术教学案例

来源:http://blog.sina.com.cn/s/blog_4d6f862b01000c10.html

内容:

我所任教的三年级五、六班,自初中入学伊始,就形成了沉闷的不利气氛。但相对而言,六班的课堂气氛又好于五班,其主要原因在于一次校内电教课后。

为完成学校的电教课任务,上一学年,我曾用多媒体上完"天上的街市"一课,遗憾的是五班没有用到,结果六班学生当堂课发言主动,学习积极性大增,精力集中,课堂气氛较以往大有转变。直到现在六班仍好于五班。

在这节课上,光怪陆离的画面,动听的音乐,缤纷的色彩,将天上的街市表现得栩栩如生,如同仙境无二,将梦想幻化为直观而又真切的画面,极大程度地满足了学生的好奇心、求知欲。新一轮的课改提出了转变学习方式的任务,也提出了对转变方式有利的课程理念,如尊重学生的主体性,促进学生的个性化发展,实施以及转变教师角色和教学方式等;要求确立新的学习方式,如自主学习、探究学习和合作学习,和谐均衡、个性化地发展。究其实质,就是要发挥学生的主体作用,让学生真正成为爱学、会学、乐学的人。要完成这个任务,教师首先就应从自我做起,从传统的教学模式中走出来。真正的创新和科学发现,往往从提出一个与众不同的有科学价值的问题开始。问一个"为什么",将有效地促进对隐藏在现象背后的规律或缘由进行思索;而"怎么样"的问题常常引起对过程原理的思考。因此,在教学时既要鼓励学生提出问题,又要引导学生积极思考如何解决问题,不能对学生提出的问题置之不理,也不能说这个问题没有水平,那个问题没有深度,更不能视提出的问题为荒谬。

俗话说"不学不成,不问不知",但我们只注意对具体解题的指导,而忽视对学生思维方式的训练,重视"答"的训练而忽视"问"的培养启迪与指导。

教学中我们要以问题作为教育教学的桥梁和纽带,教给学生如何发现问题,分析问题,解决问题的方法,以激发他们产生问题,发现新的问题,培养问题意识、怀疑精神和创新精神,鼓励学生突破现成的答案,独立思考,大胆质疑,敢于奇思异想。

学生很少有问题的一个重要因素是学习方法:归纳法较为曲折,不利于统一教学进度,而演绎法有利于培育出学生扎实深厚的基本功,但由于我们做得很刻板,束缚了学生的思维,因此,学生不敢好奇,不敢质疑,不能离开标准答案,教学中应鼓励学生讨论质疑,这样既充分培养了学生的主动探索、深入思考的能力,又可以不断发掘其潜力,不断开阔思维视觉,拓宽解决问题的思路。

4. 教学反思

反思就是对自己的思想、心理感受的思考,对自己体验过的东西的理解或描述。教学反思就是教师自觉地把自己的课堂教学实践,作为认识对象而进行全面而深入的冷静思考和总结,从而进入更优化的教学状态,使学生得到更充分的发展,教学反思是一种有益的思维活动和再学习活动。

教学反思是取得实际教学效果并使教师的教学参与更为主动、专业发展更为积极的一种手段和工具。教学反思是分析教学技能的一种技术,是对教学活动的深入思考,这种深思使得教师能够有意识地、谨慎地经常将研究结果和教育理论应用于实践。教学反思的目的是指导控制教学实践,经常性的教学反思可使教师从经验型教学走向研究型教学。

教学反思的优点在于它能提高教师自身的业务,改进教学实践的学习方式,不断对自身的教育实践深入反思,积极探索与解决教育实践中的一系列问题,进一步充实自己,优化教学。反思也能使教师思考自己的教学活动过程,并对自己所做出的行为、决策以及由此所产生的结果进行审视和分析,能够提高教师的自我觉察水平并促进能力发展。

反思类型可有纵向反思、横向反思、个体反思和集体反思等。反思方法有札记法、录像法、交流讨论法等。

案例12-4

中学信息技术课"文件管理"案例反思(摘录)

来源:中小学教育资源站(http://www.edudown.net)

内容:

很久以来我一直不明白,我们的信息技术课为什么这样难于管理、学习效果也不令人满意?现在我明白了,事实上,是我们教学的主导思想存在问题。下面我就以下几个方面对这节课进行反思:

首先,我们应当把提高学生兴趣放在提高学生能力之前,所谓兴趣是最好的老师。心理学知识告诉我们,学生的思维活动很容易受外界环境的影响,在他们对所学内容兴趣不大时,尤其是心里感到负担,受到压抑时,便处于抑制状态。相反,热烈的学习氛围会使学生按捺不住内心的激情,主动地投入到教学过程中去,思维活动也会处于最佳状态,求知欲和学习兴趣将得到极为充分的激发。因此提高兴趣的要点不仅要求教师要设置很好的情境,还要让任务驱动中的任务环环相扣,具体地说就是设置的任务要合理,不能让学生做完第一个任务后就很明确地知道最终的结果是什么,更不能让学生做完第一个任务后就丧失做下一个任务的积极性,最终这个任务的结果一定是发散性的结果,做到这一点我相信学生的兴趣一定会高涨。

其次,教师不要用自己设想的模式告诉学生如何去做,或者是应该做什么,不应该做什么,要让他们自己去明白怎样去做,如何做才能做得最好,让学生自己去体验完成任务中的酸甜苦辣,从而发挥他们的主观能动性和创新能力,以此来改变信息技术在他们心目中的位置,产生主动去学习的积极性。

再则，老师对学生的评价一定要有标准，要有依据。教师只有做到这一点了，无论是技术好的学生还是技术不是很好的学生都愿意接受这样或那样的评价，同时还可以让技术不好的学生知道自己具体是在哪里失败的，让技术好的学生也深刻地认识到自己还是有缺陷的。

最后，还要用鼓励的话去激励这节课中发挥好的学生或者小组，当然这种鼓励一定是实事求是的。

（摘自：吴建国.教学反思八法.http://www.jcjykc.com/Post/ShowArticle.asp? ArticleID=12620）

 资料卡片

教学反思八法

教师可以通过以下八种方法进行教学反思：

1. 札记法。每堂课下来，写下自己教学中发现的信息，记下课堂教学中发生的重要事件，尤其是那些记忆中特别生动的细节。想一想，有没有发现使自己感到困惑的问题，导致这些问题的根源何在？

2. 叙事法。向别人讲述自己的教学故事和教学认识，交流自己的教学经验，从而在谈话中暴露自己的问题，通过别人的观点思考自己的行为，从思维的碰撞中得到改进。

3. 观察法。同事之间开展课前说课或开展相互听评课活动，让别人发现自己教学的不足，让自己去发现别人的优点，从而取长补短，以期得到更好的改进。

4. 讨论法。定期开展教研活动，选择教学中具有普遍性的问题展开讨论，通过不同角度和不同思维来处理同一个问题，来反思自己的教学行为中的科学部分和疏漏之处。

5. 比较法。邀请知名教师或专家来学校讲课，或观看优质课例，对照自己的教学行为进行比较反思，找出与别人的差距，从而找到自己新的发展点。

6. 文献法。搜集教学方法，采摘教学观点，或剪报或复印或利用网络下载与自己教学有关的资料，不断充实自己的业务学习，从这些文献中得到启迪，受到启发。

7. 档案法。每学期教师都会精心撰写自己的学期备课，将自己在教学中的设想和创新整合到这份材料上，教完后，搜集起来，制成自己教学行为发展与成长的档案。

8. 录像法。为自己的教学录制一定的教学片段，可以先自己观看，寻找不足，然后在同事的帮助下发现新的问题，探讨建设性意见。

12.3 信息技术课题的选择与论文写作

核心术语

◆ 信息技术课题　　◆ 教学研究　　◆ 课题选择

12.3.1 选择课题

无论是做课题还是写论文,都是严肃的事情。选择合适的题目,是进行所有科研项目的第一步。一般来说,科研论题至少应符合以下四方面的要求:

(1) 论题的作用是点明题意,要求具体、鲜明、简单、确切。题目不能太抽象、太笼统。如"中小学生的信息素养研究"就太宽泛了,让人一眼看不出文章的新意。另外,题目的字数不能太长,一般在20字以内,在非长不可时,可以使用副标题。

(2) 论题应具有创新性。即所选课题是别人没提出过的,或是在别人研究的基础上提出新的观点、解决别人没有解决的方面。如"建构主义理论在信息技术课堂上的应用",别人已经在"建构主义理论对信息技术课堂的积极作用"方面有很多研究,你不妨以反思的视角来研究建构主义在教学实践中的不足之处,寻找新的研究突破点。

(3) 有意义的问题,即有研究价值,能解决现实中的某些困难或问题,具有现实意义和理论意义。要求我们选题要从现实问题出发,可以是对教材的整合、从先进的经验和方法中提出的问题、从其他领域的先进经验和方法中移植借鉴而提出的问题,等等。

(4) 选题应有可能性,即是具备研究条件的。主观条件是研究者具备的知识结构、研究能力、兴趣爱好、钻研精神等,还有研究组的成员结构;客观条件是指具备相关文献资料、环境条件、研究经费等。

随堂讨论

请大家根据以上要求,讨论以下几个课题名称的可行性:
- 中小学信息技术教育的研究。
- 信息技术与学科教学整合的研究。
- 基于网络环境下中学信息技术课堂教学的研究。

12.3.2 选题中的常见问题

1. 选题过大

所选论题涵盖的范围过于宽泛,主题不集中,或者题目太大,所要讨论的问题是一篇论文难以容纳的,这就叫"大题小做"。很多老师在初涉科研时最容易犯的就是这种错误。例如,有一篇论文,写的是对高中信息技术会考形式的改进意见,文题却为"对高中信息技术会考改革的思考"。"会考改革"包括很多方面的内容,如考试制度、考试内容、考试形式、考试命题等,考试形式只是考试改革的一个子项。因此,题目应该改为"对高中信息技术会考形式的思考"。

2. 老生常谈

有些老师在选题时,由于相关问题的信息不全,发现问题的能力也不强,思路也不够开阔,就在无意或者有意中把一些人们已经研究过的、研究时间较长的、都达成了共识的东西拿出来研究。这样的研究也叫"炒现饭",是低层次水平下的重复研究。用这样的题目做出来的成果肯定是毫无意义的。如"加强中小学生信息技术教育之我见""素质教育与信息技术教育观念变革""信息技术教师在学校信息化建设中的重要作用"等,都是别人已经研究过的,而且这类题目根本没有多少研究的深度和广度,或者说没有研究的价值。

要想避免这类重复性研究,使自己的论题有一定的意义,可以通过几种方法来进行:一是可以检索有关专业网站,看看最近召开的学术会议的议题,从中可以发现若干研究的热点问题;二是通过阅读学术期刊的论文,寻找自己感兴趣的方向,再通过分析和反思这些研究中的不足,寻找自己的突破口。

3. 不能结合本校实际

解决教育教学实践中所遇到的问题,解决"校本问题",这是教育科研实效性的要求,也是基层学科搞科研的终极目的。有些学校在"选题依据"这一部分引用了大段大段的理论,然后一句"结合我校实际",就完成了选题论证,这个"实际"究竟是什么并不知道。还有些申报表在课题论证部分对学校教育教学的实际情况只字未提,研究的有效性难以保证。

4. 生造词、自创理论

为了体现创新性特点,吸引读者或者课题审阅专家的目光,有老师在选题中使用了"一导多动""分层异步导学""一主四分"等新名词,却让人捉摸不透。所以,建议大家不要在论题中使用生造词汇,以免引起歧义。如果确有必要,在将主要研究内容整合后,也可创造一些新词,甚至新理论新模式,但必须对其进行界定和阐述。

12.3.3 论文写作规范

1. 论文结构及要求

论文包括题目、中文摘要、外文摘要、正文、参考文献等几部分。如果是综合调查报告,则在论文结尾应加上附录和致谢。

2. 题目、摘要与关键词

题目应恰当、准确地反映本课题的研究内容。论文题目不应超过 20 字,原则上不得使用标点符号。

摘要应扼要叙述本论文的主要内容、特点,文字要精练,一般为 300 字左右,是一篇具有独立性和完整性的短文,应包括本论文的主要成果和结论性意见。摘要中不宜使用公式、图表,不标注引用文献编号,避免将摘要写成目录式的内容介绍。

关键词是供检索用的主题词条,应采用能覆盖论文主要内容的词条,一般列 3~5 个,按词条的外延层次从大到小排列,应在摘要中出现。

3. 论文正文

论文正文包括绪论、论文主体及结论等部分。

绪论一般作为论文的首篇。绪论应说明选题的目的、背景和意义,国内外文献综述,以及论文所要研究的主要内容。

论文主体是论文的主要部分,要求结构合理,层次清楚,重点突出,文字简练、通顺。

结论作为单独一章排列,但不加章号。结论是对整个论文主要成果的归纳,要突出设计(论文)的创新点,以简练的文字对论文的主要工作进行评价,一般为 400~1000 字。

4. 参考文献

参考文献是论文不可缺少的组成部分，它反映论文的取材来源和广博程度。论文中要注重引用近期发表的与论文工作直接有关的学术期刊类文献。在论文正文中必须有参考文献的编号，参考文献的序号应按在正文中出现的顺序排列。产品说明书、各类标准、各种报纸上刊登的文章及未公开发表的研究报告（著名的内部报告如PB、AD报告及著名大公司的企业技术报告等除外）不宜作为参考文献引用。但对于工程设计类论文，各种标准、规范和手册可作为参考文献。引用网上参考文献时，应注明该文献的准确网页地址，网上参考文献不包含在上述规定的文献数量之内。具体的格式可以参考相关国家标准。

12.3.4 开题报告与结题报告的撰写

开题报告，就是当课题方向确定之后，课题负责人在调查研究的基础上撰写的报请上级批准的选题计划。它主要说明这个课题应该进行研究，自己有条件进行研究以及准备如何开展研究等问题，也可以说是对课题的论证和设计。开题报告是提高选题质量和水平的重要环节。

1. 开题报告的结构与写法

（1）课题名称要准确、适当。课题名称会影响整个课题的形象与质量。课题的名称要简短精练，用词要准确，力求把课题研究的对象限定在某一个范围内。

（2）课题研究的目的、意义。研究的目的、意义也就是为什么要研究、研究它有什么价值。这一般可以先从现实需要方面去论述，指出现实当中存在这个问题，需要去研究，去解决，本课题的研究有什么实际作用，然后，再写课题的理论和学术价值。这些都要写得具体一点，有针对性一点，不能漫无边际地空喊口号。不要都写成是坚持党的教育方针、实施素质教育、提高教育教学质量等一般性的口号。

（3）国内外研究现状、水平和发展趋势。就是本课题有没有人研究、研究达到什么水平、存在什么不足以及正在向什么方向发展等。开题报告写这些内容一方面可以论证本课题研究的地位和价值，另一方面也说明课题研究人员对本课题研究是否有较好的把握。我们进行任何科学研究，必须对该问题的研究现状有清醒的了解。

（4）课题研究的理论依据。我们现在进行的课题基本上都是应用研究和发展研究，这就要求我们的研究必须有一些基本的理论依据来保证研究的科学性。比如我们要进行活动课实验研究，我们就必须以课程理论、学习心理理论、教育心理学理论为研究实验的理论依据。我们进行教学模式创新实验，就必须以教学理论、教育实验理论等为理论依据。

（5）课题主要研究内容、方法。关于研究方法的特点，我们在前一节已经讨论了，这里不再赘述。

有了课题的研究目标，就要根据目标来确定我们这个课题具体要研究的内容。相对研究目标来说，研究内容要更具体、明确。并且一个目标可能要通过几方面的研究内容来实现，它们不一定是一一对应的关系。在确定研究内容的时候，我们往往考虑的不是很具体，写出来的研究内容特别笼统、模糊，把研究的目的、意义当做研究内容，这对整个课题研究十分不利。因此，我们要学会把课题进行分解，一点一点地去做。对研究范围与内容的界定，主要是将原来过大的研究范围适当缩小，对原来不明确的研究范围进行界定，如幼儿园游戏的研究，就明确是农村幼儿园还是城市幼儿园，因为这两类幼儿园的游戏条件及由此形成的特点是有许多不同之处的。此外，有些课题研究内容比较笼统,在撰写开题报告时,则要将这些笼统、模糊的研究内容进行详细的分解,使之成为一个个可以研究的具体问题。采用哪些研究方法,要从拟研究的问题出发进行选择,应根据每一具体问题的性质,确定相应的研究方法。在报告中,要具体写清楚用什么方法解决什么问题,并尽可能详尽地写出具体的操作过程。此外,还要注意多种研究方法的综合利用,以求获得更全面的研究结论。

(6)研究工作的步骤。课题研究的步骤,也就是课题研究在时间和顺序上的安排。研究的步骤是研究思路的具体化,是指导和统一研究行为的时间表。因此要根据实际情况,认真分解研究任务,明确规定出在什么时间内,完成什么样的研究任务,取得什么样的阶段成果。要充分考虑研究内容的相互关系和难易程度,一般情况下,都是从基础问题开始,分阶段进行,每个阶段从什么时间开始,到什么时间结束都要有规定。

(7)课题参加人员的组成和专长。主要写参加人员的整体素质与水平,尤其是课题负责人的水平怎么样。要根据每个课题组成员的专长和精力,安排其承担不同的实际研究任务。

(8)现有研究基础。主要是人员基础和物质基础。每个课题对人员和设备方面都有不尽相同的要求,要讲清开展本项研究已经具备的基本研究条件。

2. 结题报告的种类和格式

(1)结题报告主要是介绍自己的研究过程和结果,是以把事情表述清楚为目的,不一定拘泥于固定的模式。但报告的基本要素应该包括:

① 做了什么事情。(研究的题目)

② 是谁做的。(课题组成员——课题负责人、组员)

③ 为什么要做。(课题的目的、意义及背景)

④ 怎样做的。(课题研究的过程)

⑤ 做得怎样。(课题研究的结果)

⑥ 结果和讨论。(统计分析的结果、调查推论、尚待解决的问题、感受等)

⑦ 参考文献。(著作、报刊、网络)

(2)常用结题报告的形式及结构

① 论文。论文和研究报告相比最大区别在于研究报告突出的是研究的过程性,而论文着重体现研究的结论性和理论性。论文最重要的是要有鲜明的观点和理论体系。作者通过自己研究所取得的大量事实论据和理论论据,通过周密的推理,论证自己的结论和观点的正确性和实际价值。

② 综合研究报告。综合研究报告适用于在课题研究过程中采用了多种研究方法或手段的课题。与论文相比,它能很好地展示研究的过程,同时又与科研报告和调查报告不同,它体现报告的综合性和一般性,其着重点在于介绍研究的过程和结果。

③ 调查报告。适用于用调查的方法进行研究的课题。调查报告不仅要反映调查的过程,还必须明确调查的要素(时间、对象、范围、内容、方法等),其着重点应反映调查方法的科学性,范围的覆盖性和对象的代表性,突出表现结果的准确性。通过调查者透彻的分析找出规律,形成结论,并为决策者提供有价值的建议。

12.4　信息技术课程的校本研究

核心术语

◆ 校本研究　　◆ 校本课程　　◆ 开发步骤

12.4.1　校本研究

校本研究是近年来伴随着基础教育课程改革所兴起的学校教育研究的一种研究方法。它是以学校存在的突出问题和学校发展的实际需要为选题范围,以学校教师作为研究的主要力量,通过一定的研究程序取得研究成果,并将研究成果直接用于学校教育教学的研究活动。

要进行校本研究,就必须明确五个方面的关系,即学校、校长、教师、专业研究人员和研究氛围。这五个方面构成了校本研究的整个框架,它们互为依靠,互相支持,缺一不可。

学校是教学研究的基地,为教学研究提供了场所和环境。校本研究体现了三个方面的内涵:研究是为了学校的持续发展,归根到底是为了学生的全面发展;研究是在学校中进行的,每一所学校都具有独特性和典型性,所以对教学问题的研究只能在学校中进行;研究是基于学校的,也就是基于校长和全体老师的,只有依靠并发挥他们的主观能动性,才能使研究具有成效。

校长是学校的第一责任人,也应该是学校教学研究的主要组织者。如果校长真正确立了科研兴校的办学理念,他就会将主要精力用于教学研究和教学管理,就会为校本研究提供必要的条件支持,包括开展教研培训、建立激励机制、做好后勤保障、创造良好研究环境等。总之,校长的决策是校本研究能否成功的必要条件。

教师是校本研究的主体。教师要养成学习与反思的习惯,增强研究意识,以研究者的眼光审视、反思、分析和解决自己在教学实践中遇到的问题,把日常教学工作与教学研究融为一体。校本研究还特别强调教师集体或者教研组的作用,强调教师之间的专业切磋、协调与合作,强调教师互相学习、彼此支持、共同成长。

专业研究人员是校本研究向纵深可持续发展的关键。专业研究人员主要包括教研人员、科研人员和大学教师,他们的作用是理论指导和专业引领。专业引领的实质就是理论对实践的指导,是理论与实践关系的重建,是校本研究得以深化发展的重要支撑。专业研究人员要以高度的责任心和满腔热情,积极主动地参与以校为本的教学研究制度的建设,努力发挥专业引领的作用,为学校和教师提供切实有效的帮助。专业引领的形式有学术专题报告、理论学习辅导讲座、教学现场指导以及教学专业咨询等。

研究氛围是进行校本研究正常展开的保证。校本研究的动力来自于全体参研教师的积极性。良好的研究氛围不仅能缓和教师工作的压力,充分发挥他们的积极主动性,还能激发他们的创新精神,保持良好的研究状态。

案例12-5

"信息教学中合作问题与对策研究"校本研究案例

研究学校：宜昌市伍家岗区实验小学

课题承担：信息技术组

研究步骤：

一、选择研究课题

学校强调教师应解决自己的、真实的和实际的问题，引导大家从问题诊断入手：我的教学现状如何？为什么会如此？存在哪些问题？亟待解决的问题是什么？造成这一问题的原因有哪些？它的解决受到了哪些因素制约？众多制约因素中哪些虽然重要，但一时改变不了？哪些虽然可以改变，但并不重要？

二、自我研修，学习相关理论

（1）参加课堂深度观察技术培训。要求研究者带着明确的目的，凭借自身感官及有关辅助工具（观察表、录音设备、录像设备），直接（或间接）从课堂上收集资料，并依据资料进行相应的研究，做出接近事实的判断。

（2）设计课堂深度观察的工具。组长根据相关理论和案例主题，设计出本组课堂观察提纲和量表草案，提交组内讨论后上交校本教研指导组审核，最后形成比较科学的观察提纲和观察量表。

（3）课堂观察案例写作。案例是案例教研活动的重要支撑，为了在进行课堂观察后形成以供研究的案例，学校组织研究组成员学习了有关案例写作的相关知识。并且根据这次活动特点建议我们按以下步骤和方法来形成案例。

操作流程	参考方法
任务驱动（含观察目标、方式）	讨论（观察的重点、要求）
课堂观察（实录教学过程）	现场观察技术、录像带观察技术
课后调查（教师和学生）	访问、座谈、问卷
分析判断（概括、比较、归纳）	资料分析、数据分析
撰写案例（逐步清晰与修改）	写草稿—评议—修改—使用

三、改进课堂行为

（1）课堂观察。问题来自于课堂，必然研究在课堂。首先，学校要求各课题组内教师开出公开课。对第一次课，不允许请教他人和相互交流，尽量减少控制和干扰，便于充分发挥执教老师的教学经验和教学水平。学校认为这是一种自然情境下的教学，能基本反映执教老师的课堂教学真实水平。参研教师进行随堂听课和观察，并进行了全息录音、录像，还动用了多种课堂技术进行测量。

（2）专题研讨。专题研讨能使教师逐渐进入案例人物的状态，从中有所获，有所悟，并经过学习、交流、讨论、分析和研究，解决不同情况中的教学问题，增进教师的教学和教学分析能力。专题研讨绝不是停留在教学环节的简单设计上，而是要有教师个人深刻的见解和独立的批判精神。

（3）再度设计，行为跟进。第二次执教在观察、分析、反思的基础上，老师们重新设计，进行了又一轮的行为跟进。在达成共识的基础上，学校对还存在争议和有待进一步研究的问题进行了梳理,形成了新的观察提纲。执教老师在听取了老师们的意见和建议后,对自己的教学设计进行了修改,形成了新的教学方案。执教老师在同一场地就同一内容,在平行班中进行第二次试教。教研组内的教师继续运用前述各种观察技术和量表进行观察和测量分析。通过分析,我们发现执教教师在听取大家意见后,全凭执教者个人的领悟去设计第二次课堂教学。他到底内化了多少?大家无从得知,因此学校决定进行第三次课堂观察。观察前首先开展"真角色"体验:假若我来执教这一课,我打算怎样上?各位老师设计教学流程,执教教师博采众长,重新设计教学预案。为了更直观地了解执教教师教学理念、教学行为的改进程度,学校还专门开设模拟课堂,让全组教师置身于学生的角色进入课堂,在共同经历了学习过程之后研究组成员又共同反思,集体备课,最后,形成一份吸取集体智慧的教学设计,再次走进课堂,以期形成教师的新行为。实践证明,模拟课堂能使我们以学生的视觉去感受、体悟、反思教学活动的科学性、有效性、艺术性,从而更加明白学生发展的需要和自身发展的需要。

12.4.2 信息技术校本课程开发

校本课程开发是指以学校为基地,以满足学生需要和体现学校特色为目的,由学校采取民主原则和开发手段,由校长、教师、课程专家、学生及其家长和社区人士共同参与的学校课程计划的制订、实施和评价活动。一般来说,开发校本课程有两种形式:第一种是对已有的国家课程进行"二次开发",即教师根据实际教育情境的需要,对课程内容进行适度增删、调整和加工,从而使之更好地适应学生学习;第二种是由学校的校长和教师根据自己的教育理念或者社会的需求,充分利用本地区和本校的课程资源和网络资源,通过自行研讨、设计或与专业研究人员合作等方式编制出的多样性的、可供学生选择的课程。

信息技术校本课程开发也包括了以上两种形式。首先,信息技术课是各中小学的必修课,各类教材多达200余种,一些由上级教育管理部门指定的教材并不适合本校的教学实际,因此,需要对这类教材进行改编。其次,由于信息技术和网络通信技术的快速发展,新的理念和技术层出不穷,信息技术教材中的知识已经无法完全满足学生的需求,所以学校组织本校教师开发新的息技术素质课程,旨在向学生提供最新的信息技术知识。

信息技术校本课程开发原则:

(1) 补充性原则。信息技术校本课程开发与实施必须在国家与地方课程计划框架内,把握学生的兴趣与爱好,充分发挥学校教育资源的优势,对国家课程、地方课程起补充作用,适应不同层次学生发展的需要。这是信息技术校本课程存在的意义与研究空间所在。

(2) 共享性原则。信息技术课程的校本开发应该具有通用性,是信息技术与学科整合的基础,是学生提高信息素养,适应社会需求的基础。因此,在开发过程中要与其他课程保持联系,互通有无。这既能拓宽信息技术课程中知识面的外延,又能加深信息技术课程内容的内涵,还能有效防止信息技术与课程整合过程中的重复开发。

(3) 实用性原则。信息技术课程的校本开发要尽量围绕学生学习与日常生活中碰到的问题解决来设计,这样就能够突出校本课程的特点,提高学生的学习兴趣,培养学生运用信息技术解决问题的能力,提升学生的信息素养。

(4) 可操作性原则。信息技术校本课程要充分利用学校现有的各类教育资源,根据信息技术学科自身的特点与相关的便利条件,建立能够做到学生选课方便、教师上课方便,集发展性评价与总结性评价于一体的信息技术网络学习平台,保证学生在校本课程学习过程中既能学到拓宽视野,又能学到有用的知识与技能。

12.4.3 信息技术校本课程开发步骤

由于校本课程的开发是学校自己组织的,在开发要求和开发步骤上可能有所不同。下面通过一个案例说明信息技术校本课程开发流程。

案例12-6

高中信息技术校本课程开发研究与实践

案例来源:浙江省萧山中学 罗亮
原课程名称:网页设计(浙教版)
校本开发形式:改编
新课程名称:网页设计
开发步骤:

一、需求评估

网页设计过程是各类基础知识与技能的综合应用过程,其最终目标是建设网站。制作者首先应具有良好的文字组织能力;其次要有一定的美学、心理学常识;再次具备计算机技能。根据以上学习的内容与目标来判断,该网页设计课程的学习典型地可以分为两个阶段:基本知识与技能的学习阶段、作品设计阶段。该学习内容涉及信息技术新课标的五个选修模块如图12-1所示。

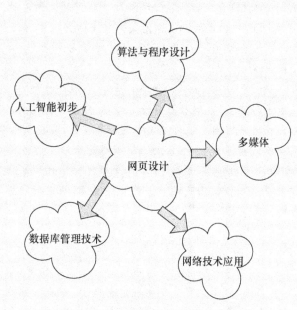

图12-1 网页设计课程的五个选修模块

网页设计校本课程的目标——能够制作网站，它的前台部分涉及新课标中的多媒体及网络技术应用选修模块，它的后台部分涉及新课标中的数据库管理技术及算法与程序设计选修模块，基于互联网中与网页相关的如著名的"蜘蛛""爬虫"等软件可以与新课标中的人工智能初步选修模块挂钩。因为一个学校一个年级的信息技术学科教学一学年只需开设一门选修课，所以即使是在零起步的情况下，无论从教学内容准备、师资，还是场地、设备方面都不成问题，而且在有以往积累的情况下，可以有计划地逐步增加教学内容的容量与深度，有计划地组织学生进行系统的自主学习。

信息技术教师在学校中承担的任务非常繁重，在忙的时候可能上课期间都要被叫出去做一些维护工作。因此如何做到学校信息技术教学与学校信息化管理两不误，是一个亟待解决的比较现实的问题。

分层教学是信息技术学科用来解决学生。参差不齐的一种教学方式，但是个人觉得这是一种理想的方式。班级范围内分层，不是高考科目的信息技术教师不一定有这么多精力来精确实施；年级范围内分层牵涉范围太大，涉及机房、排课与师资分配，弄不好各方面还会产生矛盾。

再深入一个层次，我们目前发挥了自身所拥有的信息技术优势了吗？拥有发达信息技术的我们受到学校班级授课的限制，将教学局限于我们学校里的学生，这对于其他尤其是西部地区渴望学习数字技术的人们提供了我们的帮助吗？

二、确定方案

在高中信息技术课标的指导思想指引下，根据我对网页设计课程的理解，综合考虑自身长处、学生需求与工作的实际情况，利用网络交流跨越时空的特点，确定如下目标：

(1) 创建"网页设计互动学习平台"，它应具有如下功能：学生自主学习的功能，老师实施网络课堂教学的功能，学生作业上交及评价的功能，课程资源共享的功能，学生优秀作品登记与发布的功能。

(2) 根据以往授课经验，制订网络授课计划，列出每个专题的课题名称与所需的授课时间，然后将网页设计课程的每节课中的一些重点、难点，尤其是有关如何操作的部分通过屏幕录制软件录制成为视频，按照统一的规则进行编号，等到"网页设计互动学习平台"创建完毕以后，将两者结合在一起，尝试学生进行授课。

三、组织与实施

基于以上思考，经过若干年的实践，结合网页设计教材，发挥自身特长，充分考虑高中学生起点水平及个性方面的差异，发挥教师在学生学习过程中的引导作用，重视学生在学习过程中的自主选择和自我设计，采用与学生日常生活紧密联系的范例，创建适合学生自主学习，以网页设计过程中的知识点介绍练习为节点，内容分为知识点介绍、练习及相应操作视频点播、思考与拓展等几部分组成的"网页设计互动学习平台"，目前已完成一个学年18到72课时的网络课程容量，大致分为31个阶段。（具体阶段介绍略）

四、结论

在该网页设计校本课程的开发初期，我们制作的相关视频教程应以网页设计工具的使用及网页设计基本概念介绍为核心，每阶段对应的学案所布置的任务应有梯度，相互之间有机联系，将多个看似不相关的知识点联系起来，使学生能从整体上把握知识，培养其解决复杂问题的能力，同时也使学生在完成任务的过程中掌握应用信息技术解决问题的思想和方法。对于教师而言需要教师根据给定格式,提供他们的视频教程与相关的学案,即对教师提出了更高的要求,它要求教师平时更加努力地钻研教材,将有规律性的、需要重复讲解的内容录制下来,制作成适合学生自主点播学习的视频教材,在时间充裕的情况下实施任务驱动教学,在学生跟不上进度或老师无法同时兼顾课堂的时候实施学生根据学案进行自主学习的策略。

本章小结

1. 教师进行教学研究的主要目的是促进教师专业能力的发展,提高教育教学的质量,培养适应现代社会、具有创新精神和实践能力的新型人才。教育研究的目的是改进教育实践,研究对象是教育中的典型问题,研究方法以反思法和行动研究法为主。教育研究既是学校发展的需要,又是教育发展的需要,也是教师自身发展的需要。

2. 由于信息技术课融合了多个学科知识,是一门综合了理论性与实践性研究的学科,所以关于信息技术教育的研究有多种研究方法。学会并掌握这些方法是教师完成教学日志、教育叙事和教学反思等教研成果的基础。

3. 开展课题研究是当前中小学教育研究中的重要部分。教师应该掌握一般的选题原则和论文写作规范,才能高质量地完成开题报告。开题报告是进行课题研究的第一步,也是能否顺利获得课题的重要一步。

4. 校本研究是中小学校开展教育研究的常用方式,也是基于本校资源、研究本校问题、促进本校发展、提升本校教师能力的有效方法。校本课程开发是校本研究的一个方面。开发合适的信息技术校本课程更加有利于发挥本校资源优势,有利于提升本校教师能力,有利于开展有针对性的信息素养教育。

思考题

1. 中小学教学研究的特点和意义是什么?中小学教师开展科研应该避免哪些误区?
2. 开展教学研究的常用方法有哪些?请谈谈它们的使用特点。
3. 教育日志、教育叙事、教学案例和教学反思是中小学教师中常见的科研成果,请分别谈谈它们的功能和特点。
4. 如何选择科研课题?在选题时应避免哪些误区?
5. 什么叫校本研究?谈谈校本研究的五个方面以及它们之间的关系。

实践者园地

1. 从自己的教学中寻找一个突破口,确定一个选题,开展一次校本研究。
2. 写一篇有关信息技术教育的小论文,字数在3 000~4 000左右,议题不限,但要严格按照论文的格式规范进行编排。

第 13 章　信息技术与课程整合

> 想象力比知识更重要，因为知识是有限的，而想象力概括着世界的一切，推动着进步，并且是知识进化的源泉。严格地说，想象力是科学研究的实在因素。
>
> ——爱因斯坦

学习目标

1. 了解信息技术与课程整合的概念。
2. 了解信息技术与课程整合的目标。
3. 知道信息技术与课程整合的意义。
4. 知道如何避免信息技术与课程整合过程中的误区。
5. 了解信息技术与课程整合的基本原则。
6. 掌握信息技术与课程整合的策略。

13.1　信息技术与课程整合概述

核心术语

◆ 整合　　　◆ 信息技术与课程整合　　　◆ 目标

13.1.1　信息技术与课程整合的定义

信息技术与课程整合是当前我国整个教育信息化过程中的一个热点问题。2000 年，教育部在《关于在中小学普及信息技术教育的通知》中，要求"努力推进信息技术与其他学科教学的整合，鼓励在其他学科的教学中广泛应用信息技术手段并把信息技术教育融合在其他学科的学习中"。2001 年，教育部基础教育司副司长李天顺在《落实"全国中小学信息技术教育工作会议"精神，积极推进中小学信息技术教育》中指出："信息技术与学科课程的整合是教育技术应用于教育的核心，是改革教育模式、教学方式和教学手段的重要途径……课程整合就是要将信息技术与课程的教与学融为一体，解决'两张皮'的问题。要求在各门课程的学习中，将信息技术作为一种工具，提高教与学的效率，改善教与学的效果。"

要弄清"信息技术与课程整合"的定义，首先要知道"整合"与"课程整合"的概念。在英文中，

"整合"一词表述为"integration",汉语中的意思是融合、集成、整合等,即由系统的整体性及其在系统核心的统摄、凝聚作用而导致的使若干相关部分或因素合成为一个新的统一整体的建构、程序化的过程。整合可以使系统内各要素实现整体协调,相互渗透,使系统各要素发挥最大效益,这个过程会导致生成一个新的事物。课程整合(Curriculum Integration)的含义是指对课程设置、各课程教育教学的目标、教学设计、评价等要素作系统的考虑与操作,用整体的、联系的、辩证的观点,认识和研究教育过程中各种教育教学要素之间的关系。课程整合的过程就是使分化了的教学系统中的各要素及其各成分形成有机联系并成为整体的过程。

那么,什么是信息技术与课程整合呢?国内很多专家对此也有自己的解释。

李克东教授的定义:信息技术与课程整合是指在课程教学过程中把信息技术、信息资源、信息方法、人力资源和课程内容有机结合,共同完成课程教学任务的一种新型教学方式。其中数字化学习是实现信息技术与课程整合的核心。

何克抗教授的定义:信息技术与学科课程的整合,就是通过将信息技术有效地融合于各学科的教学过程中来营造一种新型教学环境,实现一种既能发挥教师主导作用又能充分体现学生主体地位的以"自主、探究、合作"为特征的教与学方式,从而把学生的主动性、积极性、创造性充分发挥出来,使传统的以教师为中心的课堂教学结构发生根本性变革,从而使学生的创新精神和实践能力的培养真正落到实处。

南国农教授的定义:信息技术与课程整合是指将信息技术以工具的形式与课程融为一体,将信息技术融入课程教学体系各要素中,使之成为教师的教学工具,学生的认知工具,重要的教材形态和主要的教学媒体。

因此,信息技术与课程整合不是技术与课程的简单叠加,而是如何将信息技术融入学科课程的有机整体中,其目的是使课程内容、教学理论、教学媒体能融为一体,使学生能更好地学习。

13.1.2 信息技术与课程整合的目标

信息技术与课程整合的理念从根本上改变了中小学教育的教学方式,最终目标是培养学生的创新精神和实践能力,实现信息化环境下的素质教育与创新教育。信息技术与课程整合的目标可以概括为以下几个方面。

(1)培养学生新的学习方式。我们常说信息技术将要改变人们的生活方式、生产方式和学习方式,学生学习方式的改变是需要培养的,培养学生掌握信息时代的学习方式是信息技术与课程整合的直接目标。在信息化学习环境中,人们的学习方式发生重要的变化。学习者的学习主要不是依赖于教师的讲授与对课本的学习,而是利用信息化平台和数字化资源,教师、学生之间开展协商讨论、合作学习,并通过搜集利用资源、探究知识、发现知识、创造知识、展示知识的方式进行学习。

(2)提高课程学习效率和学习质量。信息技术无论与哪一门课程整合都不是摆花架子,它的直接评价目标就是提高学生的学习效率和学习质量。离开了这一点,任何信息技术与课程整合的教学设计都是失败的。因为信息技术与课程整合本身就是先进的教学技术与先进的教学思想相结合的产物,其先进性必然体现在学生学习效率和学习质量的提高上。也就是说,信息技术与课程整合的教学模式与传统教学模式相比,学习同样的东西,在时间上要快,在理解上要深,在应用上要强,这是信息技术与课程整合的最基本的评价目标。

(3) 培养学生良好的信息素养。我们常说的信息素养包括利用信息技术进行信息获取、加工处理、呈现交流的技能,理解信息和批判性地处理信息的能力,以及运用信息解决问题的能力。使学生形成良好的信息素养是信息技术与各科课程整合所追求的综合目标。

(4) 培养学生具有终身学习的态度和能力。学习资源的全球共享、虚拟课堂、虚拟学校的出现、现代远程教育的兴起,人们可以随时随地通过互联网进行学习,使学习空间突破时间与地域的限制。教育信息化还为人们从接受一次性教育向终身学习转变提供了机遇和条件。终身学习就是要求学习者能根据社会和工作的需求,确定继续学习的目标,并有意识地自我规划、自我管理、自主努力,通过多种途径实现学习目标的过程。

13.2 信息技术与课程整合的内涵和意义

核心术语

◆ 信息技术与课程整合　　◆ 内涵　　◆ 意义

13.2.1 信息技术与课程整合的内涵

1. 信息技术与课程整合是双向的整合

从实践来看,信息技术与学科课程的整合不仅会引起学科课程的组织结构、形式与内容、教与学的方式方法的整体变革,而且同样也应该引起信息技术在应用层面、技术层面以及研究层面的重新建构与发展。当然,由于人们目前所关注的视角是教育领域,所以探讨和考虑问题的重点无疑应该是前者,即信息技术如何"整合于"学科课程。信息技术整合于学科课程不是一个简单的过程,涉及的因素很多,相当于一个系统工程。在这一过程中,重点要考虑的因素既包括教育政策方面(如课程设置的改革、培养目标的制定等)、教材的建设(形式内容),也涉及教师队伍的建设及学生学习方式和方法的根本改变。当然,无论是课程设置的组织结构,还是学习的形式与内容、教与学的方式方法的变革,信息技术与课程整合所要达到的目标是清楚的,那就是为了整体优化教与学的过程和实现有效改善与提高学习者的学习效果。

2. 信息技术与课程整合不同于计算机辅助教学

计算机辅助教学强调辅助性,即考虑强化某一个知识点,它考虑的只是促进某个知识点的教与学,目的是为了提高教学效率。信息技术与课程整合强调的是整合和融入,具有全局观和系统观的特征,信息技术与课程整合考虑整个课程的整体效果,而不是孤立的知识点。它考虑整节课甚至整个单元,强调采取信息化教学设计的方法来进行课程与教学设计。信息技术与课程整合不是简单地将信息技术应用于教学,而是高层次地融合与主动适应。因此,信息技术与课程整合不是传统的单一辅助教学的观点。

3. 信息技术与课程整合不排斥传统教学技术在课堂上的应用

正如联合国教科文组织在其报告《教育——财富蕴藏其中》所指出的:"尤其应把技术与传

统的教育形式结合起来加以使用,而不应将其看做是一种取代传统形式的独立的手段。"因而在信息技术与课程整合的过程中。我们必须将信息技术与传统的教育形式结合起来使用,不能认为信息技术将取代任何传统的东西。

13.2.2 信息技术与课程整合的意义

1. 信息技术与课程整合是信息化建设的需要

正如社会信息化的发展一样,教育信息化是一个动态的发展过程,其本身并无一个预置的固定框架和模式,需要教育者在实践过程中不断研究和探索。我国的教育信息化经历了基础设施的日益完善、教育软件资源的大力开发、教师的信息技术培训、中小学信息技术教育等系列阶段,并取得了可喜的成果。但目前主要存在着信息化设施使用效益低下,仍停留在开设信息技术课程,用于支持各学科教学的现象还不普遍等问题。教育信息化的目的并不是为了使用先进的技术,更不是要给学生增加学习信息技术课程的负担,而是要利用信息技术来支持学科教学,所以说将信息技术与课程进行整合是教育信息化发展的必然要求。可见,信息技术与课程整合是信息化建设的主要任务之一。

2. 信息技术与课程整合是信息时代课程改革的需要

教育部在《基础教育课程改革纲要(试行)》中提出:"大力推进信息技术在教学过程中的普遍应用,促进信息技术与学科课程的整合,逐步实现教学内容的呈现方式、学生的学习方式、教师的教学方式和师生互动方式的变革,充分发挥信息技术的优势,为学生的学习和发展提供丰富多彩的教育环境和有力的学习工具。"并对课程内容结构的改革提出了以下要求:改变课程中过于注重知识传授的倾向;改变课程结构过于强调学科本位、科目过多和缺乏整合的现状;改变课程内容"难、繁、偏、旧"和过于注重书本知识的现状。这些目标靠传统的教学方法和传统的教学工具是难以实现的。信息技术所具有的交互性、多样性、开放性、共享性、协作性和反馈及时性等技术优势,可以为新型教学结构的创建提供最理想的教学环境,能够为上述目标的实现提供足够的支持。

3. 信息技术与课程整合是信息时代人才培养的需要

不可否认,在对前人知识经验的继承、掌握以及对系统科学知识的传授等方面,我国基础教育具有自己的优势,这方面的成绩绝不应低估,绝不容抹杀,更不应妄自菲薄。但是也要看到我们基础教育的不足:多年来我们培养出的大多是知识应用型人才,而比较缺乏创新型人才。把创新人才的培养与系统的科学知识的传授有机地结合起来是当今教育面临的一个新课题,而信息技术与课程整合是实现这个新课题的有效途径,可以为此提供最理想的教学环境、资源和技术支持。

4. 信息技术与课程整合是促进教师专业发展的重要途径

教师的专业发展是教师专业化的重要方向和主题。人们越来越认识到,只有不断改善教师的专业教育,提高教师的专业水平,促进教师的专业发展,才能不断提高教师专业地位,才能使教学工作成为受人尊敬的、具有较高的社会地位的一种职业。信息技术与课程整合能促进教师专业知识的更新,也能促进教师利用网络资源来灵活地理解学科知识,还有助于教师对原有的教学实践进行反思,提高教学技能。

5. 信息技术与课程整合使多学科相互支持共同发展成为可能

信息技术整合的最终结果是以综合形式出现,因此整合可以促进多学科的相互渗透,可以作为整合多学科的工具。学生在制作关于学习内容的多媒体作品时,需要同时使用计算机,学习内容及美术音乐等多学科的知识,需要综合运用多学科的知识分析、规划、制定相关内容。特别是在综合学习过程中,可以将多门学科聚拢在一起,学生可以学习多学科的交叉性知识。如果能有效地使信息技术与学习过程整合,信息技术可使学生不区分学科的界限,为了完成某一主题或课题,以学生的兴趣和爱好为基础,经过体验和实践,解决学习过程中的问题。这样可以着重培养学生运用多种知识解决问题的能力,培养创造性、协作性地处理事物的态度,促进"生存发展能力"的形成。因此,信息技术在教育中的运用,既是技术和工具,又是学生综合运用其他学科知识的桥梁。

13.3 信息技术与课程整合的实例

核心术语

◆ 整合策略　　　　◆ 整合原则　　　　◆ 信息技术与课程整合

13.3.1 信息技术与课程整合过程中应注意的问题

随着信息技术与课程整合实践走向深化,许多在理论研究中无法发现的问题逐渐显露出来。很多教师因为没有真正理解信息技术与课程整合的内涵而对整合的意义产生了疑问,甚至动摇了进行整合实践的信心。具体表现有以下几点:

(1) 认为整合能模块化。尽管信息技术与课程整合是一个复杂的过程,但是,现在有些教师似乎找到了一种简单的整合方法,即在教学中使用课件,利用音乐等导入;上网搜集资料,从中发现问题;网下整理资料解决问题;网上 BBS 和留言板上讨论交流。他们把这种方式称为整合模式,并形成课例,供广大教师依样"画葫芦"。这种方法只是对整合的肤浅理解,甚至将它和计算机辅助教育混为一谈了。

(2) 认为整合是课程与技术的整合。对于技术与课程的关系以及技术在整合中应该起到什么样的作用,目前中小学教师队伍中出现了两个阵营:年轻教师对技术零障碍,在教学中主动使用技术的意愿非常强烈,甚至把更多精力投入到学习更先进的技术以及如何使课件更精美上,但这部分教师由于教学年限短,缺乏学科教学理念的深厚底蕴,不免在盲目的技术崇拜中迷失自我,逐渐发展成为"技术依赖"型,仅为一堂普通的概念课,动辄搬出多媒体,后果往往是违背了教学的自然规律,费力不讨好。另一个阵营则是那些教学经验丰富的老教师。他们对自己的授课方式以及课堂控制力很有自信,但技术上手慢,对技术不敢轻易尝试。此外,由于使用信息技术后,改变了多年积淀下来的教学方式,甚至改变了他们固有的教学设计思路,这些教师对技术产生排斥心理。这两种观念就代表了一种错误认识:整合=课程+技术,而这两种观念是这种错误认识的两个极端。

（3）整合是为了教师教好和好教。在信息技术与课程整合实践上，教师习惯于使用信息技术工具来优化自己的教学过程，即将信息技术作为一种能提高教师教的效率或效果的工具，有的教师甚至将其纯粹用以展示教学内容。这只能算做信息技术与课程整合效能体现的一个侧面。无论信息技术以什么原因引入课堂，它都应该服务于教与学两个方面，也就是说，它不仅是一种教师演示的工具，更应该成为师生交互的工具，成为辅助学生学习的高级认知工具。信息技术与课程整合的最终目的是利用信息技术和学科知识在教学理念上的有机融合，最终促进学生认知的发展。

（4）整合是信息技术融入学科课程中。信息技术与课程整合既指将信息技术整合于学科课程，也指将学科课程整合于信息技术，具有双向性。前者大多是教育技术方面的专家从信息技术发展应用的角度所关注的问题，研究的是如何利用信息技术改造和创新学科课程。后者大多是课程专家和广大教师从课程创新的角度所关注的问题，研究的是在课程改革过程中如何开发和利用信息技术。在信息技术与课程整合的实践中，两方面的专家、学者应该结合起来，从两个方面共同研究才有利于揭示信息技术与课程整合的实质问题。

13.3.2 信息技术与课程整合的基本原则

1. 以先进的教育思想和教学理论为指导

信息技术与课程整合必须以现代教育理论为指导变革旧的教学内容、教学方式和学生的学习方式，以培养学生的创造能力、分析解决问题的能力和探索研究问题的能力。信息技术与课程整合的过程绝不仅仅是现代信息技术手段的运用过程，它必将伴随教育、教学领域的一场深刻变革。建构主义理论并非十全十美，但它对于我国教育界的现状特别有针对性——它所强调的"以学生为中心"、让学生自主建构知识意义的教育思想和教学观念，对于多年来统治我国各级各类学校课堂的传统教学结构与教学模式是极大的冲击。可以说，它给信息技术环境下的教学提供了最强有力的支持。

2. 根据教学对象选择整合策略

人类的思维类型可按抽象思维、具体思维、有序思维和随机思维进行组合，不同的学习类型和思维类型的人学习成效与他们所选择的学习环境和学习方法有关。在长期的教学实践中，我们也可以发现，有的学生不能主动地对外来信息进行加工，喜欢有人际交流的学习环境，需要明确的指导和讲授，而有的学生在认知活动中，更愿意独立学习、个人钻研，更适应结构松散的教学方法或个别化的自主学习环境。因此，信息技术与课程的整合应该根据不同的教学对象，实施多样化、多元化和多层次的整合策略。

3. 运用"学教并重"的教学设计理论来进行课程整合的教学设计

"学教并重"的教学设计理论能适应"既要发挥教师主导作用，又要充分体现学生学习主体作用的新型教学结构"的创建要求。在运用这种理论进行教学设计时，要充分注意的是，对于以计算机为基础的信息技术（不管是多媒体还是计算机网络），都不能把它们仅仅看做是辅助教师"教"的演示教具，而应当更强调把它们作为促进学生自主学习的认知工具与情感激励工具，并要把这一观念牢牢地、自始至终地贯彻到课程整合的整个教学设计的各个环节之中。

4. 坚持能力培养和知识学习相结合的教学目标

课程整合要求,学生学习的重心不再仅仅放在学会知识上,而是转到学会学习、掌握方法和培养能力上,包括培养学生的"信息素养"。学生利用信息技术解决问题的过程,是一个充满想象、不断创新的过程,同时又是一个科学严谨、有计划的动手实践过程,它有助于培养学生的创新精神和实践能力,并且通过这种"任务驱动式"的不断训练,学生可以把这种解决问题的技能逐渐迁移到其他领域。

5. 个别化学习和协作学习的和谐统一的原则

信息技术给我们提供了一个开放性的实践平台,利用它实现相同的目标,可以采用多种不同的方法。同时,课程整合强调"具体问题具体分析",教学目标确定后,可以整合不同的任务来实现,每一位学生也可以采用不同的方法、工具来完成同一个任务。这种个别化教学策略对于发挥学生的主动性和进行因人而异的学习是很有帮助的。但社会化大生产的发展,要求人们具有协同工作的精神。同样,在现代学习中,尤其是一些高级认知场合(如复杂问题的解决、作品评价等)要求多个学生能对同一问题发表不同的观点,并在综合评价的基础上,协作完成任务。而网络环境正为这种协作学习提供了很好的平台。

6. 以课程为中心

信息技术与课程整合其主体是课程而非信息技术,切勿为使用技术而使用技术,甚至不惜牺牲课程目标的实现为代价。应以课程目标为最根本的出发点,以改善学生学习为目的,选用合适的技术,而不要在使用传统教学手段能够取得良好效果的时候,生硬地使用信息技术。信息技术与课程整合的立足点是课程,信息技术是手段,是为课程教学服务的,其根本目的是促进课程教学改革,优化教学效果。因此,在教学过程中,不能为使用信息技术而使用信息技术,应该从课程目标出发选用信息技术,解决课程教学的重点和难点问题。

13.3.3 不同环境下的信息技术与课程整合的策略

目前能够提供给我们的网络教学环境有多媒体教室、计算机机房、校园网和互联网。下面我们通过例子谈谈如何在不同环境中进行信息技术与课程整合。

1. 多媒体教室

这里的多媒体教室指的是在一间普通教室内安装有多媒体计算机,而且,计算机能上网。在这种条件下,只有教师能够使用计算机设备,学生通常是坐在自己的位置上的,他们没有计算机设备。

在多媒体教室适合学习的内容为知识认知学习、方法及过程的讲解。教师利用多媒体引导学生学习为主要模式,媒体作为学习内容的有效呈现手段。在部分问题上,教师可以让个别学生参与媒体互动式教学。比较有效的学习步骤有:情境创设、讲解、引发思考及讨论、归纳总结、拓展思维、学科间交叉、学科体系化、系统训练、中高考模拟等。

需要的支持条件:教学资源库、备课及讲课平台。

案例 13-1

案例名称："荷花"
案例来源：黑龙江省哈尔滨市大同小学教师 钱宇波
教学目的：
1. 理解课文内容，感受荷花的美丽，培养审美情趣和热爱大自然的情感。
2. 有感情地朗读课文，背诵课文，积累优美语言。
教学重点、难点：
理解荷花开放的种种姿态，想象出"一大幅活的画"的景象；体会作者"忽然觉得自己仿佛就是一朵荷花时眼前出现的景象"的思想感情。
教学策略：
利用信息技术进行形象展示，通过"自主自学，合作探究"达到教学目标。
教学准备：
多媒体教室、教学课件、投影仪
教学过程：
一、创设情境课题导入
1. 猜谜游戏："美丽小姑娘，立在水中央，身穿白衬衫，绿裙水中漾。"
2. 观看"荷花"录像片段，试用优美的语言来描述画面上的美景，引出课文；通过画片简单介绍作者叶圣陶。
3. 初读课文：如果有特别喜欢的部分可多读几遍，想想喜欢的理由。
二、自主自学、合作探究
（一）自由选读课文有关章节，并说出选读的理由。（可让喜欢同一部分的学生齐读，然后评一评。）
（二）重点学习第二、三自然段。
1. 选择学法：在教师提供的学法资源库中了解学习的几种方法，让学生选择自己认为合适的方法自学。
2. 合作交流：组内交流段中最欣赏的语句，说明原因，把自己的体会向全班同学讲解。
3. 朗读指导：引导学生读出重点语句，通过教师分析句子结构和范读、领读、引读等手段指导学生有感情地朗读。
4. 理清文章叙述顺序：在课件画面的引领下，学生进一步理清文章叙述的前后顺序，体会文字的优美。
5. 指导背诵：根据下列学习提示，背诵文章的这一部分。
先写荷花开了不少_____；再写荷叶_____；最后写三种荷花：刚开时_____，全部绽开时_____，未开时_____。
6. 教师引导学生小结：教师：荷花的形象是那么美丽动人！荷花的清香是那么幽浓迷人！荷花的魅力是那么令人难忘！这么多的荷花，一朵有一朵的姿势。看看这一朵，很美；看看那一朵，也很美。这时，作者情不自禁地赞叹道：……

师生齐读：如果把眼前的这一池荷花看做一大幅活的画，那画家的本领可真了不起。

教师：是谁用她温柔的风，温柔的阳光雨露抚摸着大地，滋养着万物生灵，是谁造就了这活生生的美丽的画卷？作者惊叹：……

（三）学习第四自然段

1. 导读过渡。教师配乐范读。要求学生注意教师的语气、停顿、感情等处理，也可以指出教师的不足之处，说说如果你来朗读，将会怎样处理。

2. 全班交流。请喜欢第四自然段的学生谈一谈喜欢的原因，按自己的理解读读有关句子。

3. 体会文章意境。指派一名学生配乐朗读。

4. 假设情境，发挥想象。假如你是一朵荷花，你会怎样说？假如你是一只蜻蜓，你会做什么？假如你是一条小鱼，你又会想什么？（教师应鼓励学生大胆、积极想象，并及时诊断和评介想象的合理性）讨论作者此时产生"忽然觉得自己仿佛就是一朵荷花时眼前出现的景象"的思想感情为什么说是真实的？

5. 知识拓展，情感升华。教师：荷花不仅色彩美，姿态美，而且高雅清廉、洁身自好。北宋著名的哲学家周敦颐在《爱莲说》中这样赞美荷花："出淤泥而不染，濯清涟而不妖。"历代文人都爱以荷花比喻纯洁坚贞的高尚人格。

学生可进入网络查阅历代文人墨客赞诵荷花的文章、词句，并诵读交流。（在全班朗读第二至第四自然段中结束本课）

点评

本节课最大的特点是在贯彻新课程理念的同时，很好地汲取了我国传统教学中的精华，将其融洽地"混合"在信息技术与语文学科整合课中。传统语文教学十分强调学生在"读课文"过程中创设语境、增强语感、顿悟语意、积累语汇。在本节课里，教师精心指导朗读，学生在朗读里，落实字词段落、篇章结构等语文知识学习；学生在以文抒情、以文载道的学习中得到了情感的升华。教师通过范读、导读、领读和学生一起读等，引领学生在读中思、读中议、读中悟，最终达到提高学生朗读能力的教学目标。

汲取传统教学的精华绝不是落入传统教学模式的窠臼，学生在课堂上的主体地位必须得到落实、学生学习能力的培养远重于知识的传授，对这些新课程要求，教师在教学中贯彻得很透彻。教师让学生选择认为合适的学习方法，学生可以按喜好选读课文章节，还可以对欣赏的词句发表独特见解，并且按照自己的理解展开合理的想象等。教学中，学生的这些学习行为不但能获得教师的鼓励，还能及时得到来自教师和同学的不同评价，这些都体现了现代教育的新理念。

信息技术在本节课上突出的作用是辅助教学。多媒体的运用使教材的呈现方式发生了变化，声、像、画使文字变得形象、使学生与现实生活贴得更近、使学生的头脑更丰富。

2. 计算机机房

与多媒体教室相比，计算机机房能提供给每个学生一台计算机，学生的学习过程大部分都是在计算机环境中进行的。

比较适合的学习内容：知识认知、探究学习，方法及过程的讲解与探究、运用与实践，研究能力的培养等。

比较适合的教与学模式：教师引导学生利用网络自主、协作、研究性学习，网络既作为学习内容的有效呈现手段及来源，又作为学生自主学习、协作学习、交流研讨、动态测评等的有效手段。

能够有效支持的学习步骤：学生间的交流研讨、教师与学生间的交流研讨、动态实时测评与反馈、学生间的评价、教师对学生的评价、情境创设、讲解、引发思考及讨论、归纳总结、拓展思维、学科间交叉、学科体系化、系统训练、中高考模拟。

需要的支持条件：网络教学资源库，备课及讲课平台，学生自主学习平台、协作学习平台，教学测评、评价及反馈平台，教学管理平台，研究性学习平台，主题性学习网站等。

案例13-2

语文作文课"未来产品广告设计"（案例来自广州市芦荻西小学）

"未来产品广告设计"是一节利用网络环境进行自主学习、协作探究、广告创作的一种信息技术与作文课教学整合的典型课例，其教学过程包括如下环节：

(1) 创设情境，激发兴趣，诱发创新动机。通过学生观看网上视频图像、广告精品及教师的诱导，激发学生喜欢广告，诱发学生乐意展开理想的翅膀，"发明"未来广告的动机。

(2) 网上学习，协作探究，启迪发明创意。通过学生网上自主学习未来科技信息，启迪新思维，促使学生展开丰富的联想，结合实际，协作探究出拟"发明"的未来产品的创意。

(3) 网上再学习，群组交流，获取广告信息。让学生在自主学习网上"广告资料库"内容的基础上，群组交流，互相帮助，从而进行意义建构，获取知识。

(4) 继续上网，参考信息，口头表述广告设计的构思。让学生参考网上"广告精品库"提供的现实、未来产品广告范例，重温广告的有关知识，运用所学知识，通过口头表述，拟设计未来产品的广告词，再进行集体的交流评议，为下一步的书面创作打下基础。

(5) 网上协作，分工合作，进行广告综合设计。让学生在网上发挥创新精神，求异思维，运用信息工具，动手综合设计创作未来产品的广告，包括进行版面的美术设计与加工，并输入广告词。

(6) 推荐产品，集体评议，反馈修改。让学生对所设计的未来产品的广告进行自我评价，鼓励作者向全班同学进行宣传推荐，利用网络功能把部分同学设计的未来产品广告传送给大家共同欣赏，并进行评析，及时反馈修改。

3. 校园网

校园网是利用现代网络技术、多媒体技术及Internet技术等为基础建立起来的计算机网络，一方面连接学校内部子网和分散于校园各处的计算机，另一方面作为沟通学校校园内部网络的桥梁。校园网为学校的教学、管理、办公、消息交流和通信等服务的。

比较适合的学习内容：适合探究性学习的知识，适合研究能力培养的知识，适合学生综合素质形成的知识。

比较适合的教与学模式：教师利用网络引导学生利用网络拓展学习空间，巩固学习内容，完善学科体系,开阔视野。

能够有效支持的学习步骤:学生间的交流研讨,教师与学生间的交流研讨、反馈、巩固提高、拓展思维。

需要的支持条件:网络教学资源库,学生自主学习平台、协作学习平台,教学测评、评价及反馈平台,研究性学习平台,主题性学习网站等。

案例 13-3

网上语文阅读与写作训练课"中国汽车工业与 WTO"(案例来自广东南海市桂城中学)

1. 教学目标

本节课的教学目标是培养学生阅读与准确筛选信息的能力;培养学生利用网上资源构建意义的能力;培养学生语言文字表达能力;培养学生评析文章的能力;了解中国加入 WTO 的一些知识。

2. 教学准备

(1)搜索有关 WTO 专题的主要网站,如《羊城晚报》《人民时报》和新加坡《联合早报》的网站等。

(2)准备相关素材,如"中美签署入关协议"的录像或图片资料。

3. 教学过程

(1)创设情境,提出问题,引起思考

播放"中美签署入关协议"的录像,教师提出问题:中国入关指日可待,作为一个学生,应该怎么办?

(2)提出假设,角色扮演,思考感受

教师提出假设,假如你是一名(A 司机、B 汽车经销商、C 汽车制造厂厂长),在得知中美签署有关协议的那一天(1999-11-15)感受如何?你看到了哪些有关情形?请以此为内容写一篇 300 字左右的短文,文体不限,题目自拟。

(3)资源利用,协商讨论

引导学生上网查阅资料,搜集相关主题材料,并分小组交流讨论。

(4)网上作文,教师监控

确立了观点并准备好了写作素材,学生进入留言板进行写作。这是整个过程中最重要的一个环节,学生运用从电脑网络搜集到的材料证明观点,实际上是一种建构意义的过程。与此同时,教师通过控制平台观察学生的进展,了解他们的作文速度,获得讲评作文的第一手资料。

(5)发布展示、交流点评

学生通过网络留言板发表作文,并自由浏览其他同学作品,进行分析、讨论、点评,并打分。教师也挑出质量不一的作文组织学生口头评议并阐明理由,鼓励学生提出相反意见,展开争论。

(6)教师总结

教师针对作文中出现的问题,在学生讨论评析基础上概括总结,说明写作的主要方面:主题是否明确;论据是否得当;语言是否精练、流畅。

4. 互联网

这里讲的互联网就是指的外网,也就是互联网。

比较适合的学习内容:适合探究性学生的知识,适合研究能力培养的知识,适合学生综合素质形成的知识。

比较适合的教与学模式:学生利用网络拓展学习空间,巩固学习内容,完善学科体系,开阔视野。

能够有效支持的学习步骤:学生间的交流研讨,教师与学生间的交流研讨、反馈、巩固提高、拓展思维。

需要的支持条件:互联网络主题性学习网站、论坛、交流研讨的支持工具等。

案例13-4

深圳外国语学校是中国参加Common Town项目的第一个学校,该校学生由于主修专业为英语,英语底子较好。学生以自愿报名的形式参加该项目实践,学校在报名学生中选出初一1人、初二1人、高一6人和高二2人共10名学生(5男5女)参加该项目的学习。其主要活动内容包括:

(1)建立"自我介绍"的小型虚拟社区。学习进行初期,每位学生都利用Common Town在网络上建立自己的小社区。社区的主题主要以介绍本人和自己的学校情况为主,目的之一是让学生在介绍本人情况和学校情况的过程中熟悉Common Town软件的使用,目的之二是通过社区向新加坡、香港乃至全世界的学生伙伴做一个自我介绍,以备日后学习时能进行更好的交流与沟通。

(2)环绕主题建立"主题社区"。经过一个月左右的自我介绍后,学习转入正题内容,各校选定一个学习主题建立自己的社区。深圳外国语学校的学生以向外国学生介绍我国传统文化为学习的最终目标,选择了介绍我国文化为主的学习主题,在学习期间,学生参与了国家文化、中国食品、风景名胜、中国家庭、中国风俗、中国节日等专题的探讨。

(3)组织协作学习。活动过程中,学生在老师的指导下,学习小组成员们进行了两种类型的协作学习。

① 学习小组成员之间的协作学习。包括在学习初期,由学习小组成员共同开会讨论决定学习主题;在学习期间,各成员分工合作,共同商定,完成资源搜集、信息整合、社区搭建、网页制作等工作。

② 网络上的协作学习。学生利用Common Town所提供的各种网络协作学习的各种功能,如论坛、聊天室、信息的发送和接收、文件的上传和下载等,与东南亚等国家和地区的学习伙伴在网上进行了学习探讨和交流。

整个学习过程,学生有极大的学习兴趣,学生不仅按照教师的要求完成指定专题的讨论与协作,而且各个学生还根据自己的兴趣特点与志趣相投的网络伙伴进行感兴趣的专题探讨学习。

5. PGP 电子双板教学平台

PGP 电子双板教学平台的结构与基本功能在前文已经叙述，这里着重介绍 PGP 电子双板教学平台在信息技术与其他课程整合过程中的具体应用。

(1) PGP 电子双板教学平台的特色功能

① 双轨展示功能。在 PGP 电子双板环境下，平台支持双画面的方式呈现教学内容。实现的方式是将使用一块白板呈现图形、图像信息，另一块白板呈现文字信息，或者两块白板分别呈现有意义关联的信息，以此刺激两个认知系统，使学习者在相互关联的信息中积极构建新知识意义，进而可以高效学习。

② 多样化教学方式。PGP 电子双板教学平台对教学中常用到的资源格式提供良好的支持，如 PPT 文稿、Word 文稿、Excel 表格、PDF 文档、视频、Flash、网页等，可以按需调用、任意组合。教师可以根据课前准备情况和教学过程的实际需要选择合适的教学方式。平台有手写板书教学、基于 PPT 的教学、PPT＋板书教学、活动教学等方式可供选择。

③ 随处可写，随时存取。PGP 课堂教学平台汲取了传统教学模式中的讲授、板书、推理、标注等优势，能实现传统黑板与电子白板的完美融合，可以达到"随处可写，随时可写"的效果，并能对全局白板、局部白板等笔迹进行保存，避免了粉笔灰尘对师生造成的健康问题。

④ 音视频标注，分段播放。在 PGP 电子双板平台中，教师可以利用 PGP 电子双板的课件制作工具将视音频资源事先定位在教学需要的位置，当教学需要时只需要点击相应的按钮即可，这样极大地缩短了老师上课操作的时间，使老师有更多的精力和时间去关注学生和教学。

⑤ 提供了丰富的学科资源库。PGP 电子双板系统的课件制作平台和课件展示平台都含有丰富的学科资源库——"云资源"。所谓"云资源"即公共资源库，用来提供更多的教学资源来辅助教师完成教学任务。"云资源"中提供了两种资源搜索方式，分别是按教材搜索和按知识模块搜索，教师可根据需要选择不同的方式查找资源。

学科工具是信息技术与具体学科深度融合、用以辅助教师教学和学生学习的软件系统。它更能把握各个学科的具体特点和不同学科教学和学习对信息技术的不同需求。PGP 电子双板教学平台中的课件都是以活动列表的方式呈现的，对于每一个活动来说，我们可以为其添加两个资源，这里一个资源就可以是学科工具中的一个，如音乐可视化工具，另一个是其他类型的资源。教师在上课的时候只要打开 PGP 课件就可以直接运用课件中已添加的学科工具资源，方便快捷、简单易学，大大地提高了课堂的教学效果。当然 PGP 电子双板教学平台所提供的所有学科工具也可以根据不同教师各自的需要单独使用。

(2) PGP 电子双板平台与课程整合实例

案例 13-5

课程学科：科学
课程名称：体内物质的运输
授课教师：红岭中学园岭初中部　刘莎莎

使用教材： 浙江教育出版社九年级科学

课程背景：

《体内物质的运输》为九年级生物的一节内容，本案例中的教学是在信息技术与课程整合的理念下，在学生自主学习的前提下，在以PGP课堂教学平台为核心的交互式学习环境中，将自主探究作为主要教学方法，通过角色扮演、科学实验、知识拓展等教学活动环节，多角度激发学生的学习兴趣，组织学生在多样化的互动中自主探究发现和掌握知识、完成知识的内化，同时培养学生的人际沟通能力和协作学习能力。

教材分析：

《体内物质的运输》是浙教版《科学》九年级上册第四章第三节第一课时的内容。这一章主要学习代谢与平衡的知识，包括"食物与摄食"、"食物的消化和吸收"等。

学习目标：

1. 知识与技能

(1) 了解血液的成分及其作用；

(2) 了解血细胞的种类和功能；

(3) 根据各血液成分的正常含量，能看懂常规血液化验单。

2. 过程与方法

(1) 进一步培养、提高学生的观察、实验等探究能力；

(2) 通过学生之间的交流分析，使学生表达交流能力、发现和解决问题的能力得到锻炼。

3. 情感态度与价值观

(1) 通过对血液成分及各部分功能的认识，明白血液的重要性，形成正确的血液观；

(2) 培养学生乐于探索生命奥秘，养成实事求是的科学态度。

教学重难点：

1. 教学重点：血液的成分及作用。

2. 教学难点：血液知识的应用。

教学策略选择与设计：

本案例，充分贯彻"以学生为主体，教师为主导"的原则，激发学生对解决实际问题的渴望，培养学生理论联系实际的能力，从而达到最佳的教学效果。

本案例遵循《生物课程标准》相关要求和学生的认知规律，注意设计"整合点"，以"多元交互"为主轴，用多样化的活动贯穿课堂。教学中，采用情境导入、启发引导、演示操作、游戏教学、问题探究、同伴互助等多种教学方法，寓教于乐；学法上，注重对学生进行自主探究、合作学习、实践创作、归纳总结、个人展示等多种学习方法的引导，并实施多元评价，注重激发学生的创新精神和实践动手能力的培养。

教学资源与工具设计：

1. PGP交互式电子双板系统。

2. 利用PGP软件制作的课件。

3. 加分计时器。

教学流程图：

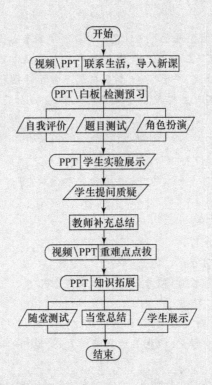

教学过程：
略

案例点评：
此案例是一节以学生自主探究为主的课堂教学,教学环节思路清晰,情境导入—预习检测—实验探究—重难点点拨—随堂测试—当堂总结 知识拓展,结构紧凑、有逻辑,贯穿着在认识中激发探究的兴趣、在质疑中创设探究的空间、在解疑中提高探究的能力、在求是中强调探究的创新、在评价中体验探究的成功的策略,继而提高学生学习的积极性和对知识的探究能力。

本案例还在交互和媒体呈现两个方面很好地体现了交互式电子双板的优越性。

交互方面,良好地支持了生生交互、师生交互和人机交互,在测试部分,贯彻以"教师为主导,学生为主体,训练为主线"的"三为主"教学理念,教师端发送题目至学生端和学生端提交答案至教师端,形成了信息的双向交互,能更有效地检测到学生的学习状态,实现形成性评价,辅助教师掌控教学进度;媒体呈现方面,随处可见资源间的意义关联,如预习检测环节将PPT的学习目标页和题目测试页同时呈现;学生实验环节,双板左板呈现学生实验图片,右板呈现探究内容,将学生实验结果与科学探究内容相关联;重难点点拨环节,PPT呈现知识点、视频呈现过程动画,突破了以往媒体只能单独呈现的割裂状态,将媒体内容组合起来,有助于学生更好地吸收消化教学内容。

交互式电子双板环境给教师教和学生学带来了更大的自由,媒体的合理运用,不仅为师生带来视听触的感官享受,而且更好地激发了学生强烈的好奇心和浓厚的学习兴趣,为达成教学目标创造了良好的条件。

本章小结

1. 信息技术与课程整合是我国面向21世纪基础教育教学改革的新视点,是一种与传统的学科教学有着密切的联系和继承性,又具有一定的相对独立性特点的教学类型。信息技术与课程整合是指在学科教学过程中把信息技术、信息资源和课程有机结合,建构有效的教学方式,用以促进教学的最优化。尽管国内外许多专家、学者对信息技术与课程整合的概念的叙述各有不同,但是其中的内涵都是一致的。

2. 信息技术与课程整合是一种双向的整合,是信息技术教育与学科教育的共同发展。整合的出发点和落脚点都应该是课程,也就是说,整合的目标是为了课程能更好地适应学生学习。整合的实质不同于计算机辅助教育,体现的是融合与共同支持,而不是单方面的辅助。同时,在学科教学中整合信息技术并不排斥其他教学方法和工具的合理使用,只要是有利于课程教学发展的方法都可以运用。

3. 信息技术与课程整合既具有理论意义,又具有实践意义;既是信息化建设的需要,又是信息时代课程改革的需要;既是信息时代人才培养的需要,又是教师专业发展的需要。信息技术与课程整合使多学科交叉发展,融会贯通成为可能。

4. 在开展信息技术与课程整合的实践中也会出现一些问题,原因有两点:一个是学科教师对信息技术的掌握水平不高,没有理解信息技术在教育中的优势所在,也就不能充分发挥信息技术工具的作用;另外一个是学科教师对支持整合的理论基础的理解不够深入,肤浅的和片面的认识都可能使整合走向误区。因此,在进行信息技术与课程整合时,应在坚持以课程为中心的原则下,以先进的教育思想和教学理论为指导,进行充分的教学设计,选择合理的教学策略,坚持能力培养和知识学习相结合的教学目标,利用多种学习方式来促进学生对课程的理解,促进学生学习。

思考题

1. 结合国内外专家对信息技术与课程整合定义的论述,谈谈自己的理解。
2. 请根据"整合"与"课程整合"的定义,归纳信息技术与课程整合的真正内涵是什么。
3. 信息技术与课程整合是当前我国教育过程中的一个热点,请结合有关资料谈谈整合的意义和目标。
4. 谈谈信息技术与课程整合过程中的一些误区有哪些?
5. 请结合某一学科课程,谈谈信息技术与课程整合的策略。

实践者园地

1. 下面是一则信息技术与课程整合的教学设计,课程名称是"只有一个地球"(人教版小学语文第十一册第16课),请在阅读后讨论以下几个问题:
(1)信息技术在本课中有哪几处运用?效果将会怎样?
(2)信息技术与课程结合得怎样?如果不用信息技术是否也能取得同样的效果?
(3)谈谈你对整个设计的感觉。

（一）谈话：地球是我们赖以生存的地方，是我们生命的摇篮，宇航员有幸飞上太空，摄下了地球的全貌，想看看吗？ （二）认识地球的可爱： 1. 学生打开"百分百绿色家园"网站，点击"走近地球"，下载视频，进行观看。看完后，你有何感想呢？	通过视频播放，激趣，吸引学生注意力，集中精力进行学习。初步感受上网学习的神奇。在这个环节，信息技术扮演着"演示工具"的角色。
2. 学生交流，可以口头交流，也可上"留言板"发表，不仅发表自己的观点，还要观看其他同学的观点，通过比较学习，取长补短。 3. 教师叙述：宇航员在太空目睹了地球后，发出内心的感叹。齐读并出示句子："我们这个地球太可爱了！" 4. 点击"课文欣赏"，自由读课文。想一想，你有哪些疑问？ 学生提出问题：为什么地球那么容易破碎？人类能否移居到其他星球上呢？我们应该怎样保护地球呢？	一位学生、一台计算机的学习方式，缺乏情感交流，不利于培养学生的情感因素，但"留言板"给学生提供了自由发表的空间，让学生敢说平时不说的话、敢想平时不去想的问题，拓宽学生的思维宽度和深度。促进学生学会合作交流式的学习，锻炼学生的自我表现能力。这里，信息技术扮演着"交流工具"的角色。 大胆提出自己的见解，使学生生发进一步探索研究的渴望。为下面的学习提供了强大的动力支撑。
（三）查找资源，解决问题： 1. 学生打开网站，根据自己提出的问题在内部网站查询资料，也可通过搜索引擎去Internet中搜索素材，进行有目的、有顺序的学习、讨论、研究、分析，并上"留言板"发表观点，进行辩论。 2. 学习成果交流汇报。说说你是通过什么途径解决问题的？学生出示资料，谈谈自己的感想。也可利用资料开展"人类能否移居到其他星球上去"的辩论会。	在这一层次，主要培养学生获取信息、分析信息的能力，让学生在对大量信息进行筛选的过程中，实现对事物的多层面的了解。教师在课前将所需的资源整理好，保存在某一特定文件夹下或做成内部网站，让学生访问该文件夹来选择有用信息；也可以为学生提供适当的参考信息，如网址、搜索引擎、相关人物等，由学生自己去Internet或资源库中去搜集素材。把以计算机为核心的信息技术作为促进学生自主学习的认知工具与情感激励工具，培养学生创新精神与实践能力，培养学生获取信息、分析信息的能力，培养学生学会把信息技术作为获取信息、探索问题、协作讨论、解决问题和构建知识的认知工具。在实现这种目标的教学中，信息技术扮演着"研发工具"的角色。
（四）轻松栏目： 学生点击漫画区，下载漫画，进行观看。并谈谈你有什么感触？	利用信息技术进行轻松娱乐性的放松，可以使课堂气氛更加活跃，学生在精神放松的状态下，学习效率是最高的。体现了上网的趣味性。
（五）宣传栏目： 谈话：我们今天学习了课文，明白了宇航员发出感叹的原因，但还有些人需要我们去提个醒，你们愿意吗？请你用一两句简短的话（标语）或广告画的形式，提醒大家敲响保护地球的警钟，好吗？ 学生写标语，设计广告画，并发给教师。	
（六）课后延伸 谈话：地球资源是有限的，但有些人在不知不觉中破坏了地球，造成了对"母亲"的伤害，让我们自食恶果，让我们到生活中调查，看看我们身边的环境吧，并提出合理化的建议。 写一份实践活动报告。（可查阅资料、访问有关部门、拍照、实地考察等）	学生运用已掌握的信息技术的能力，如打字、绘画，来达到保护地球的愿望。既强化了学生的环保意识，还使学生意识到了信息技术与生活的紧密联系。

2. 在课堂上让学生围绕一个主题搜索综合信息，并从这些信息中寻找它们的各种联系，这

样的课例从本质上而言是"跨学科"的,这样的教学方法也表现出"动手学习"和应用学习的特征。请以"世界文化"为主题,以初中学生为教学对象,写一篇信息技术与课程整合的教学设计。

要求:

(1) 通过比较和对比的方式来组织学生学习。

(2) 以中国、印度、马达加斯加、爱尔兰等国家为例。(教师也可以自己选定)

(3) 学习结果是:让学生至少熟悉三种不同的文化;用符号、语言、历史、宗教和习俗来比较这些文化;用一些日常用语来界定文化。

参 考 文 献

[1] 徐晓东.信息技术教育的理论与方法[M].北京:高等教育出版社,2004.
[2] 王吉庆.信息技术课程与教学论[M].杭州:浙江教育出版社,2003.
[3] 杨威.信息技术教学导论[M].第2版.北京:电子工业出版社,2007.
[4] 祝智庭.现代教育技术—走向信息化教育[M].北京:教育科学出版社,2002.
[5] 叶澜.教育概论[M].北京:人民教育出版社,1999.
[6] 琳达·坎贝尔.多元智能与学生成就:六所学校的成功案例[M].刘竑波,译.北京:教育科学出版社,2003.
[7] 奥兹门,克莱威尔.教育的哲学基础[M].石中英,等译.北京:中国轻工业出版社,2006.
[8] 刘电芝.儿童发展与教育心理学[M].北京:人民教育出版社,2006.
[9] 皮连生.学与教的心理学[M].上海:华东师范大学出版社,1997.
[10] 肖友荣,郑全军,符传谊.信息技术课程教材教法[M].北京:中国科学技术出版社,2008.
[11] 王继新,等.远程教育原理与技术[M].北京:北京师范大学出版社,2007.
[12] 李艺.信息技术课程:设计与建设[M].北京:高等教育出版社,2003.
[13] 薛维明.中学信息技术教学论[M].北京:清华大学出版社,2002.
[14] 刘成章.信息技术教育学[M].北京:高等教育出版社,2002.
[15] 何克抗,等.教育技术学[M].北京:北京师范大学出版社,2001.
[16] 乌美娜.教学设计[M].北京:高等教育出版社,1994.
[17] 张剑平.现代教育技术——理论与应用[M].北京:高等教育出版社,2006.
[18] 中小学信息技术教育专业委员会.高中信息技术新课程教学案例教学设计与教法评析[M].北京:中国地图出版社,2005.
[19] 郭绍青.信息技术教育与学科课程整合[M].北京:中国人事出版社,2002.
[20] 杨九民.现代教育技术[M].武汉:华中师范大学出版社,2005.
[21] 迪克,凯里.教学系统化设计[M].汪琼,译.北京:高等教育出版社,2004.
[22] 何克抗.教育技术培训教程(教学人员·初级)[M].北京:高等教育出版社,2005.
[23] 尤克·巴班斯基.论教学过程最优化[M].北京:教育科学出版社,1982.
[24] 胡学增,等.现代教学论基础研究[M].西安:陕西人民教育出版社,1998.
[25] 谢利民.现代教学论纲要[M].西安:陕西人民教育出版社,1999.
[26] 顾明远.比较教学论[M].北京:人民教育出版社,1996.
[27] 谭浩强.中小学信息技术课程研究[M].北京:机械工业出版社,2003.
[28] 钟启泉.信息技术课程与教学论[M].杭州:浙江教育出版社,2003.
[29] 祝智庭.多媒体CAI课件设计与制作基础[M].北京:电子工业出版社,1998.
[30] 周敦.中小学信息技术教材教法[M].北京:人民邮电出版社,2003.
[31] 王以宁.教学媒体理论与实践[M].北京:高等教育出版社,2007.
[32] 章伟民.教育技术学[M].北京:人民教育出版社,2001.
[33] 何克抗.教学系统设计[M].北京:北京师范大学出版社,2006.
[34] 皮连生.教学设计——心理学的理论与技术[M].北京:高等教育出版社,2003.
[35] 李耀新.课堂教学的组织与管理[M].广州:暨南大学出版社,2005.
[36] 刘雍潜.教育技术:信息化阶段新发展的研究[M].北京:中央广播电视大学出版社,2007.

[37] Jon Wiles,Joseph Bondi.课程开发：实践指南[M].徐学福译.北京：中国轻工业出版社,2007.
[38] 周敦."培养信息素养"当真是"神话"吗？[J].中小学信息技术教育,2007,7.
[39] 李静,李肖峰,陈京辉.透视信息素养的内涵促进教与学的改革[J].教育与职业,2007,1.
[40] 陈维维,李艺.信息素养的内涵、层次及培养[J].电化教育研究,2002,11.
[41] 蔡连玉.信息伦理教育：内涵与定位[J].中国教育学刊,2007,5.
[42] 刘彦尊.美国中小学信息伦理教育综述[J].外国教育研究,2004,6.
[43] 谷志远.信息素养教育的网络文化安全视角[J].现代远程教育研究,2007,5.
[44] 钱松岭.给个人信息撑起"保护伞"—《网上聊天的安全》[J].中小学信息技术教育,2007,6.
[45] 南国农.信息技术教育与创新人才培养[J].电化教育研究,2001,8.
[46] 郭芳.中小学信息技术教材存在的问题探讨[J].课程·教材·教法,2007,1.
[47] 孙宽宁.从课程论教材反思我国的课程研究[J].课程·教材·教法,2007,7.
[48] 李卓昆,康军辉.韩国中小学信息技术教育带给我国的启示[J].中国现代教育装备,2007.
[49] 蒋鸣和,郑大伟.中小学信息技术教育发展比较研究[J].中国电化教育,2007,4.
[50] 李书明,袁雪峰.中小学信息技术教育现状的分析与研究[J].湖北师范学院学报,2003,4.
[51] 钟志贤.多元智能理论与教育技术[J].电化教育研究,2004,3.
[52] 罗盛章.信息技术教育中的多元智能培养[J].长春师范学院学报（自然科学版）,2005,3.
[53] 刘儒德.建构主义：知识观、学习观、教学观[J].人民教育,2005,17.
[54] 李天燕,陈敬贵.建构主义教学理论的实践指导价值[J].高等理科教育,2008,3.
[55] 孙小军.略论后现代主义教育[J].焦作师范高等专科学校学,2006,12.
[56] 樊晓红.对在信息技术环境下开发学生多元智能的思考[J].电化教育研究,2004,8.
[57] 陈琦,张建伟.建构主义学习观要义评析[J].华东师范大学学报（教育科学版）,1998,1.
[58] 罗文新.建构主义知识观对教学的影响[J].唐山学院学报,2007,7.
[59] 常保晶.建构主义知识观及其对教学的启发[J].教育理论研究,2004,11.
[60] 于慧慧,刘要悟.多尔后现代课程观质疑[J].比较教育研究,2006,7.
[61] 顾清红,祝智庭.教育技术的后现代观[J].电化教育研究,2001,7.
[62] 陈世友.教育信息化与学习动机的激发[J].南京广播电视大学学报,2006,1.
[63] 夏茂军.小学信息技术教学的常见问题及解决策略[J].小学教学参考,2008,4.
[64] 牟有惠.信息技术教学中对学生非智力因素的激发和培养[J].中国电化教育,2006,9.
[65] 唐佐寿.信息技术教学的激励策略[J].中小学信息技术教育,2003,7.
[66] 周志强.新课程理念下小学信息技术教学策略之初探[J].浙江现代教育技术,2006,6.
[67] 章丹凤.因学定教,以教带学[J].中国电化教育,2004,2.
[68] 邱桂香,宁立国.在计算机教学中把握学生的心理特点[J].中小学教师培训,1999,2.
[69] 王鹏.中小学信息技术教育中的常见心理问题及矫治[J].中国电化教育,2006,2.
[70] 陈树君.互联网对学生的心理影响与对策[J].人民教育,2002,12.
[71] 胡文鹏.触网学生的思想道德问题分析及对策[J].中国科技创新导报,2007,12.
[72] 严丽.信息伦理析义[J].情报科学,2006,6.
[73] 左晓栋.综述：美国政府信息安全教育项目[J].计算机安全,2001,4.
[74] 李艺,等.普通高中信息技术课程标准及其研制概述[J].中国电化教育,2003,7.
[75] 王中华,董玉琦.中小学信息技术教育国内外发展比较[J].信息技术教育,2004,12.
[76] 乌美娜.研究与应用教学设计理论提高远距离教育质量[J].远距离教育理论与实际,1997,1.
[77] 乌美娜,等.影响ISD模式演变的若干因素[J].电化教育确定,1998,2.
[78] 何克抗.建构主义——革新传统教学的理论基础[J].电化教育研究,1998,1.
[79] 乔玉香.我国当代教学模式刍议[J].教学与管理,2002,7.
[80] 李汀萍.猜年龄与数制转化_二进制数转化为十进制数_课堂实录[J].信息技术教育,2004,1.

[81] 钟柏昌.例谈信息技术教师科研论文写作的常见问题[J].中小学信息技术教育,2006,5.
[82] 李德林.当前教师教学研究的质疑[J].当代教育科学,2005,10.
[83] 宋怡.对校本课程开发内容的初步构想[J].北京教育(普教版),2004,1.
[84] 陈家斌.教师研究的基本特征[J].课程教材教学研究(中教研究),2005,Z4
[85] 杨骞.教师研究的特点和类型[J].教育研究,2006,4.
[86] 周林.教师研究的意义及其选题原则[J].成都教育学院学报,2007,1.
[87] 李方安.教师研究的重新审视教育发展研究[J].2006,12.
[88] 李月粉.浅谈中小学教师从事教育科研的重要性[J].教育理论研究,2003,11.
[89] 陶志广.中小学教师从事教育科研必须解决的几个问题[J].现代中小学教育,1997,3.
[90] 崔登蕾.课程整合的关键误区剖析[J].中小学信息技术教育,2007,9.
[91] 李芒.论信息技术与课程整合的含义、意义及原则[J].电化教育研究,2004,5.
[92] 柯俊.课程视野中之信息技术与课程整合研究[J].电化教育研究,2007,3.
[93] 朱箫如.课程整合:跳出"模式化"的怪圈[J].中小学信息技术教育,2007,6.
[94] 赵成玲.浅谈信息技术与课程整合的原则及模式[J].中小学信息技术教育,2007,7.
[95] 黄宇星.信息技术与课程整合策略[J].电化教育研究,2003,1.
[96] 耿新锁.信息技术与课程整合的含义、层次及整合点[J].山西师大学报(社会科学版),2007,9.
[97] 佟元之,阎岩,张文惠.信息技术与课程整合中的不等式[J].中小学信息技术教育,2007,6.
[98] 张际平,高丹丹.信息技术与学科课程整合的内涵与层面实质分析研究[J].电化教育研究,2003,7.
[99] 王春华.中小学信息技术教育发展现状及对策研究[J].山东师范大学学报,2007,12.
[100] 王广新.中小学信息伦理教学设计与实施的分析[J].山东师范大学学报(自然科学版),2008,6.
[101] 孟岩.新课程理念下的高中信息技术课教学评价研究[D].大连:辽宁师范大学.
[102] 教育部.全日制普通高中信息技术课程标准(审定稿).2003.
[103] 中小学信息技术课程指导纲要(试行).教育部,2000.
[104] 李玉霞."用Word制作电子贺卡"教学设计.宁夏银川一中.
[105] 夏学华."获取网络信息的策略与技巧——搜索引擎"教学设计.山东邹平第一中学,2006.
[106] 林青.信息与信息技术.海南省儋州市那大中学.
[107] 李爱群.制作幻灯片.山东省邹平县黛溪中学.
[108] 张海云.利用电子小报彰显班级个性报.无锡市滨湖区教育研究发展中心.
[109] 张海云.ICT课程网.无锡市滨湖区教育研究发展中心.
[110] 周旺纯.ICT课程网.盐城市第一小学.
[111] Bruce Joyce,Marsha Weil. Models of Teaching. Second edition,Prentice-Hall,1980:11.
[112] 潘红梅.信息技术课的困惑. http://www.lsjks.net/rdqy/ShowArticle.asp?ArticleID=478.2008.7.
[113] http://www.jledu.com.cn/zjjw/jyzcfg/gjzc/2000/000310.htm.2008.7.
[114] 中国教育和科研计算机网. http://www.edu.cn/20020327/3023659.shtml.2008.7.
[115] http://www.global-itservice.com/aptitude/llsj/sj1802.htm.2008.8.
[116] 林少志.多元智能理论在信息技术教学中的运用. http://xkwq.e21.cn/content_1.php?id=55425.
[117] http://www.nrcce.com/nrcce_bbs/viewthread.php?tid=4601&extra=page%3D3.
[118] 百度百科.信息素养. http://baike.baidu.com/view/51446.htm.
[119] 百度百科——文化: http://baike.baidu.com/view/3537.htm#2.
[120] 摘自: http://hi.baidu.com/gudaomiwu/blog/item/c16f951b0e42c0d6ac6e754f.html.
[121] 感受朝露式研究的生命活力. http://www.ycwjjy.com/jyyj/ShowArticle.asp?ArticleID=422.
[122] http://1111.blog.tnedu.com/user1/1834/.